Sammlung Vandenhoeck

V&R

Dieter Funke

Das Schulddilemma

Wege zu einem versöhnten Leben

Vandenhoeck & Ruprecht
in Göttingen

Die Deutsche Bibliothek – CIP-Einheitsaufnahme

Funke, Dieter:
Das Schulddilemma : Wege zu einem
versöhnten Leben / Dieter Funke. –
Göttingen: Vandenhoeck & Ruprecht, 2000
(Sammlung Vandenhoeck)
ISBN 3-525-01622-0

Umschlagabbildung:
„Die Vertreibung aus dem Paradies",
Altarflügel von Michiel Coxcie,
Kunsthistorisches Museum Wien,
Foto: bpk, Berlin.

Satz: Satzspiegel, Nörten-Hardenberg
Druck- und Bindearbeiten: Hubert & Co., Göttingen

Inhalt

Vorwort 9

1. KAPITEL
Ist Glück im Plan der Schöpfung nicht enthalten? 15

Schuld – die Schwester des Glücks 17
Erlösung „von oben" und die Spaltung der Wirklichkeit 19
Eine anderes „Jenseits" 22
Das Dilemma mit der Schuld oder eine „andere"
theologische Vernunft 24
Exkurs 1: Das Andere der Vernunft 28
  Selbstbegrenzung der Vernunft 28
  Die Sinnlichkeit sucht ihren Platz 29
  Freud oder die Einheit von Vernunft und Trieb 31
Findet das Andere und Irrationale im Christentum
einen Ort? 33

2. KAPITEL
Das Schulddilemma oder der Verlust der Ganzheit
und das Streben nach Vollkommenheit 36

Schuld – ein Wort zwischen Sein und Sollen 36
Theologie und Psychoanalyse im Dialog über die Schuld 39
Exkurs 2: Das Problem der Subjektivität 40
  Die Subjekt-Objekt-Spaltung 40
  Der „Trieb" als psychoanalytische Chiffre für Subjektivität 42
  Der Trieb zwischen Natur und Kultur 44
  Die Bruchstelle der Subjektivität oder der heilsame
  Widerspruch von Theorie und Therapie 45
  Die Rede von Gott und die Subjektivität 47
  Offenbarungspositivismus 48
  Theologie der Subjektivität 49
  Abraham versus Odysseus oder von der Unmöglichkeit,
  anzukommen 50

Das Subjekt im Widerspruch – die gemeinsame Perspektive
von Psychoanalyse und Theologie   53

LEBEN MIT DER SCHULD: EINE GEMEINSAME OPTION VON
PSYCHOANALYSE UND CHRISTLICHEM MENSCHENBILD   54
   Schuld, Schuldgefühl, Schuldbewusstsein, Sünde   56
   Die Notwendigkeit, schuldig zur werden und die
   Gefahr, es zu vermeiden   57
   Das Dilemma   59
   Täter und Opfer zugleich   60
   Schuld oder die zerstörte Polarität   64
   Ist die Schöpfung mangel-haft?   67
   Der Mangel als „Leerraum" zwischen Antrieb und
   Handlung   69
   Gewalt, Opfer und Schuld als Folge des Mangels   71
   Moderne Formen des gewaltsamen Opfers   74

PSYCHOANALYSE DES SCHULDERLEBENS   77
   Primäre Erfahrungen   78
   Am Anfang ein Leben in glückseliger Un-Schuld?   79
   Das Schuldgefühl als Indikator von kommunikativ-
   gegenpoliger Beziehung   81
   Das moralische Schulderleben als Indikator für
   Reifung und Akzeptanz der sozialen Umwelt   83

3. KAPITEL
*Ödipus oder schuldig werden bei der Suche nach Wahrheit
und Ursprung*   86

DER ÖDIPUS-MYTHOS   86
   Die Vorfahren   89
   Der Lebensweg des Ödipus   90
   Die Enthüllung als Stoff der Tragödie des Sophokles   92

ÖDIPUS UND DIE PSYCHOANALYSE   93
   Freuds „Mythos vom Mythos" oder der „ödipalisierte
   Ödipus"   94
   Freud als Ödipus – Rebellion und Emanzipation   95
   Schuld und Triebverzicht   96
   Der Verlust des Anderen der Vernunft – das Erbe der
   phallozentrischen Psychoanalyse   99

Sphinx und Ödipus: Schuld als „männliche"
Einseitigkeit   102
Schuld als Mangel von Differenzbewusstsein
als Mann und Frau   104
Beschädigte Selbstbilder oder: Das Zusammenspiel
von „Trieb" und „Trauma"   107
Schuld als Blindheit oder die „Position Ödipus"
als Ort der Suche nach Wahrheit und Ursprung   111

4. KAPITEL
Die verbotene Frucht   116

Christlicher Sündenabsolutismus – die verdrängte
Schuld   117
Verborgene Schuldgefühle im Christentum und deren
„Bewältigungsformen"   121
Die Lehre von der Erbsünde   123
Vier Grundmodelle   128
Der Baum der Erkenntnis und die Vertreibung aus
dem Paradies   132
Der Sündenfall: Eintritt in die Welt der Differenz   134
Exodus als Weg in die Freiheit und ins Dilemma   137
Ein frag-würdiger Weg des Christentums:
Erlösung statt Versöhnung?   139
Das Modell des „göttlichen Helden" und der Verlust
der Leidensfähigkeit   141
Das Urbild des Helden   146
Der christliche Held   149
Die Heiligung der Unterwerfung   153

5. KAPITEL
Leben mit dem Schulddilemma   161

SYMBOLIK VERSÖHNTEN LEBENS   163
Das Kreuz als Modell? Versuch einer nicht
masochistischen Deutung des Todes Jesu   164
Von „Opfer 1" zu „Opfer 2": Tarnung und
Entlarvung der Gewaltbereitschaft der Masse   166
Opfer als innerseelisches Geschehen: Die Beziehung
von Ich und Selbst   167
Ich-Opfer als Weg zum versöhnten Leben?   168

Die „kopernikanische Wende" in psychologischer
Sicht: Das Opfer des Ich?   172
„Depressive Identifikation" statt Gotteskomplex   174
Ein anderes Gottesbild   178
Exkurs 3: In welcher Sprache sprechen wir von Gott?   182
  Metaphorisches und paradoxes Sprechen statt
  objektivierender Rede   183
  Metapher und Körper   187
  Gottesbezeichnungen als Metaphern   187
Die Spaltung im Gottesbild oder wie es kommt, dass
sich Gott von der Wirklichkeit entfernt   189
Die Entstehung des Ideal-Gottes als Spaltungsprodukt   191
Der Ideal-Gott als eine frühe narzisstische
Wunscherfüllung   194
Ein ambivalentes und paradoxes Gottesbild wurzelt
in der frühen Mutter-Kind-Beziehung   196
Exkurs 4: Zur Kritik eines idealen, ambivalenzfreien
und eindeutigen Gottesbildes   200
Ein Gott, in dem Gut und Böse Platz haben und der
doch ganz gut ist!   205

PRAXIS VERSÖHNTEN LEBENS   210
  Abschied von unheilvollen Lebensentwürfen   210
  Aussöhnung mit dem eigenen Gewordensein   213
  „Pathische Kompetenz": Leiden lernen als
  schöpferischer Akt   215
  Schuldgefühle als Ersatz für echtes Schulderleben   219
  Die aufgehobene und vergebene Schuld   223

AUSBLICK: Das Dilemma bleibt oder warum Religion
und Psychotherapie nicht glücklich machen – aber
dennoch heilsam sind   225

Literaturverzeichnis   228

Personen- und Sachregister   236

Vorwort

Vom Schulddilemma zu sprechen scheint auf den ersten Blick ein ziemlich untauglicher Versuch zu sein, das Lebensgefühl des (post)modernen Menschen zu beschreiben. Dieser lässt sich schon lange nicht mehr in ein Korsett von Normen und Geboten hineinzwängen, deren Übertretung Schuldgefühle erzeugt. Überhaupt setzt „Schuld" die Idee eines Individuums voraus, welches vom Konflikt zwischen Wunsch und Verbot geprägt ist. Solche Einzelwesen der Spezies „Mensch", denen das Eigensein ein kostbares Gut ist, werden notwendig schuldig auf ihrem Weg ins Menschsein. Damit beginnt aber auch ein Dilemma, denn genau dieses Individuum scheint sich in Auflösung zu befinden und seine Auflösung besorgt die Medien- und Informationsgesellschaft.

Sollte man da den „Restbeständen" des Individuums die Lust am Eigensein noch dadurch vergällen, dass man ihm vom „normalen Unglück" erzählt? Wäre es nicht vernünftiger, positives und ganzheitliches Denken zu fördern, um das Subjekt vor völliger Auflösung zu retten? Tatsächlich, die Rede vom „normalen" Unglück und vom „Schulddilemma" klingt nicht nur unzeitgemäß, sondern auch provozierend gegenüber denen, die trotz massenmedialer Vereinheitlichung nach individuellem Glück streben und damit die Idee des Individuums zu bewahren suchen. Oder noch grundsätzlicher gefragt: Kann Unglück überhaupt normal sein?

Als Sigmund Freud 1895 einem fiktiven Patienten die Frage nach dem Nutzen der Psychoanalyse beantwortete, meinte er, dass viel gewonnen sei, „hysterisches Elend" in „gemeines Unglück" zu verwandeln.[1] Lag diese ernüch-

---

1 Freud/Breuer 1895, S. 312.

ternde Antwort an der pessimistischen Grundeinstellung Freuds, die heute durch die Forderungen nach „positivem Denken" überwunden zu sein scheint? Tatsächlich hat sich im heutigen Lebensgefühl eine optimistischere Sicht als die Freuds eingestellt. Soll man dies als Fortschritt bewerten oder als einen Hinweis auf ein tiefsitzendes latentes „Unbehagen in der Kultur"? Gerade krisenhafte Umbruchszeiten neigen zu unrealistischen Glücksfantasien.

Dass der dem „gesunden Menschenverstand" verständlich erscheinende Wunsch nach Konfliktfreiheit, Harmonie, Ganzheit und Normalität ausgerechnet Glück und Erfüllung verhindern könnte, dafür möchte dieses Buch ebenso Argumente liefern wie für die Überzeugung, dass ein Leben mit dem „Schulddilemma" zwar zu einem versöhnten, aber eben zu keinem „normalen" Leben – kollektiv und individuell – führen kann, ja dass so etwas wie „Normalität" für unser psychisches Leben eigentlich gar nicht vorgesehen ist. Dies anzuerkennen fällt wohl dann besonders schwer, wenn ein „optimistisches" Menschenbild unser Selbstbild prägt, welches viel mit der durch das Christentum geprägten Erlösungsvorstellung zu tun hat.

Mit den Begriffen „Menschenbild" und „Erlösung" ist bereits angedeutet, was Inhalt des vorliegenden Buches ist: Es geht beim hier verhandelten Schuldthema weder um eine primär ethische Frage noch um ein psychoanalytisch aufzuklärendes und zu überwindendes Gefühl, sondern um eine Grunddimension menschlichen Daseins. Bei deren Erkundung soll auf den in der Theologie befürchteten (oder erhofften) „metaphysischen Trick" so weit wie möglich verzichtet werden, nach dem die Rede von der Schuld letztlich nur dann sinnvoll sei, wenn Gott als die entscheidende Bezugsgröße außerhalb des Menschen mitgedacht werde. Dieses Argument wird in dem Maße geradezu unmoralisch, in dem der Verzicht auf eine metaphysische Ordnung zum Verdacht eines fehlenden oder mangelhaften Glaubens an Gott selbst hochstilisiert wird. Der Rede von Gott soll weder ihr Stachel genommen noch soll sie ermäßigt oder gar aufgehoben werden, sie bleibt hochbedeutsam, wenn auch nicht im Sinne der Tabuisierungstaktik („Gott" als letztes Argument, letzter Sinn, als „eigentliche"

Tiefe der Wirklichkeit), sondern im Sinne von Kritik und Aufklärung, wie sie in der Geschichte vom Gottesglauben selbst immer wieder ausging, von der so genannten „monotheistischen Aufklärung" in Altisrael vor mehr als dreitausend Jahren über die Verbindung mit philosophischen Schulen in der Spätantike bis hin zu befreiungstheologischen und gesellschaftskritischen Ansätzen heute.

Ein wichtiges Ergebnis dieses kritischen Gottgedenkens, auf religiöse Vorstellungen selbst angewendet, ist die Einsicht, dass im Christentum selbst, bedingt durch seine Erlösungsvorstellung, tiefe und unbewusste Schuldgefühle entstanden sind, die durch „eindeutige" Bekenntnisse bis hin zur Bereitschaft zur Selbstaufopferung „bewältigt" wurden. Andererseits hält das Christentum im Konzept der „Erbsünde" trotz aller Erlösungsgewissheit an der konstitutionellen Verstricktheit des Menschen in das Böse fest.

Bei der Befreiung von den religiös bedingten Schuldgefühlen, wie ich sie nicht nur bei meinen Analysanden, sondern auch in eigenen Lebensvollzügen erkannte, war ein „optimistisches" Menschenbild, wie es in manchen Therapiekonzepten ebenso Pate steht wie in theologischen Entwürfen, keine Alternative. Weiter führten hier Bilder und Vorstellungen vom Menschen, die den Riss in der menschlichen Existenz betonen und deshalb zunächst sehr unzeitgemäß und traditionell klingen wie die von „Opfer" und „Erbsünde". Wenn man sie in eine andere Perspektive stellt, geben sie ein beträchtliches und kritisches Potenzial her – auch wenn sie dem so genannten gesunden Menschenverstand empfindliche Kränkungen zufügen.

Diese „andere" Perspektive bot sich mir vor allem durch die Psychoanalyse mit ihrem zentralen Konzept des „Unbewussten" und durch die mit ihr gemachten Erfahrungen in der psychotherapeutischen Praxis. Bei der Beschäftigung mit Fragen um Schuld und Erlösung ging es immer wieder um das christliche Gottesbild und seine metaphysische Objektivierung durch die griechische Philosophie. Dabei wurden auch die Sackgassen sichtbar, in die das objektive Reden „über" Gott geraten ist. Die Auseinandersetzung mit einer Gottesvorstellung nach Art der „Metaphysik der Objektivität" führte zu dem Versuch, dieser metaphysischen

Verankerung des Glaubens eine andere, nämlich psychische Verortung zur Seite zu stellen. Dabei blieb es nicht aus, die neurotisierenden Folgen einer metaphysischen Sicht des Glaubens zu benennen.

Bei den Erkundungen zu einem elementaren Daseinsgefühl des Menschen im Dialogfeld von Psychoanalyse, Mythos und Christentum ist kein theologisches Buch entstanden – und auch kein psychoanalytisches. Vielmehr lege ich einen Versuch vor, über Schuld in einem sehr existentiellen Sinne nachzudenken und Verengungen in Religion und Psychotherapie aufzuspüren. Manche lieb gewordene Selbstverständlichkeit musste dabei „geopfert" werden.

Ausgangspunkt ist im 1. Kapitel die Erfahrung und Reflexion des „normalen" Unglücks, welche zu einer existentiellen Sicht der Schuld im Gegensatz zu einer moralischen führt. Um mit dem scheinbaren Widerspruch (der Mensch muss schuldig werden und soll doch Schuld vermeiden) heilsam umzugehen, bedarf es freilich einer Vernunft, in der das Irrationale und Widersprüchliche – von Freud das „Unbewusste" genannt – einen Platz haben. Im 2. Kapitel werden die anthropologischen Hintergründe für das Dilemma mit der Schuld erarbeitet – vornehmlich unter Bezug auf die Psychoanalyse und den kulturanthropologischen Entwurf von René Girard. Das 3. und 4. Kapitel untersuchen die Verarbeitung des Schuldthemas in Mythos und Religion: Zunächst wird die bleibende Bedeutung der Ödipus-Figur für das Schulddilemma und deren Relevanz für die Psychoanalyse herausgearbeitet – jenseits einer männlich zentrierten und auf den Familienkonflikt beschränkten Sicht des „Ödipus". Dem folgen eine Sichtung der Erbsündenlehre im Hinblick auf den Umgang mit dem Schulddilemma und eine Interpretation des „Sündenfalls", verstanden als Eintritt des Menschen in die Welt der Konflikte und damit als Voraussetzung des Menschseins. Wie die Vertreibung aus dem Paradies und der Abschied von der „Gottgleichheit" produktiv verarbeitet werden können, darüber gibt eine psychoanalytische Interpretation des Opfers und des Kreuzes im 5. Kapitel Auskunft. Dieses enthält darüber hinaus einige Hinweise zur Praxis eines versöhnten Lebens angesichts des bleibenden Schulddilemmas. Theoretische

Vertiefungen habe ich in vier Exkursen an den jeweiligen Stellen eingefügt. Ich hoffe, dass auf diese Weise der „roten Faden" des Schuldthemas nicht verloren geht, und Klärungen und Vertiefungen dennoch ihren Platz gefunden haben.

Ich bin denen dankbar, die ich in meiner Praxis auf dem Weg der Einsicht in unvermeidbare Schuld − und damit auf dem Weg in die innere Freiheit − begleiten durfte. Ich danke Prof. Dr. Hermann Kochanek SVD, mit dem und unter dessen Leitung diese Gedanken einem interessierten Publikum im Arnold-Janssen-Haus in Sankt Augustin vorgestellt und diskutiert werden konnten. Ohne meine langjährige Praxiskollegin Renate M. Paus in ihrer Präsenz, Kritik und Verlässlichkeit wäre die Auseinandersetzung mit diesem Thema nicht möglich gewesen. Mit ihnen entwickelte sich unweigerlich ein vertieftes Gewahrwerden vom eigenen Hineinverwobensein in den notwendigen Prozess schuldhaft-schuldloser Lebensverwirklichung, kurzum in das Dilemma mit der Schuld.

Düsseldorf, im Februar 2000   *Dieter Funke*

1. KAPITEL

Ist Glück im Plan der Schöpfung nicht enthalten?

Sölle

Mächtig ist die Sehnsucht nach Glück und mächtig sind die Kräfte, die sich ihm entgegenstellen. Offensichtlich lässt sich Glück nicht auf Dauer sichern, ja es stellt sich nicht einmal von selbst ein. Ist Glück im Plan der Schöpfung nicht vorgesehen und muss es ihr durch Lebensarbeit mühsam abgetrotzt werden? Glücksmomente leben tatsächlich vom „normalen" Unglück. Dieses bildet sozusagen den Hintergrund, auf dem der Mensch so etwas wie Glück überhaupt erleben kann. So gesehen ist Glück die zeitweise Abwesenheit von Unglück.

Die Vorläufer dessen, was im Erwachsenenleben als normales Unglück erlebt wird, wurzeln in frühen Kindertagen und zwar zunächst in körperlichen Zuständen wie Hunger und Durst, die als unlustvolle Spannungen erlebt werden. Lustvoll hingegen wird die Verminderung von Spannung durch Essen und Trinken empfunden. Erinnerungsspuren dieser Befriedigungserlebnisse begründen die Hoffnung, dass „unglückliche" Spannung durch erneute Befriedigung bald wieder in einen „glücklichen" Zustand der Entspannung überführt wird, der immer nur punktuell, nicht aber als Dauerzustand erlebt wird. Ähnliches lässt sich vom emotionalen Bereich sagen. Hier wird z. B. der Zustand des Alleinseins ab einem bestimmten Grad als bedrängend erlebt. Durch eine Beziehung zu einem anderen Menschen wird dieses unangenehme Gefühl stark reduziert, was zur Folge hat, dass wir uns glücklich fühlen.

Man kann also sagen, dass die Sehnsucht nach Glück in vergangenen Befriedigungserlebnissen wurzelt, die sowohl den körperlichen als auch den seelischen Bereich betreffen. Auf Grund einer konstitutionellen Schwäche des Menschen, die gegenüber dem Tier vor allem in der fehlenden

Instinktsicherung zu sehen ist, stellt sich Glück als Zustand nicht von selbst ein. Wenn Glück der Normalzustand wäre, könnten wir es nicht erleben. Aber die Erfahrung von punktuellen Glücksmomenten und deren Aufgehobensein in der Erinnerung begründet die Hoffnung auf Glück. Sie treibt den Menschen an, durch „Lebensarbeit" diesen ersehnten Zustand herbeizuführen. Dabei stößt er jedoch bald auf Hindernisse, verstrickt sich in Konflikte mit seiner Mitwelt und wird schuldig an ihr. Diese Erfahrung führte den Begründer der Psychoanalyse und Vater der modernen Psychotherapie, Sigmund Freud, zu der Überzeugung, dass Glück im Plan der Schöpfung offenbar nicht enthalten sei.[1] Dies klingt zunächst äußerst pessimistisch. Auf jeden Fall ist eine solche Einschätzung eine empfindliche Kränkung besonders für den christlich geprägten Menschen, der sich mitunter für die Krone der Schöpfung hält und sich in seinem Selbstbild an der Vorstellung eines allmächtigen Gottes orientiert. Omnipotente Selbstüberschätzung setzt sich an die Stelle der Anerkenntnis der Tatsache der „normalen" Unglücks.

Die Menschheit hat in ihren großen kulturellen Schöpfungen und in ihren Religionen diesen Mangel der Schöpfung auszugleichen versucht. Bei diesen Versuchen entstand immer auch Schuld. Sie tritt auf den Plan wie eine Schwester des Glückstrebens. Das eine ist ohne das andere nicht zu haben. Im Verständnis von Schuld spiegeln sich somit die Wege und Antworten, mit denen die griechische, jüdische und christliche Religion den Mangel der Schöpfung auszugleichen versuchte. Diese kulturell und religiös erprobten Wege zum Glück sind nun paradoxerweise immer begleitet vom Schuldigwerden, auch wenn sie dies zunächst zu vermeiden suchen. Weil sie von innerem Begehren und Streben motiviert sind, den verlorenen Zustand der Spannungsfreiheit und des Befriedigtseins wieder zu finden, führen sie unweigerlich in die Schuld. Psychisch gesehen ist dieses Begehren durchaus konservativ, weil rückwärts gewandt. Der Biologe und Mythenforscher Norbert Bischof ordnet einen großen Teil der Mythen diesem Streben zu und spricht von

1 Freud 1930, S. 434.

„nostalgischen Trennungsmythen", zu denen auch die biblische Geschichte von Paradies und Vertreibung zu rechnen sei.[2] Neben psychischen Motiven sind die kulturellen Wege zum Glück auch beeinflusst von historischen und gesellschaftlichen Konfliktsituationen.

Schuld – die Schwester des Glücks

Dies gilt besonders für die Antworten und Wege der Religionen. Sie zeigen, wie der Mensch jene Mächte zu bannen versucht, die seinem Glück entgegenstehen, und wie er sich bei diesen Versuchen unweigerlich in Schuld verstrickt, ohne dass er sich dessen immer bewusst ist. In der homerischen Götterwelt besteht diese Schuld darin, den Mächten des Schicksals entkommen zu wollen, denen Menschen und Götter gleichermaßen unterworfen sind. In der Gestalt des Ödipus wird deutlich, wie sich dieses Schuldverständnis von der homerischen bis zur klassischen Zeit durchgehalten hat. Ödipus wird schuldig durch eine Tat, die er zunächst als das gerade Gegenteil von Schuld erfährt: Der Sieg über die Sphinx, deren Rätsel er löst und die er auf intellektuellem Wege mit seinem Denken tötet, gerät ihm zum Verhängnis (siehe dazu Kapitel 3).

Hier kündigt sich die Geburt des abendländischen Subjekts an, das vermeintlich aufgeklärt und ohne Kontakt zum Unbewussten, für das die Sphinx steht, selbst über sein Schicksal entscheiden will. Der Sieg über die Sphinx markiert somit jenen konflikthaften Bewusstseinszustand, den Platon in seinem berühmten Kugelgleichnis erzählt. Ursprünglich waren die Menschen Kugelwesen mit vier Händen, vier Füßen und zwei Gesichtern, die auf Grund dieses Ganzseins Anspruch auf Gottgleichheit erhoben. Zur Strafe für diesen Übermut hat Zeus sie in zwei Hälften geteilt, sodass sie von jetzt an auf der Suche sind nach ihrem verlorenen anderen Teil. Schuldig wird der Mensch künftig dadurch, dass er seine Unvollständigkeit nicht ertragen will und auf einem falschen Weg „Ganzheit" herzustellen sucht.

2 Bischof 1996, S. 277–279.

Dieser verhängnisvolle Irrtum begegnet uns bei Ödipus als Vatermord und Mutterinzest.

Diesem altgriechischen Modell „falschen" Lebens ähnelt auch die Schuldvorstellung des Judentums. Schuldig wird hier, wer die Differenz zwischen Mensch und Gott, aber auch die zwischen Mann und Frau überspringt. Für diese Differenz steht das Gesetz. Weil Jahwe durch dieses über die Unterschiede wacht, besteht die frevelhafte Tat in der Übertretung des Gesetzes, d. h. in der schuldhaften Einebnung der von Gott gesetzten Differenz.

Über den Schuldbegriff im Christentum wird noch vieles zu sagen sein. Hier soll nur das besondere Gewicht betont werden, welches die Schuld bekommt. Indem der christliche Glaube nicht nur Hoffnung auf die künftige Aufhebung des Mangels der Schöpfung etwa durch das Kommen des Messias – wie im Judentum – ansagt, sondern auch die Erfüllung dieser Hoffnung verkündet, erzeugt er eine paradoxe Situation. Durch die Erlösung ist einerseits jede Schuld getilgt. Diese Zusage der Aufhebung aller Schuld verstärkt aber andererseits ein tiefes, unbewusstes Schuldgefühl. Denn die Erlösung kommt jetzt nicht mehr durch eine menschliche Leistung, etwa die Beobachtung des Gesetzes, zu Stande, sondern durch den sich opfernden Gott selbst.

Das ist religionsgeschichtlich einmalig und psychologisch höchst dramatisch. Der Mensch gerät durch diese selbstlose Tat Gottes in eine ganz neue, unentrinnbare Schuldnerposition. Der Schuldschein, den der Mensch auf Grund seiner Versuche, den Mangel der Schöpfung durch sein Glücksstreben auszugleichen, ausgestellt bekommen hat, wird zwar einerseits durch den Erlösungstod des Sohnes zerrissen (vgl. Kol 2,14), andererseits aber verstärkt das Selbstopfer Gottes ein tiefes, weit gehend unbewusstes Schuldgefühl. Der Tod des Gottessohnes befreit somit zwar von der Urschuld (Erbsünde), lädt dem Gläubigen aber gleichzeitig eine neue Schuld auf: Er steht in der Schuld des ihn durch seinen freiwilligen Tod erlösenden Gottes.[3] Dies führte und

3 Chr. von Braun (1997) leitet in ihrer interessanten Arbeit über „das Behagen in der Schuld" die dem Christentum innewohnenden Emanzipations- und Säkularisierungstendenzen aus diesem unent-

führt in Bereichen des Christentum oftmals zu einer strengen Sündenmoral, zu einem rigiden Vermeidungsverhalten von notwendigem Schuldigwerden und zur Heiligung einer Unterwerfungsbereitschaft, die sich mitunter als Demut und Gehorsam tarnt.

Erlösung „von oben" und die Spaltung der Wirklichkeit

Die christliche Botschaft der Befreiung von der Ohnmacht gegenüber dem „Defekt" der Schöpfung und dem normalen Unglücklichsein wurde in der Spätantike als einer Epoche besonders stark erfahrener Verunsicherung gerne angenommen. Es ist die Zeit, in der zahlreiche religiöse Kulte und philosophische Ideen geboren werden, welche Erlösung aus dieser menschlichen Grundsituation versprechen. Die Postmoderne mit ihren vielfältigen Sinn- und Heilsangeboten ähnelt darin durchaus der Spätantike mit ihrem ausgeprägten metaphysischen Erlösungsbedürfnis. Diese Parallele ist deshalb so interessant, weil die Spätantike mit ihrem geschichtlichen und kulturellen Hintergrund die Zeitepoche darstellt, in der sich die Praxis des Jesus von Nazareth und die der frühen Christengemeinden zu einer Lehre entwickelte, welche ihrerseits die Voraussetzung bildete für die „Religion-Werdung" des Christentums. Das Sinn- und Machtvakuum im zu Ende gehenden Römischen Reich wurde ausgefüllt von dieser neuen Lehre, die sich auch politisch durchsetzte und als Erlösungsreligion so Anschluss finden konnte an das allgemeine Erlösungsbedürfnis dieser Epoche.

Es ist von gravierender Bedeutung, wie das Christentum auf dieses epochale Erlösungsbedürfnis reagierte und dadurch den Erlösungsgedanken zum zentralen Inhalt des

rinnbaren Schuldgefühl ab: „Keine andere Religion hat ... so viele Wissenschaftler ... hervorgebracht wie das Christentum." Die meisten von ihnen waren „Repräsentanten eines christlichen Säkularisierungsdrangs, der aus der Erfahrung der Abhängigkeit und der Unmöglichkeit, die Schuld abzutragen, erwächst." (S. 89).

Glaubens werden ließ. Damit begab sich das Christentum, das sich zu einer institutionalisierten Religion entwickelte, in die Gefahr, mit der verheißenen Erlösung von Leid, Unglück und Todverfallenheit des Menschen eine (illusionäre?) Befreiung von den Mächten in Aussicht zu stellen, die konstitutiv zum Menschsein gehören. Dies ist deshalb so problematisch und folgenschwer, weil es die Tendenz der Spaltung von innen und außen, von Diesseits und Jenseits, von Gott und Mensch, von heilig und profan begünstigte, an der sich die Theologie bis heute abarbeitet, wenn sie versucht, Glaube und Erfahrung zusammenzubringen.

Die folgenden Ausführungen sind geleitet von der Annahme, dass die verhängnisvolle Spaltung der Wirklichkeit in der Christentumsgeschichte nicht unabdingbar zum Glauben gehören muss. Im Gegenteil: Sie erscheint als unheilvolle Abwehrform, die sich in dem Maße durchsetzte, in dem die verheißene und als Realität verkündete Erlösung „von außen" (begriffen als ein objektives metaphysisches Geschehen) mit der tatsächlichen inneren Erfahrung von Konflikt, Unheil und Unglück nicht übereinstimmte. Das Leiden an dieser Wirklichkeitsspaltung verstärkte sich logischerweise in dem Moment, in dem neuzeitlich das metaphysische Weltbild zu zerbrechen begann und das Reden von Erlösung sich die Frage nach dem konkreten „Wie" stellen lassen musste – spätestens war dies bei Nietzsche der Fall.[4] Die Falle bei der Beantwortung dieser Frage durch die Theologie liegt darin, eine Erlösung und ein religiöses Heil in Aussicht zu stellen, welche dem tatsächlichen Erleben des Einzelnen und seinen konkreten Wahrnehmungen nicht entsprechen und an seine Grunderfahrungen partout keinen Anschluss finden wollen – ein Konflikt, mit dem viele Seelsorger vertraut sind. Mit „Grunderfahrungen" sind die anthropologischen Bedingungen des normalen Unglücklichseins gemeint, unter denen sich unser Leben abspielt, Bedingungen, die ständige Enttäuschungsverarbeitung erfordern, weil sie der Sehnsucht nach einem glücklichen Leben entgegenstehen.

---

4 Zum Ende der „Metaphysik der Objektivität" als philosophischer Grundlegung des Christentums vgl. Vattimo 1997.

Im Hinblick auf die christliche Erlösungsvorstellung, die den Sieg über die Begrenztheit und über die Todesgewissheit des Daseins in Aussicht stellt, besteht die Gefahr, dass sich diese in gewisser Weise zum Mitspieler jener neuzeitlichen Größenfantasien macht, in der das einzelne Subjekt an die Stelle Gottes getreten ist, eine Vorstellung, die sich nach Augustinus als Kern der Sünde erweist und die einzudämmen eine zentrale Aufgabe christlichen Glaubens wäre.

In diesem Zusammenhang ist die Frage nach der Berechtigung des Bildes vom „allmächtigen" Vater-Gott zu stellen, wie sie von einzelnen Theologen diskutiert wird. Die destruktive Schattenseite des Bildes vom „Allmächtigen" bedarf auch deshalb der Analyse, weil die Vorstellung vom allmächtigen Gott das Selbstbild des modernen Menschen prägt, auch wenn dieser sich ausdrücklich gottlos gibt. Deshalb ist die Analyse eines solchen Gottesbildes keineswegs nur ein religiöses Problem. Die Allmachtsvorstellung hat sich tief eingegraben in das Selbstverständnis des nachchristlichen Menschen und destruktive Kräfte freigesetzt, wie z. B. ein aggressives Expansionsbedürfnis und ein unkontrolliertes Wachstum auf Kosten der begrenzten natürlichen Ressourcen. Aber auch Erscheinungen wie Hass gegen alles Fremde oder fundamentalistische Haltungen sind hier ebenso zu nennen wie das oft rigide anmutende Streben nach Gesundheit, Wellness, Ganzheit, Konfliktfreiheit und Glück.

Könnte sich das Christentum nicht gerade in der Kritik dieser verborgenen Allmachtsvorstellungen, die sich manchmal ganz harmlos als Ganzheitsstreben zeigen, als heilsam erweisen?[5] (Heilsam deshalb, weil es lehrt, mit Heilsverheißungen dosiert und maßvoll umzugehen, und den Menschen die Trauer darüber zumutet, nicht allmächtig zu sein. Dies freilich kann nicht aus der Position einer allzu siegreichen Erlösungsgewissheit geschehen, die dazu führt, den Mangel und die Abhängigkeit nicht spüren zu müssen, sondern erwächst aus der Fähigkeit des Mitleidens

5 Den Begriff „heilsam" verdanke ich dem Psychiatrie-Seelsorger Wolfgang Reuter, der ihn dem in der praktischen Theologie geläufigen Begriff „heilend" gegenüberstellt. Vgl. Reuter 1998, S. 21.

an der mangelhaften Schöpfung. Könnte das Christentum als die Religion des Abendlandes nicht andere, produktivere und in ihm selbst grundgelegte Formen der Bewältigung des gemeinen Unglücks und des Defekts der Schöpfung finden, als sich siegesgewiss und erlösungssicher über diese zu erheben? Ein allzu vollmundiges Predigen von der Erlösung vermag im besten Fall nicht einmal zu trösten, in der Regel führt es zur Abwendung von eben einer solchen Verkündigung und begünstigt atheistische Überzeugungen. Bestimmte Formen des Atheismus lassen sich verstehen als ein Versuch, die vom christlichen Gottesglauben selbst bewirkte Spaltung der Wirklichkeit zu überwinden – geradezu als Selbstschutz, um am Gottesglauben nicht irre zu werden.

Ein anderes „Jenseits"

Theologisch mag man an dieser Stelle einwenden, dass das Reden von Erlösung nicht in die Beliebigkeit von Kirche und Theologie gestellt sei, sondern zum objektiven Glaubensgut gehöre und ein von außen, von Gott der Kirche anvertrautes Geschenk sei. Diese Erlösungsgewissheit sei ja gerade die Voraussetzung, der Welt in ihrer Sehnsucht nach Heil dieses Geschenk von Gott her anzubieten.

Daran ist zweifelsohne richtig, dass die Verkündigung des Glaubens in den Plausibilitäten und Selbstverständlichkeiten der „Welt" nicht einfach aufgehen darf. Auch ist sie nicht in die völlige subjektive Gefälligkeit des Einzelnen gestellt. Die Gefahr einer „objektiven" Glaubenslehre besteht im Rahmen eines durch die griechische Philosophie geprägten Christentums aber darin, dass das „Jenseits" von Welt und Erfahrung im metaphysischen Sinne als objektive Welt „hinter" unserer Welt gedacht wird.

Das „Andere" der Welt und der Vernunft, auf das die theologische Rede Bezug nimmt, kann man sich aber auch anders vorstellen: nicht von der Welt abgetrennt, über ihr, sondern in ihr, immanent jenseitig. Dann kann man christliche Religiosität als den Versuch verstehen, „die Welt anders zu sehen, einen anderen Sinn für die Welt zu bekommen. Dieser Weg ist der nicht-metaphysische. Dieser Weg ist nicht dichotomisch, sondern dialektisch. Er sieht keine andere als diese unsere Welt und beschränkt sich doch nicht, wie der Positivismus oder der Zynismus, auf das, was der Fall ist, sondern spürt in ihr das auf, was über sie hinausweist".[6]

Eine solche nicht-metaphysische Sicht des Glaubens und seiner „Jenseitigkeit" nötigt dazu, die tatsächliche Welt mit der Erfahrung der Gebrochenheit, des Konflikts und des Unglücks nicht zu schnell zu überspringen. Dieser Versuch wird in dieser Schrift unter dem Stichwort „Schulddilemma" thematisiert. Er ist geleitet von der Frage, wie die verhängnisvolle Spaltung der Wirklichkeit, die für den Glaubensschwund in der Moderne zentral verantwortlich ist, überwunden werden kann, ohne dass der Glaube in seinen produktiven und lebensfördernden Aspekten selbst verloren geht oder verwässert. Es geht also um eine Form des „dritten Weges" zwischen objektiver Metaphysik und Atheismus, eines Weges, der sich mir durch psychotherapeutische Erfahrungen und psychoanalytische Reflexionen öffnete. Hier ist mir der Bruch zwischen traditionellem religiösen Wirklichkeitsverständnis und moderner Lebens- und Welterfahrung in seiner unheilvollen und krankmachenden Dynamik am eindrucksvollsten begegnet.

Immer wieder tritt ein lebensfeindliches und krankmachendes Vermeidungsverhalten dort auf den Plan, wo mutige Lebensschritte notwendig wären. Diese Vermeidung bezieht sich regelmäßig auf das not-wendige Schuldigwerden. Es ist geleitet von einem Ideal der Unschuld, welches in innerem Zusammenhang steht mit einer Erlösungsvorstellung, nach der der christliche Mensch von Leid, Unglück und Tod erlöst ist durch Einwirkung einer metaphysischen Größe „von außen". Es bedarf einer anderen als einer antagonistischen Verhältnisbestimmung von „innen" und „außen", einer theologischen Vernunft also, die beides vermittelt denken kann.

6 Luther 1992, S. 29.

Das Dilemma mit der Schuld
oder eine „andere" theologische Vernunft

Das Christentum trägt einen verborgenen Schatz mit sich, weil es im Bild des vordergründig im Kreuz gescheiterten Menschen Jesus von Nazareth einen Weg zeigt, wie der Einzelne mit dem Mangel der Schöpfung und dem normalen Unglücklichsein umgehen kann. Dieser produktive Weg verkehrt sich jedoch allzu schnell ins Gegenteil und verzweigt sich – wie die Geschichte des Christentums belegt – in zwei Sackgassen: Die eine macht den Menschen zum Opfer, indem sie zu einer masochistischen Unterwerfungsbereitschaft und Gehorsamsideologie führt, die das Leiden idealisiert und verkrümmte Subjekte schafft; die andere endet in einer Siegermentalität, indem sie den Einzelnen Held sein lässt, welcher die anthropologischen Bedingungen des Menschseins einfach überspringt („Das Grab ist leer, der Held erwacht . . ."). Ein solcher Sieger ist nämlich nicht mehr bereit, am normalen Unglück zu leiden. Der „Mangel der Schöpfung" macht aber ein Leben ohne Schuld unmöglich. Deshalb sagen die Verkünder des christlichen Glaubens zwar zu Recht eine Erlösung von aller Schuld an, vergessen dabei aber auf Grund der Unterwerfungs- oder Siegermentalität oftmals die Tatsache, dass der Mensch dennoch schuldig werden muss. Da der Mensch aber nie nur Opfer oder Täter ist, ist ein besonderer Umgang mit Schuld notwendig.

Wenn man nicht von einer metaphysischen Zauberei ausgeht, die ja durch die religionskritischen Einwände der Aufklärung ohnehin obsolet geworden ist, kommt man nicht umhin, von einem Schulddilemma zu sprechen. Dieser Begriff scheint dem theologischen Denken fremd zu sein scheint. In den Registern theologischer Handbücher kommt das Stichwort „Dilemma" so gut wie nicht vor. Die theologische Vernunft ist geprägt von Widerspruchsfreiheit und Eindeutigkeit, was zur Folge hat, dass sie sich schwer tut, paradox zu denken und dem Menschen diese Paradoxie zuzumuten. Auch hier mag man einwenden, dass auch theologische Rede unter dem allgemeinen logischen Gebot der Widerspruchsfreiheit stehe, wie der Papst in seiner letzten Enzyklika zum Verhältnis von Vernunft und Glaube anmerkt. Danach können zwei Sätze, die sich widersprechen, nicht beide wahr sein. Ohne Zweifel gilt dieser Satz vom Widerspruch für den Bereich der Logik. Auch steht außer Streit, dass die theologische Rede vernünftig sein soll. Die Frage ist nur, welchem Vernunfttyp man das theologische Sprechen zuordnet. Wenn man sie dem Typ der logifizierenden, ableitenden Rede einfügt, dann trifft dieser Einwand gewiss zu. Man kann theologische Aussagen aber auch einem anderen Typ von Vernunft zuordnen, in dem Widersprüche nicht einfach auf Unwahrheit hinweisen, sondern darauf, dass sie mit einem bestimmten Vernunfttyp nicht zusammenpassen, der im unten folgenden Exkurs ausführlicher erörtert werden wird. Wenn religiöse Rede, so die hier vertretene These, auf Eindeutigkeit und klare Lösungen pocht, dann huldigt sie einer einseitigen und überholten Rationalität und in gewisser Weise einem Erlösungsideal, welches dem Verdacht illusionärer Wunscherfüllung nur schwer entgehen kann. Eine solche theologische Vernunft widerspricht auch heutigem philosophischen Denken, welches gegenüber einer solchen Vernunft Grenzbewusstsein und Weisheit einklagt.[7] Grenzbewusstsein, Pluralität und Vieldeutigkeit sind keineswegs gegen das theologische Denken gerichtet, sie vermögen dieses vielmehr aus dem engen Gefängnis einer verkürzten Rationalität zu befreien.

In der Konzeption der „transversalen Vernunft" hat auch das schwache, nichtidentische und mit der neuzeitlichen Vorstellung vom Subjekt als „Herr und Meister" nicht kongruente Bild des Individuums seinen Platz. Vor allem sind es die Irrationalitäten, die sich aus der leibhaft-sinnlichen Verfassung von Subjekten ergeben, um welche das moderne Bild von Vernunft zu erweitern wäre. „Transversalität" bezeichnet daher jene verloren gegangene Fähigkeit zum Übergang von einem Sinnsystem in ein anderes (z. B. von

7 Diese betont besonders der Pastoraltheologe Walter Fürst, wenn er beklagt, dass dem Christentum nicht nur der sapientiale Charakter, sondern auch die „Befähigung zu authentischer Lebensführung" verloren ging (Fürst 1986, S. 417).

diskursiv-rational zu unbewusst-sinnlich): „Nur Subjekte, die nicht so sehr herrscherlich als vielmehr übergangsfähig sind, vermögen der wirklichen Verfasstheit von Rationalität gerecht zu werden und eine entsprechende Praxis von Vernunft auszubilden."[8] Einen Ort für diese andere, vom Grenzbewusstsein geprägte Vernunft bietet die Theologie insofern, als in ihr jene Wahrheit zur Sprache kommen kann, die dem dunklen und scheinbar Irrationalen näher steht als dem lichten Ichbewusstsein.

Auch der Psychoanalyse ist eine paradoxe und die logifizierende Rede übersteigende Sprachform eigen. Als Wissenschaft vom subjektiven psychischen Leben verfügt sie über eine ganz andere Psycho-Logik, welche nicht identisch ist mit der Formallogik der Philosophie. Mit der Psychoanalyse hat Freud eine Theorie und Praxis entworfen, welche sich als Rückbindung (re-ligio) des Subjekts an den Leib versteht, d. h. als Rückbindung an das Un-Bewusste, an das un-sagbare dunkle Geheimnis der menschlichen Natur. Damit übernahm Freud in seinem Denken durchaus eine Funktion der Religion und suchte doch mit den Anforderungen dessen in Übereinstimmung zu bleiben, was ihm als Wissenschaft galt.[9] Dieses Un-Sagbare, in der Sprache der Religion Gott genannt, ist bei ihm zum Un-Bewussten geworden.

Damit ist eine Dimension eingeführt, welche die mächtig gewordene neuzeitliche Vernunft übersteigt. Die psychoanalytische Kur besorgt die Rückbindung an dieses „Jenseits" unseres Bewusstseins und ersetzt in gewisser Weise das religiöse Ritual und den Kult. Es ist der Logos der Psychoanalyse Freuds, in dem sich eine neue Rückbindung des Individuums an die dunklen chtonischen Mächte der Natur vollzieht. Freuds Logos ist ohne Zweifel die Libido.[10] Der Trieb ist die den Organismus treibende Kraft, durch sie ist das Subjekt an- und rückgebunden an die Natur. Der „Logos" Freuds ist im wahrsten Sinn des Wortes Fleisch gewordenes Wort. Außerhalb des Fleisches ist kein Ich möglich.

8 Welsch 1993, S. 316.
9 Vgl. Funke 1999.
10 Vgl. Pohlen/Bautz-Holzherr 1991, S. 151–175.

Dieser Logos stellt eine erhebliche Irritation für die moderne Vernunft dar, behauptet er doch, dass diese nicht allein Herr im eigenen Hause ist. Es ist der Triebgrund des Daseins, der es in Widersprüche und Konflikte bringt zu seinen kulturell abgesicherten Lebensentwürfen und Modellen.

Die (Wieder-)Entdeckung der Triebnatur des Menschen durch Freud, seine tragische Verstricktheit in die Konflikte zwischen Begehren und kulturellen Normen, das Eingebundensein des Daseins in eine mythische Tiefe, das Wissen um den dionysisch-apollinischen Lebensgrund und die Nachtseite des Lebens bilden gleichsam einen Gegendiskurs zu den Errungenschaften der aufgeklärten Vernunft in der Moderne. Dabei bleibt die Psychoanalyse im Medium der Sprache, so als wolle sie sagen, dass auch das „Andere" der Vernunft zur Vernunft gehört, d. h. im Medium von Sprache und Bewusstsein vermittelbar sein muss. Es geht also nicht darum, in ein unvernünftiges Zauberland des Irrationalen zu treten, sondern den Raum der Vernunft, des Bewusstseins, der Sprache und des Denkens zu begrenzen und im Grenzbewusstsein die andere Dimension zu begreifen, ohne sie den Regeln der Logik unterzuordnen und als unsinnig abzuqualifizieren. Die Psychoanalyse versteht sich als eine solche rationale Theorie des Irrationalen, nach der eine translogische, metaphorische und paradoxe Rede – wie sie etwa in den Assoziationen eines Analysanden in der therapeutischen Behandlung deutlich wird – nicht einfach als unsinnig erscheint, nur weil sie mit dem gewohnten Denken nicht zusammenpasst.

So also müsste von Schuld gesprochen werden, dass die scheinbare Widersprüchlichkeit der Tatsache, dass der Mensch schuldig werden muss, um zu überleben, und gleichzeitig von Religion und Ethik dazu aufgefordert wird, Schuld zu vermeiden, sich in eine bezogene Polarität verwandelt. Zuvor aber soll in einem kleinen philosophischen Exkurs ein Vernunftbegriff reflektiert werden, in dem das Widersprüchliche, ja sogar Irrationale seinen Platz haben kann. Diese Reflexion scheint mir deshalb notwendig, weil das Sprechen vom Schulddilemma nur dann „vernünftig" ist, wenn das Ambivalente, Paradoxe, Widersprüchliche und Tragische in dieser Vernunft ihren Raum haben. Wenn wir uns am traditionell-aufklärerischen Vernunft-konzept orientieren würden, welches in zahlreichen theologischen Entwürfen Pate steht, könnte nicht jene Dimension erreicht werden, um die es hier geht. Vor allem die Psychoanalyse hat dieses „Andere" der Vernunft in das Denken und in die Vorstellung vom Subjekt eingebracht. Darum geht es in folgendem Exkurs.

Exkurs 1: Das Andere der Vernunft

Wie sehr die irrationale, leibbezogene und die Rationalität des Denkens unterlaufende Dimension der Vernunft in der europäischen Geistesgeschichte seit der Aufklärung ausgeblendet und u. a. durch Sigmund Freud und seine Vorläufer wieder angeeignet wurde, zeigt ein kurzer Blick auf die Entwicklung des Vernunftbegriffes.[11]

Selbstbegrenzung der Vernunft

Seit Kant ist Aufklärung gekoppelt an die Fähigkeit der Selbstkritik der Vernunft, wozu auch deren weisheitliche Selbstbegrenzung gehört. Die Akzeptanz der Grenzen der Vernunft begegnet bei Hegel als die Anerkennung des „Anderen" der Vernunft. Dieses Andere ist jedoch keinesfalls unvernünftig. „Was nicht vernünftig ist, hat keine Wahrheit, oder was nicht begriffen ist, ist nicht; indem also die Vernunft von einem Anderen spricht, als sie ist, spricht sie in der Tat nur von sich selbst; sie tritt darin nicht aus sich heraus".[12] Es geht aber Hegel nicht darum, in ein unvernünftiges Reich des Magie und Zauberei zu treten, sondern den Raum der Vernunft, des Bewusstseins, der Sprache und des Denkens, zu begrenzen. Diese Selbstbegrenzung im Auge haltend ist zu fragen, was denn das „Andere" der Vernunft sei, welches Bewusstsein und Sprache übersteigt?
    Die moderne Konzeption der Vernunft beginnt mit René

11 Vgl. H. Böhme/G. Böhme 1985.
12 Hegel 1970, S. 404.

Descartes. Sein „cogito ergo sum" – ich denke, also bin ich – ist das Schibboleth des Subjekts der Moderne geworden. Es markiert die Monopolisierung des rationalen Zugangs zur Welt und installiert die Vorherrschaft des denkenden – und seinen eigenen Zweifel denkenden – Geistes vor der körperlich-sinnlichen Weltauffassung. Descartes errichtet eine feste Grenze zwischen dem Bewusstsein des Subjekts und allem, was auf Grund seiner Ausdehnung (res extensa) nicht zu ihm passt, wozu auch und vor allem der Körper gehört.[13] Dieser erfährt eine Abtrennung vom Geist: Als „res extensa" wird ihm die „res cogitans" gegenübergestellt. Es ist der objektivierende Zugriff zur Welt, dem auch der Körper anheim fällt.

Die Entfernung des Geistes vom Körper, der von Descartes als Maschine gedacht wird, geht einher mit der Verwerfung der Triebe und Leidenschaften als etwas Irrationalem, dem das Denken als das Höhere entgegengestellt wird. Erkennen ist jetzt nicht mehr eine Angleichung von Ähnlichem, welche auf Identifikation und Empathie gründet (Gleiches kann nur von Gleichem erkannt werden – wie in der aristotelischen und scholastischen Erkenntnistheorie), sondern wird als eine souveräne Gegenstandsbemächtigung des eigenen und des fremden Körpers begriffen. Dieser wird entseelt, und es gibt keine Verbindung mehr zwischen Seele, Geist und Materie. Ein streng gespaltenes Modell von Erkenntnis dominiert. Der Körper, seine Triebe und Emotionen, seine Leidenschaften und Schwächen werden zum Gegen-Stand der Erkenntnis und Beherrschung. Die Disziplinierung des Körpers und die Bemächtigung des mächtigen Trieblebens durch Erziehung und Sozialisation, kennzeichnet die moderne Einstellung zur verkannten, weil gefährlich erscheinenden Sinnlichkeit.[14]

Die Sinnlichkeit sucht ihren Platz

Erst viel später nehmen die kritischen Einwände gegen die Exkommunikation der Sinnlichkeit und des Leibes eine Gestalt an. Diese Kritik ist verbunden mit Namen wie Arthur Schopenhau-

---

13 Vgl. Bast 1997.
14 Vgl. Foucault 1976 u. 1989.

er, Friedrich Nietzsche und Sigmund Freud. Ihr Einwand gegen ein Konzept von Identität des Subjekts, welches auf Bewusstsein gründet, lautet: „Bewusstsein begründet nichts – am allerwenigsten das Subjekt; es ist begründet, determiniert durch eine vorgängige Trieb- oder Affektwelt, die allenfalls mit Hilfe von Selbsttäuschungen und Rationalisierungen verschleiert werden kann" (Nitzschke 1998, 93).[15]

Auch in der Theologie hat die Descart'sche Spaltung von Subjekt und Objekt ihre Wirkung gezeigt: Die Rede von Gott wurde objektiviert und verlor zunehmend den Kontakt zu den leiblichen und innerseelischen Erfahrungen des Menschen. Die Metaphysik der Objektivität und deren Sackgassen sind ein noch nicht gelöstes Problem in der Theologie.[16]

Geistesgeschichtlich war Schopenhauer nicht der bedeutendste und auch nicht der erste abendländische Denker, der mit Hilfe des Kopfes den Primat des Leibes nachwies. Aber er tat dies in einer beeindruckenden Deutlichkeit. Schopenhauer spricht von der Welt als Wille und Vorstellung und gibt dabei dem Willen den Primat. In ihm entdeckt er eine Naturkraft, die den Leib, die Triebe, Affekte und Leidenschaften umfasst. Bewusstsein, Intellekt und Vernunft sieht er als abhängige und determinierte Phänomene. Damit predigt er keineswegs eine unkontrollierte Rückkehr zur Irrationalität, aber er besteht darauf, dass das von der herrschenden Vernunft als Irrationalität aus dem Diskurs Ausgeschlossene wieder in seiner Bedeutung erkannt werden müsse, wenn Vernunft tatsächlich vernünftig werden will (vgl. Nitzschke 1998, 49–73).[17] Nietzsche, der sich später scheinbar von den philosophischen Grundaussagen Schopenhauers abwendet, bleibt zunächst dem Anliegen Schopenhauers verbunden. Der frühe Nietzsche greift auf die attische Tragödie zurück und sieht in ihr eine Form, archaische Kräfte, den dionysischen Rausch und den apollinischen Traum, künstlerisch zum Ausdruck zu bringen. Mit der Zerstörung der Tragödie durch Vernünfteln – Nietzsche spricht von „Sokratis-

15 Nitzschke 1998, S. 93.
16 Konflikte um Theologen wie Eugen Drewermann oder den Neutestamentler Gerd Lüdemann sind die äußeren Symptome dieses ungelösten Konflikts des religiösen Wirklichkeitsverständnisses.
17 Vgl. Nitzschke 1998, S. 49–73.

mus" – sei das Kunstwerk Tragödie zerstört und die in ihm gebundenen Kräfte wieder freigesetzt worden. Diese Ent-Sublimierung besorge das Auseinanderfallen von reiner Ratio und mythischer Erfahrung. Letztere werde jetzt durch einen Rückfall in die dionysischen Mysterien befriedigt, also durch Privatisierung einer bis dahin kollektiv verankerten Kultform. Nietzsche kennt also die Dialektik der Aufklärung und spricht keinesfalls einer unreflektierten Rückkehr ins Mythische das Wort. Stattdessen propagiert er für eine „fröhliche" Wissenschaft, welche über ein Wissen verfügt, das über Zweckrationalität hinausgehe. Bei Freud hat der Versuch, das „andere" der Vernunft in ein (natur-)wissenschaftliches Konzept zu integrieren, am Ende des letzten Jahrhunderts seine vorläufig bedeutendste Form gefunden.

Freud oder die Einheit von Vernunft und Trieb

Freud will die Aufspaltung des Subjekts bei Descartes in Geist und Körper, Kultur und Natur überwinden. Er pocht auf die vermittelte Einheit von Vernunft und Trieb. Die dunkle Macht der Natur verbindet sich in seinem Triebbegriff mit der Kultur. Im Freud'schen Triebkonzept wird die biologische Existenzform des Körpers an dessen kulturelle Formgebung angeknüpft und es entsteht eine leibseelische Existenzform. Der Leib wird zum beseelten Körper[18], der bereits ein kulturelles Produkt ist. Damit ist jeder Biologismus, den man Freud bisweilen unterstellt, überwunden und in gewisser Weise das Leib-Seele-Problem neu gelöst.[19] Es ist die Rückbindung des Ich an den Mutterboden der Materie, die sich als Unbewusstes in die Struktur des Subjekts einnistet. Psychoanalyse vollzieht sich in ihrer Anwendung (auch als Psychotherapie) in der Vermittlung zwischen den elementaren, materiellen, weiblich-chtonischen Naturgewalten und deren Verwandlung, Sublimierung in Denken und

---

18 Diese Beseelung ist jetzt nicht mehr metaphysisch, sondern gesellschaftlich zu verstehen: Die Besiedlung der Psyche des Kindes durch bestimmte Interaktionsformen, von der „Mutter" besorgt, ist die „Beseelung" – gedacht als Verbindung von Natur und Kultur.
19 Vgl. Heim 1993, S. 437–503.

Geist, durchaus ähnlich dem, was die Funktion der attischen Tragödie war und die der kirchlichen Liturgie sein könnte. Freud verbindet wie der mythische Fährmann Charon die beiden Welten, die durch den Fluss Acheron getrennt sind.[20] Es ist die Vermittlung des neuzeitlichen christlich-bürgerlichen Subjekts, dem die Verbindung mit seiner Triebnatur unbewusst geworden ist, mit eben dieser Triebmatrix. Die Verbindung von beidem sucht Freud dem neuzeitlichen Bewusstsein durch seinen Logos wieder nahe zu bringen.

Den Trieben kommt dabei der Status von etwas Letztem, nicht Ersetzbarem zu. Das bedeutet, dass die Triebe in ihrer Bindung an konkrete Objekte nicht zu befriedigen sind. Im Objekt suchen sie den verlorenen mütterlichen Lebensgrund wieder zu finden. Im Todestriebkonzept wird die Wiederholungstendenz und der konservative Charakter allen Begehrens sichtbar[21]: Im Todestrieb, welcher einer Todesvermählung mit der Mutter gleichkommt, wird jener ursprüngliche Zustand wiederherzustellen versucht, der allein die gelungene Heimkehr zum Grund des Lebens zu versprechen scheint. Man mag an Augustinus denken: „Unruhig ist unser Herz, bis es ruhet in Dir."

Bei Freud kommt allen erreichbaren Triebobjekten nur Ersatzstatus zu für dieses eine, unersetzliche Objekt. Jedoch ist dieses Eine keine jenseitige Größe, sondern der Ort unseres empirischen Ursprungs. Es ist die infantile „Sehnsucht-Angst"[22] (Freud 1923, 289), die der Trennung von der schützenden Mutter am Beginn des Lebens entspringt und das lebenslange sehnsüchtige Hoffen auf Wiedervereinigung antreibt – und gleichzeitig das Ich einer Täuschung erliegen lässt: der Täuschung der tatsächlichen Heimkehr zum Lebensgrund.[23] Dieser Lebensgrund ist der mütterliche Körper, mit dem das Subjekt vor seiner Differenzierung verbunden war. Er ist das Ziel der (unbewussten) Sehnsucht. In diesem „Gott" Freuds begegnet das Bild der frühen präödipalen Mutter, die bisexuell ist und Zeugung und Geburt in sich vereinigt. Sie ist die wahre Natur, an

20 Pohlen/Bautz-Holzherr 1991, S. 166.
21 Freud 1920, S. 40. Dieser todestriebhafte Drang wohnt dem belebten Organischen inne und führt es zurück in den früheren Zustand des Anorganischen.
22 Freud 1923, S. 289.
23 Pohlen/Bautz-Holzherr 1991, S. 109.

die Freud das Subjekt in seinem Begehren zurückbindet und gleichzeitig diese Verbindung als Illusion entlarvt.

Für Mann und Frau gilt es, das Rätsel der weiblichen Natur zu lösen, wie Ödipus das Rätsel der Sphinx als Vertreterin der bisexuell-weiblichen Naturmacht zu lösen hat. Damit markiert Freuds Entwurf das Ziel allen Strebens an einer Stelle, die im Leben nur um den Preis des Lebens, nämlich den Tod, zu finden ist. Ihr entspricht in der biblischen Sprache das Bild vom verlorenen Paradies, welches nicht wieder gefunden werden kann. Während die Religion an seine Stelle freilich die Verheißung eines neuen Himmels und einer neuen Erde setzt, bleibt Freud die Erkenntnis des unerfüllbaren und unheimlichen Wunsches nach dem einen unersetzlichen Objekt.[24]

An die Stelle des Unersetzlichen treten begrenzte Objekte, an die die Triebe gebunden sind. In den einzelnen Phasen der psychosexuellen Entwicklung (oral, anal, genital) formt sich der Trieb im Umgang mit den Objekten der Außenwelt. Trieb und soziale Interaktion gehören zusammen. In dieser dialektischen Verbindung findet die Wandlung statt vom Körper zum Leib. Damit postuliert die psychoanalytische Trieblehre eine Vernunft des Leibes, welche das traditionelle hierarchische Schichtenmodell der Seele – niedere Leidenschaften und höhere Bedürfnisse und Interessen – aufhebt. Die andere Rationalität des Triebes ist gegen ein Vernunftkonzept in Rechnung zu stellen, welches die Autonomie des Ichs ausschließlich kommunikativ begründet. Im Modell „Hermeneutik des Leibes" geht es hingegen darum, den Vieldeutigkeiten und Dunkelheiten, die sich aus der leiblichen Existenz des Subjekts ergeben, einen Platz in der Vernunft zu sichern.

Findet das Andere und Irrationale im Christentum einen Ort?

Ertrag des vorherigen Exkurses ist es, die Psychoanalyse als einen Zugangsweg zum Menschen zu verstehen, der einem bestimmten Vernunfttyp angehört, in dem nämlich das scheinbar Irrationale, Widersprüchliche und Paradoxe ihren Platz haben. In diesem erweiterten Vernunftkonzept

24 Zur latenten Religion in Freuds Werk vgl. Funke 1999.

hätte auch die Theologie ihren Platz zu suchen, wenn sie das Rätsel und Geheimnis des Lebens thematisiert. Wenn jedoch das scheinbar Irrationale, Widersprüchliche und Dunkle aus dem theologischen Denken ausgeschlossen wird, sucht es sich andere Orte. Das erschreckend Böse wird dann in gefährlichen Satanskulten zelebriert; die Welt der Träume wandert aus einer rationalistischen Theologie aus und findet ihren Ort in den psychotherapeutischen Praxen; Kreativität, Lust und Sinnlichkeit inszenieren sich in Kunst und Kultur und hinterlassen leere und langweilige Kirchenräume. Ein tragischer Wirklichkeitsverlust für die Kirche als Ort, an dem diese Erfahrungen einmal zu Hause waren. Deshalb verteidigte Hegel im Hinblick auf dieses „Andere" der Vernunft den institutionalisierten Glauben als Ort eines kontrollierten Raumes und einer begrenzten Zeit, um nicht dem pseudoreligiösen Rausch und dem Aberglauben Tor und Tür zu öffnen.[25] Im Hinblick auf manchen religiösen und psychologischen Kitsch bekommt die Warnung Hegels eine aktuelle Bedeutung.

Wenn man davon ausgeht, dass der Gott der jüdisch-christlichen Überlieferung ein Gott ist, der befreit und zum „aufrechten Gang" (Helmut Gollwitzer) ermutigt, dann ist es Aufgabe des Dialogs zwischen Theologie und Psychoanalyse, Zerrformen aufzuspüren, die aus einem befreienden Glauben eine neurotische, lebenseinschränkende Praxis gemacht haben, sodass aus einem „Symbol der Befreiung" ein „Symptom des Zwangs" wurde. Dieses Schicksal ist dem Schuldbegriff widerfahren: Vor allem in seiner moralischen Einengung und im Verlust der paradoxen Denkweise in der Theologie wurde die Rede von Schuld und Sünde mitunter zu einem Herrschaftsinstrument über die Seelen der Menschen.

Um den Schuldbegriff aus seiner Einengung zu befreien, ohne auf ihn zu verzichten, wird im nächsten Kapitel die allgemein menschliche Bedeutung von Schuld herausgearbeitet. Es soll deutlich gemacht werden, in welchen Konflikten der Mensch steht, wenn er sich auf den Weg seiner eigenen Lebensverwirklichung begibt. Der Begriff der

25 Vgl. Nitzschke 1998, S. 28.

Schuld wird gewählt, um diese Konflikte zu benennen und den Menschen in der ihm eigentümlichen Zwischenposition zwischen Täter- und Opferrolle zu sehen. Dabei geht es auch um den Zusammenhang von Schuld und dem Mangel der Schöpfung: Wie lässt sich dieser Mangel genauer verstehen im Hinblick auf das Schuldig-Werden-Müssen des Menschen?

Im dritten Kapitel steht der Ödipus-Stoff im Mittelpunkt. An ihm soll die dilemmatische Dimension der Schuld aufgezeigt und einem vor- und außerchristlichen, streng vormoralischen Weg im Umgang mit der schuldhaften menschlichen Grundsituation nachgegangen werden. Im vierten Kapitel wird dann die jüdisch-christliche Sicht des Ursprungs der Schuld, wie sie in der Geschichte vom Sündenfall erzählt wird, zum Ausgangspunkt gewählt, um zu zeigen, dass ein vormoralisches Verständnis von Schuld auch hier grundgelegt ist, welches sich als fehlende Differenziertheit verstehen lässt. Im Konzept einer anders als moralisch oder biologisch verstandenen Erbsünde lassen sich weitere Aspekte des Schulddilemmas gewinnen. Von daher wird dann eine gängige christliche Erlösungsvorstellung befragt, der ein latenter Masochismus oder eine unrealistische Größenvorstellung zu Grunde zu liegen scheinen. Im fünften Kapitel geht es um den Versuch, ein nicht-masochistisches Verständnis des Kreuzestodes Jesu – durchaus als Opfer verstanden – zu gewinnen, um von daher einige Aspekte zur Praxis versöhnten Lebens aufzuzeigen.

2. KAPITEL

Das Schulddilemma
oder der Verlust der Ganzheit
und das Streben nach Vollkommenheit

Schuld – ein Wort zwischen Sein und Sollen

Die geläufigen Vorstellungen und Bilder zum Thema „Schuld" haben viel zu tun mit willentlichem und daher moralischem „Schuldigwerden" im Sinne eines Fehlverhaltens, einer Tat, die objektiv falsch zu sein scheint, einem Versagen und einem Unrecht, das einem anderen zufügt wurde. In der Tat, wenn das Stichwort „Schuld" genannt wird, geht es zunächst um eine falsche Handlung, um die böse Tat, welche das Gewissen beunruhigt und deshalb quälende Gewissensbisse hervorruft, die sich bis zur depressiven Selbstentwertung steigern und in tiefe Verzweiflung führen können. Dabei wirkt eine innere Instanz, die bewertet, richtet und urteilt. Dieses Gewissen bezieht sich auf das Sollen, wodurch einzelne Taten als Unrecht erscheinen. Von dieser Gewissensschuld ist im Folgenden jedoch nur am Rande die Rede. Es geht mir vielmehr um eine unseren Handlungen vorausliegende Schuld, die man als *existentielle Schuld* beschreiben kann und die von der eben erwähnten Tatschuld unterschieden werden muss. Sie liegt der Ethik voraus und gehört dem Bereich des Seins an.

Man könnte auch sagen: diese Schuld ist als die verborgene Seite des Glücks der Preis, den wir für unsere eigene Lebensverwirklichung zahlen. Die Verbindung von Glück und Schuld verweist auf das Tragische, wie es in Dichtung und Kunst, in Mythos, Religion und Philosophie von alters her zum Ausdruck kommt. An dieser Tragik muss der Mensch aber nicht zerbrechen, wenn er bereit ist, seine eigene Täterschaft in Sachen Lebensverwirklichung anzuerkennen. Je mehr er sich dieser Schuld, die aller Moral vorausliegt, bewusst wird und sich mit ihr auseinander setzt, desto humaner wird er im Umgang mit sich und seiner Umwelt.

Möglicherweise sind es gerade die Schuldvergessenheit und der Unschuldswahn, welche die moderne Menschheit in einen Kreislauf selbstzerstörerischer Handlungen, individuell und kollektiv, geführt haben. Diese Tendenz zur „Entschuldung" des Täters, die man durchaus als eine Form der Auflösung des Subjekts verstehen kann, findet sich nicht nur im Christentum. Auch innerhalb der Psychotherapie ist vielerorts an die Stelle des „schuldigen Menschen" der Psychoanalyse Freuds der „tragische Mensch" der modernen Selbstpsychologie Kohuts getreten. Das an seinem sexuellen Begehren scheiternde Subjekt Freuds sucht Triebbefriedigung innerhalb der sozialen Ordnung und verstrickt sich dabei schuldhaft in Wunsch, Verlangen, Verbot und Tabu. Der tragische Mensch der Selbstpsychologie strebt nach Selbstverwirklichung und Ganzheit, wobei er hofft, das verlorene narzisstische Paradies wieder zu finden, oftmals motiviert von einer Therapieverheißung, welche die Wiederherstellung ursprünglicher Harmonie und die Heilbarkeit des Selbst in Aussicht stellt.[1] Dieses Selbst sei nach Meinung mancher Psychotherapieformen nur auf Grund tragischer Sozialisationsbedingungen verloren gegangen bzw. beschädigt worden. Unter der Hand wird das leidende Subjekt reduziert auf ein schuldloses Opfer seiner eigenen Kindheit.

Auch im Rahmen des Christentums wirkt offenbar diese Dynamik der Ent-schuldigung und des Sich-Als-Opfer-Fühlens. In meiner psychotherapeutischen Arbeit begegnen mir immer wieder streng christlich erzogene Menschen, die den Bezug zu dieser existentiellen Schuld verloren haben und sich in einem kindlichen Unschuldswahn wähnen. Besonders solche, die sehr strenge Maßstäbe an sich und andere legen und kein gutes Haar an ihren Taten lassen, reagieren oft erschrocken, wenn sie im Laufe einer Therapie da-

---

1 „Die Heilung des Selbst" – im englischen Original: The Restoration of the Self – lautet der Titel von Kohuts zentralem Werk (1979). Die Annahme eines ursprünglichen primärnarzisstischen Zustandes lässt sich auf Grund der Ergebnisse der modernen Säuglingsforschung nicht mehr aufrecht erhalten (vgl. hierzu ausführlich Trauth 1997, 181–211).

mit konfrontiert werden, dass sie gar nicht so harmlos und unschuldig sind, wie sie selbst glauben. Ja, der Weg ihrer „Heilung" führt immer über die Auseinandersetzung mit dieser verdrängten oder abgespaltenen dunklen Seite ihres Daseins. Bei genauerer Analyse erweisen sich besonders die Zwangssymptome solchermaßen gestörter Menschen als Abwehr ihrer aggressiven und egoistischen Wünsche, also ihrer unbewussten Tendenzen, zu zerstören oder zu quälen. Anstatt zu leiden an den Grenzen, die sich ihren Wünschen entgegenstellen, haben sie gelernt, die Wünsche selbst zu „vergessen" oder sich dieser Wünsche wegen selbst zu bestrafen und sich schuldig zu fühlen. Ihnen fehlt die Fähigkeit, einzuwilligen in die Tatsache, dass sie schuldig werden müssen, wenn sie menschlich leben wollen. Anstatt Schuld zu erleben als Grundtatsache des Daseins und sich um Wiedergutmachung zu sorgen, vermeiden sie den inneren Eintritt ins Leben und quälen sich mit neurotischen Schuldgefühlen.

Wir haben es also mit einem paradoxen Phänomen zu tun. Um von lebenseinschränkenden Schuldgefühlen freizukommen, muss der Mensch lernen, sich als jemand zu sehen, der tragischerweise schuldig werden muss, wenn er Mensch werden will. Die strukturelle Konflikthaftigkeit, die für Freud im Antagonismus von Subjekt und Kultur begründet liegt, kann von therapeutischen Bemühungen nicht aufgehoben werden. Und dennoch geht es darum, „hysterisches Elend" in „gemeines Unglück" zu verwandeln.[2] Von dieser Paradoxie handeln die folgenden Seiten.

Das Dilemma von der Notwendigkeit der Schuld und dem Anspruch, Schuld zu vermeiden, ist besonders in den griechischen Mythen und in den Ursprungstexten der jüdisch-christlichen Tradition aufbewahrt. Die beiden menschheitsgeschichtlich hoch bedeutsamen Mythen bzw. literarischen Stoffe werden im dritten und vierten Kapitel behandelt. Den Platz, den lange Zeit die Theologie innehatte als Wissenschaft von der Paradoxie des In-Der-Welt-Seins des Menschen, von seinen Widersprüchen und Dunkelheiten, nahm mit dem Beginn dieses Jahrhunderts eine

2 Freud/Breuer 1895, S. 312.

neue Wissenschaft vom inneren Leben des Menschen ein, die Psychoanalyse und in ihrem Gefolge die moderne Psychotherapie. Sie betont das Recht des Menschen auf Ambivalenz, besteht auf der Beachtung des Unbewussten und glaubt an die Unvermeidbarkeit des Konflikts, welcher sowohl intrapsychisch als auch zwischen den Individuen und der kulturellen Welt besteht. Es war die Zeit der Jahrhundertwende, die geprägt war vom Glauben an den Fortschritt der Wissenschaft und von der Überzeugung, dass der Mensch endgültig Herr im eigenen Hause geworden sei, in der die Sicht Freuds diesem Optimismus des Fortschritts eine empfindliche Grenze setzte. Er behauptete, dass die menschliche Natur von Grund auf gespalten und von Trieben und deren kulturell bedingter Abwehr hin- und hergerissen sei und dass „Glück" ebenso eine Illusion sei wie die Tröstungen der Religion.

Von beiden Sichtweisen her, der psychoanalytischen und der des Menschenbildes der christlichen Überlieferung, soll eine Perspektive der menschlichen Lebensentwicklung gewonnen werden, welche nicht von moralischen Forderungen im Hinblick auf ein „gutes" Leben ausgeht, aber auch eine naiv-romantische Sicht des Lebensglücks übersteigt.

Theologie und Psychoanalyse im Dialog über die Schuld

Wenn theologische und psychoanalytische Aspekte zu einem Thema aufeinander bezogen werden, dann ist immer auch eine Vergewisserung über die Voraussetzungen dieses Dialogs geboten. An anderer Stelle habe ich diese Voraussetzungen ausführlich beschrieben[3], die ich hier in einem Exkurs nur in einigen Linien skizziere.

Schuld ist zum einen ein hoch subjektives Erleben (Schuldgefühl) und kann gleichzeitig eine objektive Tatsache sein (Tatschuld). Die Psychoanalyse erforscht als Theorie des subjektiven Seelenlebens weit gehend die erstere Schuldform, die nur intrapsychisch auszumachen ist. Die herkömmliche Theologie scheint auf den ersten Blick den

3 Funke 1995.

anderen Part zu übernehmen: Sie sagt, was objektive Schuld ist – im zwischenmenschlichen Bereich ebenso wie in der Beziehung Mensch–Umwelt – und wie diese der freien Entscheidung des Menschen zuzuschreiben ist. Dahinter verbirgt sich das Problem der Subjektivität – in Theologie und Psychoanalyse. Die folgende Ausführungen bilden den subjekttheoretischen Hintergrund zur Frage der Einschätzung und des Umgang mit dem Thema Schuld. Wer an wissenschaftstheoretischen Fragen nicht so interessiert ist, kann diesen Exkurs ohne Folgen für den inneren Gedankengang überschlagen.

Exkurs 2: Das Problem der Subjektivität

Die Subjekt-Objekt-Spaltung

Während die von René Descartes vorgenommene Subjekt-Objekt-Spaltung ein objektivistisch-verdinglichendes Denken über die menschliche Subjektivität begünstigte und zu einem beinahe vollkommenen Ausblenden der inneren Welt führte, schlägt das Pendel heute in die andere Richtung aus. Ein Vergessen der äußeren Welt geht einher mit einer Mystifizierung des inneren, subjektiven Erlebens. Vielfältige Formen dieses Kultes der Innerlichkeit lassen sich nennen: Sie reichen vom unübersehbaren Spektrum psychologisch-therapeutischer Heilslehren und psycho-religiöser Glücksversprechungen, vom naiven Humanismus selbst ernannter Gurus und Seelenführer bis zum postmodernen Slogan des „ anything goes" (Paul Feyerabend).[4]

Die Psychotherapie ist dabei jenes gesellschaftliche Handlungsfeld, in dem neben der Religion der Trend zum Subjektivismus unübersehbar geworden ist. In den therapeutischen Konzepten der humanistischen Psychologie etwa ist subjektives Erleben nicht nur einziges Kriterium der inneren Wahrheit eines Menschen, sondern auch der zentrale Bezugspunkt im Theoriegebäude des Therapeuten. In der Psychoanalyse ist durch die moderne Narzissmus- und Selbstpsychologie die kommunikativ begriffene Subjektivität machtvoll auf den Plan getreten. Nicht

4 Vgl. Kochanek 1998, S. 101.

mehr der Rekurs auf eine von Freud postulierte ursprüngliche „objektive" Triebnatur des Menschen, die ihn bald in Konflikte mit seiner Umwelt geraten lässt, sondern das empathische Nachspüren der Schicksale der Selbstobjekt-Beziehungen mit dem Ziel der „Heilung des Selbst"[5] steht im Vordergrund.

In der Theologie erweist sich das Hin- und Herbewegen des Pendels zwischen subjektivem Glaubensvollzug und objektiver Glaubensaussage als ein Dauerproblem einer geschichtlichen Religion, wie sie das Christentum darstellt. Den Objektivierungsschüben und Doktrinalisierungsversuchen des Glaubens folgte immer wieder eine Betonung des subjektiven Erlebens: Augustinus spricht als erster Theologe in der bekenntnishaften Ichform und inthronisiert damit das erlebend-selbstreflexive Subjekt als Bezugspunkt des Glaubens. In der Mystik wird die Innenseite der Rede von Gott festgehalten gegen seine dogmatisch-objektivierende Verdinglichung. In der Romantik weitet sich die Innerlichkeit auf alle Lebensvollzüge aus und in Friedrich Schleiermacher findet sie ebenso wie in Sören Kierkegaard ihre Theologen. Schließlich ist bei Eugen Drewermann durch eine strenge Distanz zu allen geschichtlichen Objektivationen des Glaubens die subjektive Erfahrung zum einzigen Schlüssel zur inneren Wahrheit religiöser Aussagen geworden.

In Theologie und Psychoanalyse zeigt sich also das Problem der Subjektivität in ähnlicher Gestalt, wenn auch mit unterschiedlichen Inhalten. Es geht um die Vermittlung des inneren, subjektiven Lebens mit den Vorgaben der äußeren Welt, kurz um das Verhältnis von Kultur und Natur. Der Theologie geht es dabei um die Frage, wie der subjektive Glaube als inneres Erlebnis mit den geschichtlichen Ursprungserfahrungen, wie sie in der Bibel dokumentiert sind, vermittelbar ist. Dabei gilt umgekehrt die Einsicht, dass die objektiven Ursprungserfahrungen der Bibel erst durch subjektive Erinnerung zur geschichtlichen „Realität" werden. Eine Variante des Streites um Subjektivität ist die Kontroverse um die Verhältnisbestimmung von individuellem Glaubensvollzug und lehramtlicher Glaubensaussage. Wie kann das „außen" des Glaubens mit dem „innen" der subjektiven Erfahrung zusammengebracht werden, ohne die Wirklichkeit aufzuspalten?

5 Kohut 1979.

Auch der psychoanalytische Diskurs kreist um die Frage, wie die subjektive Struktur mit der objektiven vermittelbar ist.[6] Wie ist der Prozess der Konstituierung von Subjektivität unter dem Gesichtspunkt von Triebnatur und Kultur zu denken und welcher Stellenwert kommt der Subjektivität des Erkennenden zu? Gibt es ein Vermittlungsschema?

Der „Trieb" als psychoanalytische Chiffre für Subjektivität

Freud entdeckte die Psychoanalyse, indem er begann, mit seinen Patienten anders zu sprechen, als es bisher üblich war.[7] Anstelle anamnestische Fragen zu stellen ermunterte er seine Patienten, frei zu sprechen. So wurde er zum Zuhörer und die Subjektivität hatte durch diesen Rollentausch einen sozialen Ort gefunden, an dem sie sich unzensiert und ohne Normierung zur Sprache bringen konnte.

Aber die Subjektivität, die sich in der Privatpraxis eines Nervenarztes am Ende des letzten Jahrhunderts in Wien zeigte, war eine beschädigte Subjektivität. Der französische Psychologe Michel Foucault hat in seiner als Machtanalyse konzipierten Zivilisationstheorie die Folgen genannt, die sich auf der Rückseite der Emanzipation des bürgerlichen Individuums als dessen Schatten unübersehbar zeigten: Dem Prozess der Individualisierung der Subjekte geht ein unübersehbares Anwachsen eines Kontroll- und Disziplinierungssystems einher. Als Beispiele für den pädagogisch-institutionellen Zugriff auf die Subjektivität nennt Foucault: „Hysterisierung des weiblichen Körpers", „Pädagogisierung des kindlichen Sexes", „Sozialisierung des Fortpflanzungsverhaltens" und „Psychiatrisierung der perversen Lust".[8]

---

6 Hier sind neben Lorenzer (1984) u. a. folgende Autoren zu nennen: Zepf (1985), Gast (1992), Heim (1993). Das „Grenz- und Inszenierungskonzept" von Trauth (1997) kann insofern als ein Neuansatz in der „Lösung" der Vermittlung von subjektiver und objektiver Struktur angesehen werden, als dieser Autor konsequent mit einem beziehungsorientierten psychoanalytisch-systemischen Konzept metapsychologische Grundannahmen in eine kommunikative Handlungssprache übersetzt.

7 Die prominenteste unter ihnen ist Berta Pappenheim. Unter dem Pseudonym Anna O. ging sie in die Geschichte der Psychoanalyse als deren Miterfinderin ein.

8 Foucault 1977, S. 125–127.

Nach Foucaults Analyse annulliert die Bemächtigungsstrategie der gesellschaftlichen Institutionen die Subjektivität, bevor diese sich überhaupt entfaltet hat. Zumindest aber schafft sie jene Sozialisationsbedingungen, die das Subjekt der Freud'-schen Psychoanalyse hervorbringt. Eine in Staat und Kirche, Fabrik und Heim, Schule und Gefängnis, Kirche und Familie aufgespaltene Lebenswelt braucht Individuen, die ein gut durchstrukturiertes Innenleben aufweisen. Diese werden mittels Erziehung geschaffen. Die mittelalterlichen, eher unstrukturierten Persönlichkeitstypen sind in einer komplexer werdenden Gesellschaft nicht mehr passend. Die ungeformte („böse") Natur des Kindes wird durch die erwähnten Sozialisationsagenturen in einen differenzierten psychischen Apparat verwandelt.

Diese Ausdifferenzierung der psychischen Ausstattung des Individuums durch die Erfordernisse der Zivilisation bringt gleichzeitig auch ein inneres Leiden hervor. Durch Erziehung und Sprache, das heißt durch einen Zuwachs an Normierungsdruck des inneren, ungeformten Lebens entsteht jener permanente Konflikt, der das bürgerliche Individuum der Psychoanalyse kennzeichnet. Dadurch wird als subjektive Leistung erforderlich, was Freud in der Form der symptomatischen Wiederkehr entdeckte: die Verdrängung.

Gleichzeitig erfand Freud auch das Mittel zur Heilung. Die Subjektivität schafft sich auf der Couch des Psychoanalytikers einen Ort unzensierter Lebenserlaubnis, an dem das der Verdrängung Anheimgefallene wieder in den Kommunikationsraum zwischen Analytiker und Analysand hineingenommen wird. Es ist ein an Familie erinnernder Raum der Privatheit, der das Erinnern und szenische Wiederbeleben vergangener Erlebnisse, Affekte und Bilder ermöglicht.[9]

Im Hinblick auf unsere Frage nach dem psychoanalytischen Verständnis von Subjektivität bleibt festzuhalten: Der Zugang zum Subjekt erfolgt an einem Ort, der von den übrigen institutionellen Orten, wie Schule, Kirche oder Klinik, abgetrennt ist. Das Sprechzimmer Freuds erweist sich als eine Art Gegen-Ort, an dem die Sozialisationsinteressen der Zivilisation ebenso wenig gelten wie die zweckrationalen Erfordernisse der Lebens-

9 Vgl. Lorenzer 1984, S. 114–135; 199–214.

führung. Das psychoanalytische Triebkonzept steht dabei Pate für eine nicht voll in die gesellschaftliche Rationalität integrierbare Subjektivität.

Der Trieb zwischen Natur und Kultur

Die sich in der Gestalt individuellen Leidens darstellende Subjektivität konnte sich bald der wissenschaftlich-medizinischen Aufmerksamkeit nicht mehr entziehen. Freuds revolutionärer Zugang zur hysterischen Erkrankung der Berta Pappenheim durch Verstehen wurde mehr und mehr durch den Rekurs auf ein naturwissenschaftliches Erklärungsmodell überschattet. Auf Grund seiner eigenen wissenschaftlichen Herkunft als strenger Naturwissenschaftler und auf Grund des Anpassungsdrucks an die wissenschaftliche Welt erhielt die psychoanalytische Metapsychologie jenes Gewand, welches sie als Naturwissenschaft erscheinen ließ, was wiederum Habermas veranlasste, vom „szientistische(n) Selbstmissverständnis der Metapsychologie"[10] zu sprechen.

Zahlreiche Versuche hat es in den nachfolgenden Psychoanalytikergenerationen gegeben, auf Grund der Nähe Freuds zum naturwissenschaftlichen Erkenntnismodell seine Psychoanalyse zur „Biologie der Seele" (F. J. Sulloway) zu machen. Will man jedoch aus Freuds Entwurf eine Naturwissenschaft machen, schafft man eine Psychologie ohne Philosophie, die ihr kritisches Potenzial verliert und schnell zu einem Anpassungsinstrument an die bestehenden Plausibilitäten einer Gesellschaft verkommt.

Freud fand einen subjektiv-verstehenden Zugang zur Subjektivität, der er sich jedoch auch von der objektiven Seite her näherte: Die Metapsychologie als Modellvorstellung über das innere psychische Leben erlaubt eine Trennung von Erkenntnissubjekt und Erkenntnisobjekt und markiert zugleich einen ungelösten Konflikt in der Annäherung an menschliche Subjektivität. Die Entdeckung der Triebnatur des Menschen durch Freud birgt nämlich die Gefahr in sich, Subjektivität biologistisch und individualistisch zu begreifen, nämlich als individuelle

10 Habermas 1968, S. 300 f.

Realisierung eines persönlichen Triebreservoirs. Dieses mögliche Übersehen der Beziehungserfahrungen für die Konstituierung von Subjektivität wurde vor allem durch die Selbstpsychologie auszugleichen versucht.

Die Relevanz der Beziehung zwischen Selbst und anderem Selbst für die Subjektivität markiert zwar einen erheblichen Erkenntnisgewinn im psychoanalytischen Denken, lässt aber zugleich auch den Verlust deutlich werden, der durch die „Überwindung" des Freud'schen Trieb-Konflikt-Modells sichtbar wird.[11] Mit der Aufgabe der Triebnatur des Menschen wird gleichsam ein Teil seiner Subjektivität geopfert, auch wenn sich die Sprache der Selbstpsychologie zunächst sehr subjektivitätsfreundlich gibt. Dem Individuum wird nicht mehr viel zugetraut, wohl aber seiner Umwelt, die ihm in der Gestalt von „Selbstobjekten" gegenübertritt.

Wird das Individuum nicht letztlich suspendiert, wenn ihm versprochen wird, es könne seine eigene Subjektivität im Sinne von Ganzheit und Einheitlichkeit erreichen, wenn es nur die richtigen Selbstobjekte habe? Verkommt hier die Vorstellung von „Identität" und „Selbstwerdung" nicht zum normativen Ideal eines erreichbaren oder herstellbaren Zustandes? Ist gegenüber dieser „positiven" therapeutischen Einstellung nicht die pessimistische Sicht Freuds im Hinblick auf die Heilungschancen der Therapie letztlich humaner?

Die Bruchstelle der Subjektivität oder der heilsame
Widerspruch von Theorie und Therapie

Das Gewahrwerden der Grenze der Psychotherapie hat Freud davor bewahrt, diese zu einem Heilsbringer oder Glücks- und Sinnlieferanten aufzublähen und sie damit letztlich an die Stelle der Religion zu setzen. Freud konnte diese Grenze einhalten, weil er neben der Therapie und den durch Empathie, Introspektion und Gegenübertragungsanalyse gewonnenen Einsichten über eine Theorie „extra nos" verfügte. Diese als Metapsychologie bezeichnete Theorie über die menschliche Subjektivität hat er nie mit der Therapie zur Deckung zu bringen versucht,

---

11 Vgl. Wahl 1991, S. 18.

im Gegenteil. Der Widerspruch zwischen Theorie und Therapie gehört für Freud zu den unverzichtbaren Voraussetzungen psychoanalytischer Anthropologie. Als Theorie ist die Psychoanalyse nämlich – vom „subjektiven Faktor" her entworfen – eine Theorie der Zivilisation und Kultur und als Praxis Therapie für das Individuum. Freud hat nie einen Zweifel daran gelassen, dass die Psychoanalyse als Kulturtheorie und Anthropologie eine fruchtbarere Zukunft haben werde, denn als Therapieform. Besonders in der scharfsinnigen Schrift „Die Frage der Laienanalyse" wendet er sich gegen die Dominanz des Therapeutischen in der Psychoanalyse und deren Monopolisierung durch die Ärzteschaft: „Wir halten es nämlich gar nicht für wünschenswert, dass die Psychoanalyse von der Medizin verschluckt werde und dann ihre endgültige Ablagerung im Lehrbuch der Psychiatrie finde, im Kapitel Therapie".[12]

Freud kämpfte als bürgerlicher Wissenschaftler immer wieder gegen die Zähmung und Stilllegung der subversiven Kraft der Psychoanalyse durch deren medizinische Professionalisierung oder religiös-weltanschauliche Aufladung. In einem Brief an den mit ihm befreundeten Schweizer Pfarrer Oskar Pfister schreibt er: „Ich weiß nicht, ob sie das geheime Band zwischen der ‚Laienanalyse' und der ‚Illusion' erraten haben. In der ersten will ich die Analyse vor den Ärzten, in der anderen vor den Priestern schützen".[13]

Damit die psychoanalytische Theorie nicht von der Therapie aufgesogen wird, hat Freud sich zeitlebens für die Laienanalytiker, das heißt nichtärztliche Analytiker, die dann im Hinblick auf die Analyse keine Laien mehr sind, eingesetzt. Diese seien anders als der Psychiater, der Psychoanalyse praktiziert, nicht nur an den therapeutischen Bedürfnissen interessiert, sondern an Einsicht und Aufklärung. Heilung des Individuums durch Therapie ist für Freud nie das Wichtigste seiner Arbeit gewesen: „Das Ziel der Psychoanalyse ist in der Hauptsache, beizutragen zu der psychologischen Wissenschaft und der Welt der Literatur und des Lebens im Allgemeinen."[14]

12 Freud 1926, S. 283.
13 Freud–Pfister 1963, S. 136.
14 S. Blanton, Tagebuch meiner Analyse bei Sigmund Freud, Frankfurt/Berlin/Wien 1965, 106, zit. nach: Jacoby 1975, S. 143.

Der psychoanalytische Entwurf Freuds von der menschlichen Subjektivität macht Folgendes deutlich: Die Spannung von Subjekt bezogenem und Objekt bezogenem Denken wird bei ihm nicht aufgelöst. Das Freud'sche Modell zeigt, wie die Widersprüchlichkeit und die Unversöhnbarkeit von Theorie des Subjekts und Therapie des Individuums erhalten bleiben können. Wenn Freud es auch nicht gelungen ist, die dialektische Verschränkung von subjektiver und objektiver Struktur begrifflich zu fassen, so hat er doch den konflikthaften Widerspruch beider Systeme nicht aufgegeben. Die „Hexe Metapsychologie" bewahrte die Psychoanalyse davor, auf das Niveau einer Psychologie des gesunden Menschenverstandes herabzusinken. Dabei darf freilich nicht übersehen werden, dass der Pol „Objektivität" in der klassischen Psychoanalyse oft überbetont wurde und eine biologistische Sicht, vor allem der Triebnatur des Menschen, begünstigte. Freuds Auffassung, die Triebe seien gleichsam „mythische Wesen, großartig in ihrer Unbestimmtheit"[15] hat sicher zu einer heftigen Abgrenzung von solchen „unwissenschaftlichen" Positionen beigetragen. Andererseits hat Freud aber von Anfang an die Triebe mit den Objekten verbunden. In den einzelnen Phasen der psychosexuellen Entwicklung formt sich der Trieb im Umgang mit den Objekten der Außenwelt. Trieb und soziale Interaktion gehören zusammen.

Die Rede von Gott und die Subjektivität

Der Versuch, die religiöse Gottesrede und den Subjektgedanken zusammenzubringen, lässt Zweifel an der Kompatibilität beider Begriffe aufkommen. Allzu lange wurden die Subjektwerdung des Menschen und der Gottesglaube als Gegensatz begriffen, ja mehr noch, das Bemühen um Subjektsein und Selbstwerdung wurde als sündhafter Abfall von Gott qualifiziert. Eine solche Auffassung wurde begünstigt durch eine positivistische Sicht der biblischen Gottesgeschichten – theologisch „Offenbarung" genannt – die als von außen auf den Menschen treffende Botschaft einer ganz anderen Wirklichkeit verstanden wurde, der sich der Mensch als „Hörer des Wortes" (Karl Rahner) anzupassen hatte.

15 Freud 1933, S. 101; vgl. Diergarten 1992, S. 42–45.

Während in der protestantischen Tradition eine unmittelbare Glaubensgewissheit ohne kirchliche und priesterliche Vermittlung möglich wurde und der Glaube somit einen Subjektivierungsschub erfuhr, blieb in der katholischen Kirche der Offenbarungspositivismus vorherrschend. Er definierte den Glaubensvollzug als einen eingleisig angelegten Akt der Anpassung des Einzelnen an die vorab von Lehramt und Theologie definierten Inhalte des Glaubens. In der Glaubenspraxis führte dies zur glaubensneurotischen Zerrform, durch welche die innere Verbindung von subjektiver Erfahrung und objektiver Gegebenheit aufgelöst wurde. Im Mittelpunkt dieser Glaubensform steht die Wahrheit des Dogmas, welche angeeignet wird durch das Lernen von Sätzen. Die Wahrheit der Gottesrede reduziert sich in dieser Form auf das kognitive Beherrschen und Wiedergeben von Lehrsätzen, deren Inhalt jedoch von der eigenen Erfahrung weit gehend abgekoppelt ist. Die stereotype Wiederholung der Glaubensinhalte ohne Kenntnis ihrer inneren Bedeutung ähnelt in der Tat der Dynamik der Zwangsneurose.[16]

In der glaubensneurotischen Form ist die Erinnerung an den Ursprung unbewusst geworden. An die Stelle der Erinnerung, welche das Vergangene lebendig macht, tritt die stereotype Wiederholung von Glaubenssätzen oder Ritualen. Dies entspricht der historischen Betrachtung des objektivierenden Denkens, welches die Ereignisse der Vergangenheit zu beherrschen sucht und sie in gewisser Weise auf Distanz hält und damit verharmlost. Es ist der Museumsblick, durch welchen die Vergangenheit von außen objektiv betrachtet wird. Damit ist das vergangene Ereignis auch entschärft, indem es der Bedeutung in seinem ursprünglichen Lebenszusammenhang entzogen wurde. Der Geschichte wird somit ihre lebendige Dynamik, aber auch ihr Schrecken genommen, so wie die Natur im Zoo entschärft wird. Diese verdinglichende Sicht des Glaubens führte dazu, dass dieser eher zum Symptom des Zwangs wurde als zu einem Symbol der Freiheit und Befreiung.

Als Reaktion auf diese veräußerlichte Form der Gottesrede bildete sich am Gegenpol eine Auffassung von Subjektivität he-

16 Vgl. Reik 1973.

raus, welche den Glauben in den Entstehungsprozessen des Subjekts anzusiedeln versucht.[17] Die Gefahr beider Konzepte besteht darin, dass die Annahme einer dauerhaften und vollständigen Identität unkritisch übernommen wird. Demgegenüber wäre die christliche Rede von Gott mit der Subjektivität so in Beziehung zu setzen, dass der Identitätsgedanke als kritisches Prinzip erhalten bleibt und vor aller inhaltlichen Festlegung geschützt wird. Zu diesem Zweck sollen für das Verständnis von Subjektivität einige theologische Gesichtspunkte genannt werden.

Theologie der Subjektivität

Nach der Augustinischen Sündenlehre besteht der Kern sündhaften Begehrens darin, sein zu wollen wie Gott. Dieses Streben entspringt einer unbeschränkten Ichsucht (amor sui) und Konkupiszenz. Das Nachgeben gegenüber dieser narzisstischen Strebungen, wie Gott allmächtig sein zu wollen, bewirkt also eine Verfehlung der menschlichen Individualität und Selbstwerdung. Wenn der Mensch wie Gott sein will, hat er durch diese Abwehrleistung der Identifizierung mit Gott die ihm unerträglich erscheinende Tatsache der Begrenztheit des Lebens kompensiert. Sünde ist in dieser Perspektive also die Versuchung, die fundamentale Gebrochenheit menschlichen Daseins zu überspringen und Gott gleich sein zu wollen. Als Sünde ist die Versuchung zu bezeichnen, die Differenz zwischen einer fragmentarischen Identität und einer Gott zugeschriebenen Totalität und Ganzheit zu leugnen.

Die Erlösung von dieser Versuchung, Identität durch Identifizierung zu retten, ist in der Deutung des Todes Christi als „Kenosis", d. h. als Verzicht, wie Gott sein zu wollen, enthalten: „Er war wie Gott, hielt aber nicht daran fest, wie Gott zu sein, sondern er entäußerte sich und wurde wie ein Sklave und den Menschen gleich. Sein Leben war das eines Menschen, er erniedrigte sich und war gehorsam bis zum Tod, bis zum Tod am Kreuz" (Phil 2,6–8).

---

17 So z. B. bei Mette 1983 und Funke 1986.

Die Selbstbegrenzung des Sohnes besteht darin, dass er von seiner Gottnatur keinen Gebrauch machte. Diese Perspektive erlaubt eine identitätserweiternde Deutung des Kreuzestodes Jesu. Er bietet sich an als ein Mensch, der auf die Identifizierung mit göttlicher Allmacht verzichtet, Distanz hält und somit seine wahre Identität findet. Nicht Selbstwerdung und Identitätssuche als solche sind in dieser Perspektive als sündhaft zu qualifizieren, sondern die Versuchung, eine vollständige und dauerhafte Ich-Identität mit einem Ideal, dem allmächtig geglaubten Gott zu erreichen. Der Sündengedanke rettet also Individualität, welche die Differenz von Mensch und Gott, von Ich und Ich-Ideal akzeptiert.[18]

Von der Inkarnation her gedacht bestimmt sich die Identität des Subjekts nicht mehr von einem Gottesbild der Stärke und Allmacht her, sondern von einem Gottesbild, welches in Christus selbst die Grenze einer „ganzen" Identität einhält. Gott erscheint als hilfloses, unvollkommenes und hilfsbedürftiges Kind. Am Ende begegnet er als der zerbrochene, gekreuzigte Mensch Jesus.

Dieser Verzicht auf dauerhafte Ganzheit und Gewalt wird auch in der Verkündigung Jesu betont. Im Wort von der Selbstverleugnung und vom Aufsichnehmen des Kreuzes (Mt 10,38) wird dieses paradoxe Geheimnis wahrer Identität zur Sprache gebracht. Wer sein Leben erhalten will – im Sinne einer ganzen und dauerhaften Identität – wird es verlieren. Derjenige, der auf Allmacht und Ganzheit verzichtet, wird es gewinnen. „Diese Einsicht entspricht genau jener dialektischen Struktur, wonach gerade die auf Ganzheit und Dauer bedachte Identitätsbemühung die Identität verfehlt".[19]

Abraham versus Odysseus oder von der Unmöglichkeit, anzukommen

Gemeinsames Kennzeichen dieser theologischen Aspekte von Subjektivität ist der jeweils eingeklagte Verzicht auf ganze und vollkommene Identität, verbunden mit der Weigerung, Identi-

18 Vgl. Luther 1992, 172.
19 Ebd. S. 172.

tät des Subjekts im Sinne eines Ideals gelten zu lassen. Schon gar nicht taugen sie für den Versuch, das Konzept einer an Einheitlichkeit, Kontinuität und Ganzheit orientierten Identität religiös zu überhöhen dadurch, dass der Glaube als Ermöglichung und womöglich Abschluss von Identitätssuche verstanden wird. Glaube begründet keine Identität, sondern unterbricht sie. Er ähnelt am ehesten einer negativen Dialektik, die in der Weise des Paradoxons Identität von Subjekten zugleich als deren Nicht-Identität ausweist.

Der inzwischen verstorbene protestantische Praktische Theologe Henning Luther klagt die Grenzidee einer kommunikativ hergestellten Subjektivität ein. Die Regeln kommunikativer Verständigung können nur unter Einbeziehung der Außenseiterperspektive festgelegt werden. Die Idee einer universalen Kommunikationsgemeinschaft, wie sie Habermas entwirft, scheitert nach ihm am Extremfall des Scheiterns aller Verständigungsbemühungen: dem Selbstmord. Diese kommunikationsabbrechende Tat zeigt, „ wie gewaltsam sich unsere kommunikative Intersubjektivität gegen radikale Individualität verschließt"[20] und wie wenig Individualität aufgeht in der kommunikativ hergestellten Subjektivität. Jeder Außenseiter, dessen Extremfall der Selbstmörder ist, macht diese Skepsis gegen eine Identitätszuschreibung deutlich, die sich als eine ausschließlich sozial oder interaktiv vermittelte ausgibt.

Diese Außenseiterperspektive ist in der jüdisch-christlichen Überlieferung eingefangen. In den kommunikativen Handlungen Jesu wird der Außenseiter zum Mittelpunkt seines Interesses. Was von der gesellschaftlichen Plausibilität her als Rand erscheint, als die „ Hecken und Zäune", wird in der Verkündigung des Reiches Gottes zum Mittelpunkt. Die Hure und der Zöllner, der Lahme und der Aussätzige, der Ausgegrenzte und der Rechtlose werden zum Adressaten seiner Verkündigung. H. Luther verallgemeinert dies: „ Breitenwirksam bewahrt Religion diese Perspektive auf radikale, unverkürzte Individualität, insofern sie die Abgeschlossenheit und Ausschließlichkeit des Horizontalen aufbricht und Individualität aus der extramundanen Perspektive wahrnimmt"[21]

20 Ebd. S. 70.
21 Ebd. S. 73.

Freilich widersteht auch H. Luther dem Versuch, diese „Jenseits" von Intersubjektivität gedachte Identität metaphysisch im Sinne einer objektiven Welt „hinter" unserer Welt zu begründen. Das Andere der Welt, auf das eine theologische Begründung von Subjektivität Bezug nimmt, ist nicht von der Welt abgetrennt. Deshalb definiert er Religiosität als den Versuch, „die Welt anders zu sehen, einen anderen Sinn für die Welt zu bekommen".[22] Subjektivität kann also nur begründet werden durch die Perspektive des Anderen. Unter Rückgriff auf die Philosophie von Levinas sucht H. Luther die neuzeitliche und letztlich Gewalt enthaltende Idee von Subjektivität zu übersteigen und zu ersetzen durch eine Idee von Subjektivität, welche im Kern als Verletzlichkeit und Fraglichkeit verstanden werden muss, und zwar „in der doppelten Perspektive einer für die Verletzlichkeit des Anderen offenen Verletzlichkeit, eine sich von der Sterblichkeit des anderen verletzen-lassenden Verletzlichkeit".[23]

Der Andere ist im Kern immer ein Fremdling. Deshalb bedeutet die Perspektive, vom Anderen her zu denken, auch die Bereitschaft, die Elemente in den Dialog einzubeziehen, welche sich einer rationalen Verständigung zu entziehen versuchen. Das Angesicht des Anderen ist deshalb kein Spiegel, der zur Selbstgewissheit führt, sondern er provoziert und bewirkt Entwurzelung und Auszug, nicht Beheimatung. „Nicht die Rückkehr des Odysseus figuriert die Reise der Subjektivität, sondern Abrahams Auszug in die Fremde."[24] H. Luther folgert daher, dass der religiöse Mensch nicht der ist, der Heimat gefunden hat, sondern der, der bereit ist anzuerkennen, dass wir uns in dieser Welt nicht zu Hause fühlen.

Von der Idee des Anderen und Fremden wird eine theologische Theorie der Identität von Subjekten begründet, die gerade in der Anerkennung der Differenz von Ich und anderen besteht und die Idee einer kommunikativen Verständigung bereichert um jene Aspekte, die sich den Verständigungsbemühungen entziehen. Der vernichtete Andere ist ebenso wie der Selbstmörder der Extremfall einer scheiternden Verständigungsbemü-

22 Ebd. S. 29.
23 Ebd. S. 81.
24 Ebd. S. 82.

hung. Dieses Scheitern muss in die Idee der Identität von Subjekten einbezogen werden.

Das Subjekt im Widerspruch – die gemeinsame Perspektive von Psychoanalyse und Theologie

Der Identitätsgedanke der Moderne hat als emanzipatorischer das Subjekt auf die Suche nach sich selbst gesetzt und so den Anspruch der Aufklärung eingelöst. Dabei ist der Subjektbegriff insofern auf Aporien gestoßen, als in ihm das Subjekt als absoluter Souverän, als Herr und Meister von Welt und Geschichte gedacht wurde. Gegenüber diesem Subjektverständnis klagt postmodernes Denken ein Grenzbewusstsein ein, welches im radikalen Verzicht auf Totalität und im Pochen auf Pluralität und Vieldeutigkeit besteht. Was auf den ersten Blick als Unübersichtlichkeit anmutet, erweist sich bei näherem Hinsehen als sich bescheidendes Grenzbewusstsein und darin als die dem modernen Denken verloren gegangene Weisheit: „Nur der Unwissende traut und spricht sich Zugriff aufs Ganze zu, der Weise hingegen wehrt solcher Totalisierung und bringt durch seine Praxis exemplarisch vor Augen, dass das Ganze zu wahren ist, indem ein Horizont von Unfasslichkeit erhalten bleibt".[25]

Einen Ort für diese andere, vom Grenzbewusstsein geprägte Rationalität, klagt die psychoanalytische Trieblehre als Kerngedanke des Freud'schen Subjektverständnisses ebenso ein wie die Gottesrede der jüdisch-christlichen Tradition. Beide Konzepte behaupten gegenüber einer interaktionell-kommunikativ gedachten Identität von Subjekten ein „Jenseits" von Intersubjektivität. Psychoanalytisch ist dieses „Jenseits" zu verstehen als grundsätzliche Unversöhnlichkeit von Subjekt und Kultur, ein Antagonismus, der letztlich ein widerständiges und unberechenbares Individuum hervorbringt. Das Freud'sche Subjekt, durch Es, Ich und Über-Ich strukturiert, leidet an Konflikten und hat trotz Therapie Teil am gemeinen Unglück. Wird diese fundamentale Gegensätzlichkeit von Individuum und Gesellschaft aufgegeben, verkommt psychoanalytische Metapsychologie zu einer Glück und Heilung versprechenden Therapietheorie.

25 Welsch 1993, S. 326.

In einer ähnlichen Gefahr steht die Theologie, wenn sie – im Glauben, die Aufklärung einzuholen – der grandiosen Idee eines neuen, geheilten Menschen verhaftet bleibt. Der Kulturpsychoanalytiker Friedrich Diergarten vermutet zurecht, dass gerade bei einer tiefenpsychologisch aufbereiteten Theologie Drewermann'scher Prägung die Rede von Gott verkommt zu einer „Neuen Religion" im Sinne der romantischen Idee einer „neuen Mythologie": „Er (Drewermann, D.F.) gibt mit seiner ,neuen Religion' den wichtigsten Teil der Erfolgsgeschichte der Aufklärung und der Psychoanalyse preis: die positive Einschätzung der ,Entzweiung' des Menschen; das Recht des Menschen auf Ambivalenz; die Einsicht, dass wir ohne kulturelle Systeme nicht leben können ... und dass es per se nicht möglich ist, in einem dieser Systeme ,glücklich' zu werden. Dieses Dilemma ist die notwendige Voraussetzung für die Freiheit und Subjektivität des Menschen wie auch einer Theologie, die diese Einsicht reflexiv einholen will".[26]

Eine solche Reflexion hätte im Hinblick auf den Subjekt konstituierenden Charakter der Gottesrede davon auszugehen, dass es in der jüdisch-christlichen Geschichte nicht in erster Linie der Glaube an eine wie auch immer gedachte Idealität Gottes ist, der heilt, sondern die Erinnerung an den leidenden und solidarischen Gott, der in der Geschichte seines Volkes immer dann betend und hoffend erfahren wurde, wenn die Identität des Subjekts – individuell und kollektiv – auf dem Spiel stand.

LEBEN MIT DER SCHULD:
EINE GEMEINSAME OPTION VON PSYCHOANALYSE
UND CHRISTLICHEM MENSCHENBILD

Die Erkundungen zum Problem der Subjektivität in Theologie und Psychoanalyse haben ergeben, dass die beiden zentralen Begriffe „Gott" und „Unbewusstes" eine Subjektivität begründen, die das Nicht-Identische, Widersprüchliche und Konflikthafte einschließt. Auf diesem Hintergrund wird eine weitere Klärung der Interessen des Theo-

---

26 Diergarten 1992, S. 78f.

logen und des Psychoanalytikers im Hinblick auf einen Diskurs über die Schuld möglich. Diese Klärung soll vorab erfolgen.

Der Theologe, der auf Grund des zunehmenden Wirklichkeitsverlustes religiöser Sprache in der Regel mehr am Dialog interessiert ist als der Psychoanalytiker, steht vor zwei Gefahren: Er kann die Psychoanalyse im Sinne einer Hilfswissenschaft für die eigenen Ziele verwenden und sich ihrer Elemente wie in einem Steinbruch bedienen. Willkür und Eklektizismus sind die Folgen, aber auch der Verlust des kritischen Anspruchs der anderen Disziplin für das eigene Fach. Die eigene Identität verändert sich nicht. Er kann umgekehrt aber auch die Psychoanalyse nach Art einer „Fremdprophetie" (Paul Tillich)[27] behandeln, welche verschüttete Aspekte des eigenen Faches neu entdecken hilft, dabei aber in verzerrende Idealisierungen abgleiten kann. Bei Eugen Drewermann finden sich häufig Beispiele eines idealisierenden Umgangs mit der Psychoanalyse.

Stattdessen schlage ich vor, das Modell der „konvergierenden Optionen"[28] zur Grundlage des Diskurses zu machen. Beide Disziplinen diskutieren entlang konvergierender Grundoptionen, die sie aus gemeinsamem Interesse treffen und zu deren kritisch-konstruktiver Weiterentwicklung sie beitragen durch die spezifischen Aspekte, die jede Disziplin einzubringen hat. Eine solche Grundoption bildet die Frage nach der Schuld des Menschen.[29] Die Gefahr des vorschnellen Einvernehmens zwischen Psychoanalyse und Theologie muss in der Tat als Falle im Auge behalten werden, wenngleich die Frontlinien vermutlich anders zu ziehen sind. Sie verlaufen zwischen denen, die den Gedanken an ein Schuldig-Werden längst aufgegeben haben und denen, die in der je eigenen Tradition – ob Psychoanalyse oder Theologie – Spuren eines erwachsenen und nicht auf Abwehr gründenden Umgangs mit Schuld suchen.

27 vgl. Scharfenberg 1972, S. 190.
28 Mette/Steinkamp 1983, S. 170–175; vgl. auch Diergarten 1992, S. 53f; Funke 1992, S. 223f.
29 Wichtige Arbeiten zum Thema haben vorgelegt Wahl 1980, Görres und Rahner 1982, Hubbertz 1992 und Auchter 1996.

Gewöhnlich wird das Thema „Schuld" mit Moralität und Normativität verbunden. Das ist immer dann der Fall, wenn Schuld mit einer realen Tatschuld gleichgesetzt wird. Hier jedoch soll eine ethische Reflexion auf Tat-Schuld erweitert werden um eine existentielle Sicht. Es wird also nicht – in ethischer Absicht – nach der Richtigkeit von Handlungen und deren Begründungen gefragt, sondern nach einem den Handlungen vorausliegenden Anspruch, den das Sein selbst der Lebensarbeit zumutet. Dieser Anspruch soll unter der Chiffre „Schuld" thematisiert werden.

Zum besseren Verständnis greife ich noch einmal die Unterscheidung von Schuldgefühl und realer Schuld auf. Das Schuldgefühl ist etwas Subjektives, Innerpsychisches. Die Psychoanalyse befasst sich vorzugsweise mit dieser Art von Schuld, dem Schuldgefühl. Es lässt sich mit dem Psychoanalytiker Matthias Hirsch in vier Gruppen aufteilen:

„1. Basisschuldgefühl, das heißt ein Schuldgefühl auf Grund der bloßen Existenz des Kindes oder seines So-Seins, insbesondere seines Geschlechts.

2. Schuldgefühl aus Vitalität, das heißt expansive Bestrebungen, das Begehren, Haben-Wollen, Erfolg-Haben-Wollen, Andere-Übertreffen-Wollen werden dadurch schuldhaft erlebt, dass sie von der familiären Umgebung nicht willkommen geheißen werden können.

3. Trennungsschuldgefühl. Hier sind die Autonomiestrebungen des Kindes in allen Lebensaltern mit Schuldgefühl verbunden, da Trennung für die elterlichen Objekte eine Bedrohung darstellt.

4. Traumatisches Schuldgefühl: Schwere Gewalt- und Verlusterfahrungen hinterlassen einen Fremdkörper im Selbst, ein Introjekt, das Schuldgefühle verursacht."[30]

Von diesen – oft unbewussten – Schuldgefühlen ist das Schuldbewusstsein, die Einsicht in reale Schuld zu unterscheiden, welches die Psychoanalyse weit gehend vernachlässigt hat. Reue ist der entsprechende Affekt zu dieser

---

30 Hirsch 1997, S. 15.

Schuldeinsicht. Daraus resultiert die Bereitschaft zur Wiedergutmachung, die ihrerseits in der in der frühen Mutter-Kind-Beziehung erworbenen Fähigkeit zur Besorgnis wurzelt.[31]

Man kann diesen beiden Schuldtypen die in der Theologie geläufigere Unterscheidung von kollektiver Schuld (Erbsünde; Sünde im Singular; vgl. Kapitel 4) und individuell zu verantwortender Tatschuld (Sünden im Plural) unterlegen. Die Gewichtung dieser Schuldformen zueinander ist von großer Bedeutung und wird in der Theologie durchaus kontrovers gesehen. Wenn die theologische Sicht hinzugenommen wird, spielt der Begriff der Sünde eine große Rolle. Er ist sozusagen die Sprachform, die Schuld im religiösen Kontext erfährt: Sünde ist also Schuld vor Gott, für die der Mensch Verantwortung trägt, sowohl kollektiv als auch individuell. Für die Sünde gibt es eine Vergebung, für die zwischenmenschliche Versöhnung die Voraussetzung ist.

Die Notwendigkeit, schuldig zu werden, und die Gefahr, es zu vermeiden

Der Akzent liegt zunächst auf der unvermeidbaren existentiellen Schuld. Wir folgen damit dem alten scholastischen Grundsatz: agere sequitur esse – das Handeln folgt dem Sein. Schuld soll deshalb als eine seinshafte Ausstattung des Menschen in den Blick genommen werden. Diese Perspektive wurzelt neuzeitlich im Existenzialismus und der Seinsphilosophie Martin Heideggers, die ihrerseits die Daseinsanalyse (Medard Boss, Gion Condrau) stark beeinflusst haben.

Was ist damit gemeint, wenn wir unser Dasein und die notwendige Arbeit des Lebens mit der Schuld verbinden? Passt dieser Begriff überhaupt in diesen vormoralischen, seinshaften Bereich? Sollte man ein auf Handlungen und deren Richtigkeit bzw. Falschheit bezogenes Wort nicht besser vermeiden? Damit ist tatsächlich eine Zumutung an-

31 Vgl. Winnicott 1974, S. 24.

gesprochen, die sich aus der Zwischenposition des Menschen zwischen Opfer- und Täterschaft ergibt. Obwohl der Mensch an erlittenen Verletzungen und Beschädigungen seines seelischen Lebens keine Mitschuld trägt, hat er dennoch für sie als Erwachsener Verantwortung zu übernehmen.

Mir scheint gerade die Ausblendung dessen, was mit Schuld in einem seinshaften, existentiellen Sinn gemeint ist, zu jenen Folgen geführt zu haben, die das Leben trotz äußerer Freiheit über die Maßen einschränkt. Ein Beispiel ist die Dynamik der zwangsneurotischen Persönlichkeit, die dem kindlichen Unschuldswahn verhaftet bleibt und dafür das Gefängnis quälender Zwangsvorstellungen und Handlungen in Kauf nimmt. Ein Mensch, der sich dieser Daseinsschuld und seiner eigenen Verstrickung in sie nicht bewusst ist und in sie einwilligt, wird genötigt sein, immer nur auf der Schuld des anderen zu insistieren. Er wird seinen Kindern von klein auf eine Moral anerziehen, die zur Ausblendung wesentlicher Lebensbereiche und Triebwünsche führt.

Die Reaktion dieser „Ausblendung" sind neurotische Schuldgefühle, deren Wirkung der Daseinsanalytiker Medard Boss treffend beschreibt: „Sie (die Schuldgefühle, D.F.) rufen ihn zu einem Besser- und Ganz-Werden auf, umso drängender, je mehr er bisher hinter der Erfüllung seines Lebens zurückblieb. Ein Besser-Werden kann ein derart verstümmelter Neurotiker immer nur in einem noch rigoroseren Befolgen der ihm bekannten, von früher Jugend auf eingebrannten, wesensfremden Gebote und Verbote verstehen. Er wird sich deshalb bemühen, seine als sündhaft missverstandenen Lebensmöglichkeiten noch radikaler zu verleugnen. Gerade dadurch vergrößert er indessen nur seine wahre menschliche Schuld, bleibt immer weiter hinter der Erfüllung seines Hüteramtes zurück".[32] Kollektiv lässt sich dieser Mangel an „Erfüllung seines Hüteramtes" verstehen als die destruktive Handhabung der uns umgebenden Welt, die man gemeinhin als „natürliche Lebensgrundlagen" bezeichnet. Ein Gewahrwerden der eigenen schuldhaften Be-

32 Zit. nach Condrau 1981, S. 101.

teiligung an dieser destruktiven Dynamik könnte zu einem heilsameren Umgang mit uns selbst und mit unserer personalen und nicht personalen Umwelt führen. Je weniger die tragische Situation des Schuldig-Werden-Müssens im Sinne der Daseinsschuld reflektiert wird, desto rigider und fordernder werden die Änderungspostulate, die wiederum zu neuen Abwehrformen führen, weil sie unproduktive Schuldgefühle erzeugen.

Um diesem Kreislauf zu entkommen, wäre es nötig, die dilemmatische und ohne Konflikte nicht aufzulösende Situation des Menschen zu berücksichtigen. Auch in der Theologie ist diese Dimension weit gehend vernachlässigt worden, obwohl die geschichtlichen Dokumente des Glaubens das unausweichliche Schuldig-Werden immer wieder thematisieren.

Das Dilemma

Was meint die Rede vom Dilemma? Nach dem Duden-Herkunftswörterbuch „Etymologie" bezeichnet der griechische Begriff Dilemma (Wortstamm „lambanein" = nehmen, ergreifen) ursprünglich in der Logik eine Art Fangschluss, der eine Entscheidung nur innerhalb von zwei gleich unangenehmen Möglichkeiten innerhalb eines Alternativsatzes (entweder – oder) zulässt. Die Notwendigkeit zu solchen unangenehmen Entscheidungen, die Wahl zwischen zwei Übeln, stellt sich auf verschiedenen Ebenen: Im Alltag ist man gezwungen, eine Aufgabe oder Pflicht schuldhaft zu vernachlässigen, um eine andere zu erfüllen. Es kann sein, dass man einen Menschen allein lassen muss, um für ihn zu sorgen. Um die Existenz nicht zu gefährden, muss jemand seinem Beruf nachgehen und lässt sein Kind allein zu Hause. Es gibt in solchen Situationen nur die Wahl des kleineren Übels.

Das Dilemma ereignet sich auch zwischen den beiden Schuldarten, der existentiellen Schuld und der einzelnen Tatschuld. Es kann sich z. B. in dem Konflikt zeigen, der heißt: Was schulde ich mir? Und was bin ich anderen schuldig? Treue zu sich selbst und soziale Verpflichtung können in Konflikt geraten und eine Entscheidung notwendig machen, die immer schuldhaft ist, weil es eine dilemmatische Situation gibt. Besonders in der Partnerschaft ist dieses Dilemma ein ständiger Wegbegleiter: Entscheide ich mich für meine Freiheit und folge meinem Bedürfnis, eigene Wege zu gehen – was Ausdruck meiner „Schuld" sein kann, die ich mir selber gegenüber habe – oder folge ich dem Motiv und vielleicht auch Bedürfnis, beim Partner zu bleiben und meinen Freiheitsraum damit gleichzeitig zu begrenzen?

Auf einer noch tieferen Ebene stellt sich das Dilemma dar als tragische Notwendigkeit, schuldig werden zu müssen, wenn man Mensch werden will. Gleichzeitig hängt das Zusammenleben der Menschen und in gewisser Weise das Überleben der Menschheit davon ab, möglichst wenig Schuld auf sich zu nehmen bzw. Schuld zu vermeiden.

Täter und Opfer zugleich

In der Theologie gibt es die Tendenz, diese Schulddilemmata aufzulösen. Eine produktive Auseinandersetzung mit der unumgänglichen Daseinsschuld scheint in der gegenwärtigen Theologie weit gehend auszustehen, ein Mangel, der auch damit zusammenhängt, ob und wie die Theologie mit dem umgeht, was die Psychoanalyse das Unbewusste nennt, also mit der Konzeption einer theologischen Vernunft, die auch das „Jenseits" der logifizierenden Gottesrede erfasst.

Im Hinblick auf die vormoralische Schuld dominiert in der Regel folgende Argumentationsfigur: Zwar gehört die Daseinschuld und die Gebrochenheit vor aller moralischen Verantwortung zur Ausstattung des Menschen, aber sie ist überlagert vom Heilswillen Gottes.[33] Zu einer produktiven Verarbeitung der existentiellen Grundsituation kann es dann nicht kommen, wenn die Verheißung der Aufhebung dieser Schuld zu schnell am Himmel aufleuchtet. Die Schuld zu übergehen ist die große Gefahr christlicher Erlösungsgewissheit.

33 So z. B. Böckle 1981, S. 123.

Eine weitere Argumentationslinie lässt sich entlang des Postulates der Freiheit und der Entscheidungsfähigkeit des Menschen ausmachen. Unter Berufung auf Augustinus werden der freie Wille und das Bewusstsein zur letzten Instanz der Verantwortung für eine unstatthafte Tat. Karl Rahner formuliert: „Schuld kann es nur dort geben, wo wissend gegen Gott gesündigt wird".[34] Auch Böckle insistiert in seinen Reflexionen über die Erbsünde, die er als Kurzformel für die schuldhafte geschichtliche Situation des Menschen versteht, auf der freien Entscheidung: „Diese Situation (die erbsündliche, D. F.) als ganze hat ihre geschichtliche Ursache im Zusammenhang mit der freien menschlichen Entscheidung".[35]

Auf den ersten Blick mutet diese theologische und kirchenamtliche Position für den Einzelnen sehr entlastend an: Bürdet sie ihm doch keine Verantwortung auf für das, was er nicht weiß und nicht will. Verantwortung für das Unbewusste muss der Mensch nicht übernehmen, eine Position, die irrtümlicherweise oft der Psychoanalyse unterstellt wird. Es stellt sich aber die Frage, ob es den Menschen wirklich entlastet, wenn der Bereich des Unbewussten seiner Verantwortung entzogen wird. Wenn der Mensch auf Bewusstsein und freien Willen reduziert wird, besteht die Gefahr, dass das Irrationale und Sperrige, das Fremde und Unheimliche als nicht zur eigenen Person gehörig erlebt wird. Die Folge ist, dass all diese unliebsamen Schattenseiten nach außen, d. h. in der Regel, auf andere, projiziert werden. Wenn der bewusstseinsfähige und freiheitliche Teil der Persönlichkeit nicht in dialektischer Spannung zum anderen Pol, der Unbewusstheit, steht, wird dem Individuum zu schnell ein Schamgefühl eingeflößt angesichts der irrationalen und vitalen Kräfte, weil sie als fremd und bedrohlich erlebt und als „von außen" kommend fantasiert werden.[36] Dadurch wird ein gedeihliches Leiden und Sich-Abarbeiten an der tieferen, unbewussten Schuld verhindert.

34 Rahner 1964, S. 281.
35 Böckle 1981, S. 123.
36 Scham ist ja ein Affekt, der durch eine gewissen Verdrehung von innen und außen erzeugt wird: Man schämt sich für das, was – be-

Es fällt der Theologie offenbar schwer zu denken, dass die Annahme einer unbewussten Daseinsschuld und einer bewussten Tatschuld sich nicht ausschließen, sondern sich paradox zu einander verhalten. Darüber wird vor allem im dritten und vierten Kapitel ausführlich zu sprechen sein. Jedenfalls ist der Verdacht, den Matthias Hirsch in seiner Studie zu „Schuld und Schuldgefühl" äußert, nicht unbegründet, dass nämlich das Pochen der Theologie auf die Tatschuld einem Abwehrkampf gegen das Unbewusste und damit gegen die Psychoanalyse entspringe.[37]

Der Verdacht der Theologie, die Verantwortung des Menschen werde ausgehöhlt, wenn sie sich auf die Annahme eines Unbewussten stütze, entspringt meines Erachtens der Unfähigkeit, religiöse und theologische Aussagen nicht nach den Gesetzen der traditionellen Logik (etwa dem Satz vom Widerspruch), sondern nach den Regeln einer der Psyche, dem Irrationalen und dem Religiösen nahe stehenden Sprache zu formulieren (Vgl. dazu den Exkurs 1).

Die Sorge der Theologie bezieht sich auf die Vermutung, die Verantwortung des Menschen und sein dadurch erst ermöglichtes freies Subjekt-sein-Können seien gefährdet durch die Dimension des Triebes, des Unbewussten und der dadurch bedingten Determiniertheit menschlichen Handelns. Wenn aber die Unausweichlichkeit von Schuld gesehen wird als ein Dilemma der Schöpfung, als eine Schwäche infolge fehlender Instinktsicherung der menschlichen Spezies, ist dann der Mensch überhaupt verantwortlich für diesen Mangel der Natur?

Mit genau dieser Frage wird jene Zumutung sichtbar, die die Psychoanalyse und auch eine mögliche Deutung der christlichen Erbsündenlehre in ihrer jeweiligen Sprache dem Menschen nicht ersparen: Obwohl er zunächst (in seiner Kindheit) unschuldiges Opfer war, ist er heute (als Erwachsener) verantwortlich als Täter. Darin liegt in der Tat eine unzumutbar erscheinende Ungerechtigkeit. Obwohl wir nicht verantwortlich sind für das, was uns in den frühen

---

dingt durch den „beschämenden" Blick des Anderen – als nicht zur eignen Person passend erlebt wird.
37 Hirsch 1997, S. 46.

Tagen und Jahren des Lebens widerfahren ist und wir uns nicht zu dem gemacht haben, wer wir sind, haben wir doch keine andere Wahl, als für dieses Gewordensein die Verantwortung zu übernehmen.

In der Psychotherapie begegnet regelmäßig die Versuchung, andere Menschen, meistens die Eltern, für das eigene Schicksal verantwortlich zu machen und sie deswegen anzuklagen. Vorübergehend ist eine solche Klage auch notwendig und führt meist in eine umfassende Trauerarbeit. Diese Phase kann jedoch in der Regel nur dann einsetzen, wenn Therapeut und Patient „Verstehen" nicht mit „Einverstanden-Sein" verwechseln. Psychotherapeutisches Verstehen sucht im Kontakt mit dem Patienten die oft unbewussten Motive und Ursachen für ein bestimmtes Verhalten herauszuarbeiten und in diesem Sinne ein objektiv schuldhaftes Verhalten zu verstehen, was nicht heißt, es zu entschuldigen. Würde ein Therapeut sich so verhalten, verhinderte er nicht nur eine heilsame Selbsterkenntnis, sondern würde auch seinen Patienten dadurch infantilisieren, dass er ihm Verantwortung für sein Leben abnähme und in die Position eines „Lossprechung" gewährenden Beichtvaters geriete. Auf diese Weise würde die Fixierung an die das Unrecht verursachenden Eltern nur ersetzt durch eine Bindung an den Therapeuten. Um seiner eigenen Handlungsmöglichkeiten willen bleibt dem Menschen nichts anderes übrig, als die Opferrolle mit der Täterrolle zu tauschen. Genau dabei sucht psychoanalytische Therapie den Hilfesuchenden beizustehen.

Diese das individuelle Dasein übersteigenden Zusammenhänge thematisiert auch die christliche Vorstellung von der Erbsünde als einer Kollektivschuld, an der der Einzelne allein durch sein Menschsein Anteil hat. Sie postuliert also eine Schuld, die jeder Täterschaft vorausliegt. Diese Auffassung der Erbsünde als theologischer Versuch, das Unbewusste in das Verständnis des Subjekts mit einzubeziehen, ergibt sich aus der Auslegung der Erzählung vom Sündenfall, auf die im vierten Kapitel ausführlich eingegangen wird. Versteht man diesen als Folge der freien Entscheidung, kommt man mit Augustinus sofort zum Primat des Willens und des Bewusstseins. Versteht man den Sündenfall jedoch als notwendiges, die Bedingungen von Subjektivität und Freiheit erst ermöglichendes und deshalb auch ambivalentes Ereignis, kann man zu einer dialektisch-dilemmatischen Sicht menschlicher Verantwortung angesichts der Schuld gelangen.

Nähern wir uns im nächsten Schritt der existentiellen, dilemmatischen Schuld von einfachen Grunderfahrungen her, die dann mit Hilfe der Opfertheorie der Kulturanthropologen René Girards und der psychoanalytischen Sicht vertieft werden.

Schuld oder die zerstörte Polarität

Mit dem Unvollkommenen, dem Gebrochenen, dem Nicht-Identischen zurechtzukommen, ist den Menschen seit alters her schwer gefallen. Besonders jedoch in Zeiten kultureller Umbrüche, in denen gewachsene Lebenszusammenhänge zerbrechen und absolute Pluralität gefordert ist, wächst die Sehnsucht nach Ganzheit und Vollkommenheit. Es fällt dann schwer, zu akzeptieren, was der Philosoph Odo Marquard in seiner Schrift „Glück im Unglück" wie eine vergessene Selbstverständlichkeit festhält: „Die Menschen sind endlich. Sie sind seinsmäßig nicht so gut gestellt, dass sie es sich leisten könnten, das Unvollkommene zu verschmähen. Denn das absolut Vollkommene haben sie nicht und würden es auch nicht aushalten."[38]

Diese seinsmäßige Stellung kommt in den Begriffen der alten Sprachen für Sünde und Schuld zum Ausdruck. Im Griechischen heißt es „hamartia": das, was fehlt und was wir dem Leben schulden. Das Lateinische nennt es „debitum": das, was den Mangel anzeigt im Gegensatz zu „culpa", was die moralisch schuldhafte Tat meint. Die Vater-Unser-Bitte „Und vergib uns unsere Schuld" wird im lateinischen mit „debita" übersetzt und meint nicht ein moralisches Vergehen, sondern eine den Taten vorausliegende Schuld.

Auch im Folgenden geht es um „hamartia" und „debitum". Allein auf Grund seines Menschseins fehlt dem Men-

38 Marquard 1995, S. 10.

schen etwas, er lebt in „Schuld". Im alltäglichen Sprachge-
brauch bezeichnen wir mit Schulden etwas, was ein Mensch
nicht hat, das Fehlende. Schuld als Grundgegebenheit des
Daseins bezeichnet also das Fehlende. Es ist der Verlust von
Ganzheit und Vollkommenheit, den anzuerkennen dem
Menschen die Überwindung einer schweren narzisstischen
Kränkung abverlangt. Bei Platon wird dieser Verlust im bereits erwähnten Kugelgleichnis beschrieben. Zeus entzweit
die Einheit von Mann und Frau und stellt so Unvollkommenheit her als den für den Menschen passenden Zustand.
Im jahwistischen Schöpfungsbericht ist es das Bild vom Paradies als Zustand der Einheit, Ganzheit und Vollkommenheit, der durch die Vertreibung endgültig beendet wird.
Der so herbeigeführte Eintritt in die nachparadiesische Welt
ist für den Menschen Teilhabe an der Welt der Polaritäten
und Konflikte. Dieses Gesetz der Polarität bestimmt von
nun an das Handeln des Menschen. Durch unser Tun und
Lassen schaffen wir immer etwas „Fehlendes", wenngleich
wir um Ausgleich und Regulation bemüht sind.

Machen wir uns dies an einem ganz einfachen Beispiel
bewusst: Durch die zum Überleben notwendige Nahrungsaufnahme nehmen wir der Umwelt, der Natur etwas weg
und verleiben es uns ein. Dieser Basisakt des Lebens besorgt
also etwas Fehlendes. Was vorher zur Natur gehörte, ist ihr
weggenommen. Wer auf diesen Akt der Beraubung verzichten würde, könnte nicht überleben. Wir schaffen mit
unseren Taten also „Schuld" in einem ganz ursprünglichen
Sinne. Wir zerstören die Polarität, um sie dann bald wieder
auf einer neuen Ebene herzustellen. In der Philosophie des
Vegetariers kann man eine Weise erblicken, die Schuld des
Essens in Grenzen zu halten, ein Aspekt, welcher ebenfalls
in der Idee des Fastens und der Askese begegnet. Auch im
Bereich der zwischenmenschlichen Beziehungen werden
wir in diesem Sinne schuldig, weil wir durch unsere Inter-
aktionsangebote die Art und Weise der Handlungen des anderen prägen. Wir sind nicht unschuldig, wenn wir kommunizieren und interagieren. Wir bewirken etwas, oder
wie es der Kommunikationstheoretiker Paul Watzlawick
ausdrückte: Wir können nicht nicht kommunizieren.

Für den Bereich des psychischen Lebens und dessen Differenzierung hat der Psychoanalytiker Wolfgang Trauth die Polaritäten-Struktur zur Grundlage eines umfassenden beziehungsorientiert-gegenpoligen Interpretationsrahmens seelischen Lebens gemacht. Ausgangspunkt ist ein gegenpolig ganzheitliches Ich mit angeborenen Bereitschaften zur Umwelteinpassung, welche auch den Aspekt „einer gegenpoligen *grenzerhaltenden und regulativen Selbstbezogenheit* implizieren".[39] Diese Gegenpoligkeit kann sich kommunikativ entwickeln, falls die Mutter auf die jeweiligen Bereitschaften des Kleinkindes (z. B. Verschmelzung und Abgrenzung) eingeht, oder sie kann entgleisen und einseitig werden (nur Verschmelzung oder nur Abgrenzung). Trauth spricht hier von „gespaltener Strukturbildung", die dann entsteht, wenn nur ein Strukturpol Entwicklungsförderung erfahren hat.[40] Im idealtypischen Fall verläuft die Entwicklung also ganzheitlich-gegenpolig, sodass nichts fehlt, also keine „Schuld" entsteht. Der Normalfall besteht allerdings in einer mehr oder weniger extremen Spaltung der polar gedachten Ganzheit.

Wenn man den etymologischen Sinn des Wortes „Sünde" auf „sondern" in der Bedeutung von trennen und spalten zurückführt, dann wird die „sündhafte" Dimension einer gespaltenen Polarität deutlich. Nicht moralisch, wohl aber kommunikativ-seinsmäßig fügt das Beziehungsgeschehen bei noch so gutem Willen der Mutter dem Kind etwas Fehlendes zu. Ganzheitliche Strukturbildung bleibt im Bereich des psychischen Lebens eine idealtypische Vorstellung.

Kehren wir noch einmal zurück zu einem so elementaren Akt wie dem des Essens oder in einem erweiterten Sinne dem des Sich-Nehmens. Dahinter verbirgt sich immer eine notwendige Aggression, die wir ausführen müssen, um zu überleben. Freud hat in seiner Todestriebkonzeption genau diesen unausweichlichen Charakter des Zerstörens beschrieben. Der Mensch muss aggressiv sein, um überleben zu können. Damit sind alle optimistischen Menschenbilder, welche von einer primär guten Natur des Menschen ausgehen, auf einer tieferen, philosophischen Ebene in Frage gestellt. Ob man diese not-wendige Destruktion nun mit

39 Trauth 1997, S. 54.
40 Ebd. S. 81.

Freud einer triebhaften Urnatur, dem Es, zuschreibt oder sie – wie im beziehungsorientierten Konzept Trauths – auf eine gespaltene Gegenpoligkeit und damit einen gescheiterten Regulationsversuch zurückführt, macht insofern einen Unterschied, als der Ansatz Freuds den Menschen allzu schnell als „Wolf des Menschen" erscheinen lässt und dabei die dialektische Verwobenheit von aggressiv-konstruktiver Bereitschaft mit gesellschaftlicher Formgebung außer Acht lässt. Die Gefahr des beziehungsorientiert-gegenpoligen Ansatzes liegt allerdings darin, dass er dem Fantasma eines guten, von destruktiven Tendenzen freien Menschen Vorschub leistet und die Illusion nähren kann, als gäbe es unter besseren gesellschaftlichen Bedingungen eine Überwindung der menschlichen Destruktivität.

Ob man nun die Destruktivität einer Urnatur zuschreibt oder ungünstigen Sozialisationsbedingungen, tatsächlich ist der Mensch in seiner Geschichte dem Schuldigwerden durch Aggression nicht entkommen. Diese Notwendigkeit, aggressiv sein zu müssen und dadurch schuldig zu werden, bildet das große Thema von Mythos, Dichtung und Kunst. In der Frage, warum es überhaupt Böses gibt in einer von einem guten Gott ins Leben gerufenen Schöpfung begegnet dieses große Rätsel unserer Welt in der bedrängendsten, weil den Gottesglauben selbst in Frage stellenden Form. Ist der Gläubige angesichts der Tatsache des Bösen gezwungen, Gott eine mangelhafte Schöpfung zu bescheinigen und damit seine Allmacht in Frage zu stellen?

Ist die Schöpfung mangel-haft?

Die unterschiedlichen Weisen, in denen das Schuldthema in der griechischen, jüdischen und christlichen Religion verarbeitet wird, verbindet das Bemühen, mit dem Defekt, der dem Mensch-Sein eigen ist, umzugehen. Dieser äußert sich in zwei fundamentalen Erfahrungen: in der menschlichen Sterblichkeit und in der sexuellen Unvollständigkeit. Weil dem Menschen die Grenze des Todes gesetzt ist, die er im Leben unausweichlich durch Krankheit oder Gefahr von außen erfährt, und weil er nur als Mann oder Frau existiert und sich so als ergänzungsbedürftig erlebt, bedarf er der religiösen oder kulturellen Bewältigungsformen dieses Mangels. Diese werden in den verschiedenen religiösen Schuldkonzepten sichtbar, wie sie im ersten Kapitel skizziert wurden.

Bevor eine Antwort gesucht wird auf die Frage, wie sich dieser Mangel der Schöpfung, genauer bestimmen lässt, ist zuvor ein religiös sehr grundsätzlicher Zweifel zu nennen: Widerspricht die Rede vom Mangel oder Defekt der Schöpfung nicht der biblischen Aussage, nach der Gott seiner Schöpfung ein „Sehr gut" bescheinigt? Wenn man die Dynamik der gesamten biblischen Urgeschichte betrachtet und nicht beim Schöpfungsbericht stehen bleibt, wird deutlich, dass Gott sein Urteil, dass die Schöpfung sehr gut war, selbst zurücknimmt. Nach dem Brudermord von Kain an Abel nehmen Gewalt und Bosheit derart zu, dass die gesamte Schöpfung davon infiziert ist. In Gen 6, 11 heißt es: „Die Erde aber war in Gottes Augen verdorben, sie war voller Gewalttat."

Das Böse hängt also nicht nur einzelnen Menschen an wie dem Kain, sondern wird als eine die gesamte Menschheit betreffende Eigenschaft gesehen. Deshalb werden jetzt auch nicht einzelne Menschen bestraft, sondern Gott stellt das Gutsein der gesamten menschlichen Schöpfung in Frage: „Da reute es den Herrn, auf der Erde den Menschen gemacht zu haben, und es tat seinem Herzen weh" (Gen 6, 6). Von der Flut, die dem Leiden Gottes an seiner eigenen Schöpfung entspringt und die Erde bedeckt, wird nur einer ausgenommen, Noah und seine Familie.

Es fällt auf, dass durch diesen Neuanfang, den Gott setzt, der Mensch nicht besser geworden ist. Gleich nach der Flut heißt es, dass das Sinnen des Menschen böse sei von Jugend an (vgl. Gen 8, 21). Die Bosheit beginnt nach der Flut mit der Verfehlung Hams an seinem Vater Noah und findet ihren Höhepunkt im hybriden Versuch, einen Turm in den Himmel zu bauen. Auch hier wird deutlich, dass der Kern der Sünde des Menschen in der Rivalität mit Gott besteht. Was vor der Flut Grund für die Verfluchung war, wird jetzt als Grund angegeben dafür, dass Gott die Erde nicht ein weiteres Mal vernichten wolle.

Diesen scheinbaren Widerspruch deutet der Innsbrucker Dogmatiker Raimund Schwager in seiner Neuformulierung der Erbsündenlehre so, dass hier die Schuldfrage entindividualisiert und das Einverständnis Gottes signalisiert werde, dass seine eigene Schöpfung einen strukturellen Mangel aufweise. In der Flutgeschichte zeige sich nämlich die universale Ausbreitung der Gewalt, die die gesamte Schöpfungsordnung betreffe und nicht mehr nur als ein schuldhaftes und sündiges Verhalten Einzelner gedeutet werden könne.[41] Der biblische Bericht von der gesamten Urgeschichte belegt also, dass die Schöpfung vom Bösen und von der Gewalt durchzogen ist. Das Böse ist eine Realität, die offenbar auch Gott nicht verändern kann und will. Die Theologie muss jedoch auf die moderne Anthropologie zurückgreifen, um verständlich zu machen, wie dieser strukturelle Mangel im Einzelnen zu verstehen ist. Genauer geht es dabei um die Frage, welche konstitutionellen Faktoren den Menschen zum Bösen, d. h. biblisch gesprochen, zum Wie-Gott-Sein-Wollen antreiben.

Der Mangel als „Leerraum" zwischen Antrieb und Handlung

Was in der Bibel Sünde heißt, also die strukturelle Bosheit, lässt sich mit Arnold Gehlen, dem „Vater" der modernen Anthropologie, als eine Notwendigkeit beschreiben, die sich infolge der Unspezialisiertheit und Umweltoffenheit ergibt, die den Menschen von den anderen Geschöpfen, insbesondere von den Tieren, unterscheidet. Das Antriebsleben des Menschen ist so beschaffen, dass es die Antriebe selbst benutzen kann, um sie zu hemmen, was so viel heißt, dass der Mensch zum Triebaufschub fähig ist. Diese Hemmbarkeit der Triebe nennt Gehlen eine „Tatsache erster Ordnung", weil sie es ermöglicht, dass ein Hiatus, ein Leerraum zwischen Bedürfnis und Erfüllung entsteht.[42] Dieser Leerraum konstituiert so etwas wie ein „Inneres" im Sinne des Psychischen. Dieser leere Zwischenraum zwi-

41 Schwager 1997, S. 35.
42 Gehlen 1997, S. 334.

schen Antrieb und Handlung ist der Ort, an dem die Kultur entsteht im Sinne der Notwendigkeit zur Symbolisierung. Weil der Mensch als einziges Lebewesen unter einem Antriebsüberschuss leidet, den er nicht vollkommen in Handlungen umsetzen kann, ist er auf Kultur angewiesen.

Auf Grund des „Hiatus" bleibt das Herz des Menschen unruhig, weil es ihm nicht vergönnt ist, Antrieb und Handeln in Übereinstimmung zu bringen und Ruhe zu finden. Er bleibt einerseits getrieben, sich selbst durch Tätigsein in die Welt hinein zu versachlichen und zu verobjektivieren und ist andererseits durch die Hemmbarkeit seiner Triebe, durch die Entkopplung von Antrieb und Tat, fähig zu Subjektivität, Selbstreflexion und Imagination.

Der Mensch geht nicht in seiner Natur auf, sein Bewusstsein ist nicht identisch mit seinem Sein. Das ist eine weitere Ursache seines konstitutionellen Unglücklichseins, aber auch der Grund seiner Freiheit mit der Möglichkeit des dramatischen Scheitern-Könnens in seiner Lebensverwirklichung. Es wäre einfacher, wenn das „Bewusstsein nur bewusstes Sein wäre".[43] Aus dieser Nicht-Identität entsteht auch die Möglichkeit des Un-Bewussten, von der die Psychoanalyse spricht.

Der Mensch steht nun vor der prekären Aufgabe, beide Welten in Verbindung zu bringen. Als Doppelwesen bewohnt er eine wirkliche und eine mögliche Welt.[44] Er kann sich in Letztere zurückziehen ohne Kontakt zur wirklichen Welt – mit der Gefahr der psychotischen Isolation. Er kann aber auch ganz in der Wirklichkeit aufgehen und verliert den Bezug zu sich selbst. Lebensverwirklichung bedeutet, einen Ausgleich zwischen beiden Welt zu finden. Weil es nie zu einer Deckungsgleichheit von Innen und Außen, von Trieb und Handlung kommt, bedarf der Überschuss am Begehren und Wünschen der Kanalisierung und Einbindung in religiöse und kulturelle Institutionen mit ihren Ritualen und Verkehrsformen. Für Gehlen liegt hier der Grund, warum der Mensch die Institutionen braucht, mit Hilfe derer er sich bewahrt vor einem Absturz ins bodenlose

43 Safranski 1997, S. 13.
44 Vgl. ebd. S. 106.

Nichts: „Der Anfang der Institution ist das Ende der Fragen".[45] So also kann die Menschheit den Mangel an Schöpfung ausgleichen, den ihr der Leerraum zwischen Antrieb und Handlung in der Evolution vom Tier zum Menschen bereitet hat.

Helmuth Plessner, ein Schüler Gehlens, greift diese Gedanken auf und spricht von der „exzentrischen Position" des Menschen, von seiner Weltoffenheit und dem Zwang, sich entscheiden zu müssen. Die exzentrische Lebensform des Menschen meint, dass er nicht – wie das Tier – aus seiner Mitte heraus lebt, sondern selber diese Mitte ist.[46] Das bedeutet, dass es keinen festen Orientierungspunkt außerhalb seiner selbst gibt und er sich ortlos, zeitlos und „konstitutiv heimatlos" erfährt.[47] Diese exzentrische Lebensstruktur macht für den Menschen den Konflikt zur Mitte seiner Existenz, da er ja ohne Normen als Kern von Moralität nicht überleben kann, diese Normen aber in Gegensatz geraten zu seinen Trieben und Neigungen.

Gewalt, Opfer und Schuld als Folge des Mangels

Aus den konstitutionell bedingten Konflikten, in die hinein sich der Mensch verstrickt, wird die Vorstellung der Notwendigkeit des Opfers verständlich. Wie sich aus dieser exzentrischen Position, der Weltoffenheit und fehlenden Instinktsicherung das Böse und die Gewalt, von der die Bibel spricht, in die Struktur des menschlichen Zusammenlebens einnistet, darüber gibt die mimetische Theorie[48] des Kulturanthropologen René Girard Auskunft. Sie bildet den theoretischen Hintergrund für die Opferthematik.

Girards Auffassung von der Entstehung des Opfers als Ausdruck der Gewalt und als nachträgliche Bewältigungsform von Schuld, die der Gewalttat folgt, ist eingebunden

---

45 Ebd. S. 106.
46 Plessner 1975, S. 288.
47 Ebd. S. 310.
48 Mimetisch, weil sie auf von der „Nachahmung" im Begehren als Basis sozialen Lebens ausgeht.

in einen weit gespannten kulturanthropologischen Entwurf, der sich um ein umfassendes Verständnis vom Anfang der Menschheitsgeschichte bemüht.[49] Dieses Konzept ist dem Freud'schen Denken insofern verwandt, als Girard von unbewussten Kräften im Seelenleben der Menschen ausgeht.[50]

Das Bild des Anfangs stellt sich für Girard folgendermaßen dar: Rivalität und Konkurrenz erzeugen in der Gruppe solche Konflikte, die nur durch einen Sündenbock bewältigt werden können. Ist ein solcher gefunden, laden die Primaten ihre Aggression auf ihn ab. Das Opfer muss getötet werden, damit ein inneres Gleichgewicht entsteht und die Gruppe wieder zur Ordnung zurückfindet. Girard stellt fest, dass Primaten nicht nur wegen eines gemeinsamen Objekts in Konkurrenz geraten, sondern sich auch in ihrem Wünschen und Begehren gegenseitig nachahmen. Auf Grund dieser Nachahmung im Begehren (Mimesis) schaukeln sich die Konflikte innerhalb der Gruppe bis zu einem nicht mehr lösbaren Punkt hoch, denn das Nachgeben des einen, also das Loslassen des vom anderen begehrten Objektes und die Hinwendung zu einem neuen Objekt führt nicht dazu, dass der Konkurrent jetzt dieses Objekt besitzen kann. Auf Grund des Nachahmungsbedürfnisses setzt sich das Rivalisieren um das neue Objekt fort. Die Gruppenmitglieder finden nicht mehr heraus aus dem Kreislauf der Rivalität. Im idealtypischen Fall wird einer gefunden, der für diese Krise verantwortlich gemacht wird. Das Chaos wandelt sich in Einmütigkeit gegenüber dem Schuldigen.

Die Gruppendynamik des Anfangs des Menschengeschlechtes ist ein Krieg aller gegen alle, denn die Instinktsicherung funktioniert nicht mehr und stabile, Konflikt regulierende Traditionen sind noch nicht aufgebaut. Angst und Lähmung infolge aufgestauter Aggression werden bald unerträglich. Sie entladen sich, indem sie spontan auf ein beliebiges Mitglied der Gruppe abgewälzt werden. Der so vollzogene Lynchmord ruft hoch ambivalente Affekte hervor. Das zu Tode gebrachte Opfer löst einerseits Entsetzen

49 Kritisch dazu Greisch 1995.
50 Vgl. Haas 1997.

und heiligen Schauder aus, andererseits eine Freude darüber, selbst nicht das Opfer zu sein. So entsteht bald ein Hochgefühl des Friedens und der gegenseitigen Verbrüderung.

Das uns hier interessierende Schuldgefühl über die grausame Tat weist zwei Aspekte auf: Es erscheint als unvermeidbar und absolut notwendig. Das Opfer musste getötet werden, damit die Gruppe überhaupt überleben und zu einem neuen Zustand der Entspannung finden konnte. Dabei steht das Recht auf der Seite des Kollektivs. Dem Opfer wird die Schuld an der Notlage zugeschrieben, eine Abwehrstrategie, die nach Girard in den Texten des Christentums aufgedeckt wird. Der zweite Aspekt ist sozusagen der objektive Teil, die tatsächliche Schuld über eine grausame Tat, die niemals hätte geschehen dürfen. Um diese Spannung zwischen der entlastenden Tat und dem objektiven Verbrechen – die Struktur des tragischen Geschehens wird hier bereits sichtbar – ertragen zu können, suchen die Täter nach solchen Eigenschaften im Opfer, die die Tat im Nachhinein als berechtigt erscheinen lassen.[51] Das Schuldgefühl wird also dadurch bewältigt, dass das Opfer zum Täter gemacht wird. Verschleierung, Lüge und Rationalisierung sind Abwehrformen, welche den Lynchmord als berechtigt erscheinen lassen sollen. Der Zusammenhang von Gründungslynchmord[52] und dem Heiligen stellt sich folgendermaßen dar: Die Tatsache, dass durch den Tod des Opfers in

---

51 Das Auffinden eines Sündenbocks bewirkt also, was Haas mit den „Wohltaten der Spaltung" beschrieb: „die Nebel des Chaos lösen sich auf, wenn erkennbar wird, wo gut und böse liegen" (1997, S. 489). So wird auf diese „regressive" Weise Differenz erzeugt gegen die Entdifferenzierung, die durch die Krise ausgelöst wurde.

52 Die Erinnerung an die gemeinsame Tat verblasst mit der Zeit, sodass erneut Nachahmung und Rivalisieren in den Zustand der Angst, Lähmung und angestauten Aggression hineinführt. Der Lynchmord muss erneuert werden, um Entspannung zu finden. Es entwickelt sich eine ritualisierte Form der grausamen Tat, später eine Ersetzung des Opfers durch ein Tier oder eine andere Frucht der Erde. Dabei denke man z. B. an Abraham, der anstelle seines Sohnes Isaak einen Widder opfert. In der Liturgie der Ostkirchen ist im Ritus des Lanzenstichs dieser aggressive Akt symbolisiert: Die Hostie wird mit einer kleinen Lanze zerteilt.

der Gruppe wieder Frieden einkehrt, lässt dieses Opfer nachträglich als ein außergewöhnliches Wesen erscheinen, dem eine besondere Fähigkeit angesonnen wird. Der Ausgestoßene wandelt sich zu einem göttlichen Wesen, welches verehrt wird. [53]

Das Bild, das Girard vom Anfang der Menschheit entwirft, ist von jener tragischen Paradoxie gekennzeichnet, die die Schuld zu einem Urthema des Menschseins macht. Dennoch ist sie bei Girard ein abkömmliches Phänomen: Sie wurzelt in der Gewalt menschlicher Verhältnisse. Von Anfang an ist der Mensch auf Grund der fehlenden Instinktsicherung und der Notwendigkeit der Identifizierung mit dem Wünschen und Begehren der Sozialpartner in solche Konflikte verstrickt, die eine rationale und gewaltfreie Lösung zunächst nicht erlauben. Die Gruppendynamik der frühen Menschheit führte zur Bildung von Ritualen und Mythen, zu literarischen Texten und ethischen Entwürfen, zu philosophischen und religiösen Bewältigungsformen, aber auch zu irrationalen Lösungen. Sie dienen der Aufgabe, dieser Gruppendynamik der Aggressionsbewältigung zu entkommen.

Moderne Formen des gewaltsamen Opfers

Auch in aufgeklärten Gesellschaften scheint diese archaische Dynamik fortzubestehen, und zwar in einer den meisten Gesellschaftsmitgliedern unbewussten Form. Man denke etwa an die jährlichen Opfer, die auf dem „Altar" des Straßenverkehrs dargebracht werden. Es stellt sich die Frage, ob wir etwa die Verkehrsopfer brauchen, um die Schuld zu sühnen, welche diese technische Bemächtigungsform von Welt und die Beraubung der Natur darstellt. Sind die Opfer womöglich der Preis, um ohne bewusste Schuldgefühle die Welt technisch zu beherrschen? Könnte es sein, dass trotz

---

53 Diese nachträgliche Heiligsprechung des Opfers kennzeichnet nicht nur die alten Götter, die aus Sündenböcken hervorgingen, sondern ereignet sich auch in der kirchlichen Heiligsprechung derjenigen, die zu Lebzeiten oft Ausgestoßene waren.

aller Rationalisierungsschübe diese archaische Gruppendynamik des grausamen Opferns nicht außer Kraft gesetzt worden ist, so sehr wir dies auch verleugnen mögen? Eine aufgeklärte Gesellschaft bedarf offenbar dieser Opfer, durch die sie gleichzeitig Entlastung erfährt. Das Vergessen der Tragik setzt sie noch nicht außer Kraft. Deshalb ist die Gewalt kein besonderes Merkmal der mittelalterlichen Lebenswelt. Es ist vielmehr eine Illusion der neuzeitlichen Gesellschaft, Opfer und Gewalt überwunden zu haben. Die Hexenverfolgung hatte ihren Höhepunkt nicht im Mittelalter, sondern in der beginnenden Neuzeit, sie war begleitet von neuzeitlicher, aufgeklärter Rationalität. Sie war eine Frucht vom selben Baum der Erkenntnis wie die Physik Galileis oder Newtons.[54] Gegenüber den Gewaltexzessen der französischen Revolution, des Archipel Gulag und des Holocaust nimmt sich das Mittelalter geradezu harmlos aus. Die moderne Gesellschaft hat jedoch die Tendenz, Gewaltstrukturen zu verharmlosen und sie zu individualisieren. Es ist der kranke und behandlungswürdige Einzeltäter, den sie zur Kenntnis nimmt und therapiert.[55] Deshalb wirft René Girard in seinen Analysen zu Opfer und Gewalt den Human- und Sozialwissenschaften vor, ein zu harmloses Bild der modernen Gesellschaft zu zeichnen. Literatur, Kunst und Religion sind insofern ehrlicher, als in ihnen die Gewaltstruktur der Gesellschaft wenigstens zum Ausdruck kommt.

Nach Girard ist es vor allem die Religion, die in ihren Opferhandlungen die Gewalt ansichtig macht und sich so ihrem Verdrängungsprozess entgegenstellt. Gleichzeitig wird im Opferritual die Gewalt begrenzt und erhält somit einen legitimen Ort. Der Praktische Theologe Albrecht Grözinger beklagt deshalb zurecht, dass sich die Theologie beinahe schamhaft vom Opfergedanken abwendet und somit die Menschen in eine die Erlebnisgesellschaft verdoppelnde Harmlosigkeit entlässt. Stattdessen müsste so vom Tod Jesu als Opfer gesprochen werden, dass diese Rede „auf elementare und zugleich unbegriffene Erfahrungen der

54 Vgl. Krischke 1998.
55 Vgl. Grözinger 1996, 27–31.

Menschen" trifft.[56] Der Gedanke des Opfers führt auch in der katholischen Eucharistieauffassung seit dem zweiten Vaticanum ein eher stiefmütterliches Dasein. Tatsächlich ist die Vorstellung vom Opfer auch allzu sehr an das masochistische Erlösungsverständnis (vgl. dazu Kapitel 5) gekoppelt gewesen, sodass der weitgehende Verzicht auf diesen Begriff verständlich ist. Wenn die Theologie jedoch den Gedanken des Opfers und damit die Aufmerksamkeit für Aggression und Gewalt als zum Menschen gehörige Attribute aufgibt, huldigt sie einem naiven Fortschrittsglauben und halbiert das Subjektsein des Menschen. Sie verweigert das, was die Kultur so sehr benötigt: Rituale, welche die Aggressionsneigung anschaulich machen und die Gewalt auf diese Weise begrenzen könnten. So gesehen ist der Verzicht auf den Opfergedanken eine Form der Ent-Schuldung des modernen Menschen und verstärkt eher die Tendenz, die Rolle des Opfers einzunehmen statt die des Täters.[57]

Für unseren Gedankengang sind folgende drei Aspekte des Opfers festzuhalten:
– die Verwandlung der Gewalt durch einen freiwilligen Sündenbock, der die Gewaltverhältnisse menschlicher Gesellschaften ansichtig macht (Girard). Daraus ergibt sich der Dank für diese „Erlösung", wie er dem Ritus des christlichen Opferns in der Eucharistie innewohnt;
– das Bedürfnis, sich selbst zu opfern, um das Schuldgefühl zu bewältigen, welches das selbstlose Opfer des Gottessohnes im Gläubigen verursacht;
– das Motiv der Wiedergutmachung für das Böse, welches durch das Opfer des Einen sichtbar wurde.

---

56 Ebd. S. 30.
57 Einen anderen Aspekt, der nicht so sehr die dem Opfer innewohnende Gewalt, als vielmehr den Tauschgedanken hervorhebt, findet sich in den aus der Antike stammenden Opfertheorien, die auf dem Prinzip des „do ut des" aufbauen. (Vgl. Baudler 1994, S. 40–56) In diesen Theorien steht zwar gewöhnlich der Wunsch und die Bitte des Menschen im Vordergrund, von der Gottheit das zu bekommen, was dem Überleben dient, Fruchtbarkeit, Regen, Licht und Wachstum, aber auch der Gedanke, zu sühnen für die Gaben, die sich der Mensch von der Erde genommen hat, ist nicht zu übersehen.

Zur weiteren Erhellung der innerseelischen Motive des Opferns dient im Folgenden die psychoanalytische Sicht von Schuld, die sich aus der Beobachtung der frühen Regulationsprozesse zwischen Mutter und Kind ergibt.

PSYCHOANALYSE DES SCHULDERLEBENS

Die Psychoanalyse beschreibt das Erleben von Schuld als einen der psychischen Entwicklung des Individuums innewohnenden Aspekt.[58] Sie richtet das Augenmerk nicht auf eine objektive Schuld einer unzulässigen Tat, sondern auf eine vormoralische Schuld, welche eine innere Realität ist. Deshalb sprechen wir auch vom „Schuldgefühl" im Sinne des subjektiven Erlebens einer inneren Wirklichkeit und keineswegs um zu sagen, dass Schuldgefühle eine Illusion im Sinne von Irrtum sind, also ein bloßes subjektives Empfinden ohne Bezug zum Außen.[59] Die folgende Beschreibung der Entwicklung des Schulderlebens geht von den zeitlich gesehen früheren Formen (Mutter-Kind-Dynamik, dem Sein zugeordnet) aus und endet bei den späteren Formen des Schulderlebens (Über-Ich und Gewissen, dem Sollen zugeordnet).

58 Nun ist aber die Psychoanalyse selbst so komplex, dass man von mehreren „Psychologien" innerhalb der Psychoanalyse sprechen muss. Da ist zunächst die Freudsche Trieb- und Ich-Psychologie, dann die Selbstpsychologie in der Tradition Kohuts und die verschiedenen Formen der Objektbeziehungs-Psychologie. Das Werden und Entstehen des Subjekts wird insbesondere von den letzten beiden psychoanalytischen Ansätzen unter dem Gesichtspunkt der frühen Mutter-Kind-Beziehung und ihrer Einigungs- und Regulationsprozesse betrachtet. Infolgedessen wird das aufkeimende Schuldgefühl nicht verstanden als eine Folge moralischer oder religiöser Normen, die von außen ins Innere gelangen, sondern als ein Aspekt, welcher der Dynamik der Entwicklung des Menschen innewohnt. Diese wird freilich durch kulturelle und religiöse Einflüsse geprägt, aber sie liegt ihnen vor aller Formgebung von außen voraus. Deshalb wird im Folgenden der Schwerpunkt einer Entwicklungspsychologie des Schulderlebens vor allem auf beziehungspsychologischen Ansätzen liegen.
59 Eine ausführliche Entwicklungspsychologie des Schulderlebens findet sich bei Auchter (1996) und Hirsch (1997).

Für letztere Form steht der Freud'sche Ansatz. Der bei Freud relativ spät angesetzte Ursprung des Schuldgefühls im Ödipuskomplex darf jedoch nicht übersehen lassen, dass es bei ihm Hinweise gibt, die auf eine frühere Lebensphase hinweisen. In „Das Unbehagen in der Kultur" beschreibt Freud das Schuldgefühl als „Ausdruck des Ambivalenzkonflikts, des ewigen Kampfes zwischen Eros und dem Destruktions- oder Todestrieb." Und weiter: „. . . als Folge des mitgeborenen Ambivalenzkonflikts, als Folge des ewigen Haders zwischen Liebe und Todesstreben, die Steigerung des Schuldgefühls".[60] Vor allem die Psychoanalytikerin Melanie Klein hat zur Erforschung des „mitgeborenen Ambivalenzkonflikts" wichtiges beigetragen.[61]

Primäre Erfahrungen

In der Regel werden die vorgeburtliche Zeit und die ersten nachgeburtlichen Lebensmonate noch nicht mit dem Thema Schuld in Beziehung gebracht.[62] Lediglich der Mutter wird für ihre mangelhafte Anpassungsbereitschaft an die Bedürfnisse des Säuglings „Schuld" zugesprochen. Für das Neugeborene geht es um etwas Fundamentaleres, um Sein oder Nichtsein. In der Regel spricht man von den Basiserfahrungen der Sicherheit und des Gehaltenwerdens, welche zum bekannten „Urvertrauen" (Erik H. Erikson) führen. Der absoluten Abhängigkeit auf der Seite des Kindes entspricht die haltende Mütterlichkeit auf der Seite des Erziehenden. Dieses beinahe – aber nicht ganz – vollständige Zusammenpassen von Mutter und Kind ermöglichen ihm

60 Freud 1930, S. 492f.
61 Durch die Theorien der sog. Objektbeziehungspsychologie der britischen Schule (Klein 1983; 1995; Winnicott 1974; 1979) und durch den beziehungsorientiert-gegenpoligen Ansatz (Trauth 1997) ist ein Verständnis des Schuldgefühls als eines Humanums des Menschen möglich geworden, welches in der zeitlichen Entwicklungslinie der Entstehung des psychischen Subjekts hinter die vom Über-Ich-Konzept Freuds abgeleitete Schuldtheorie zurückgeht und dem Sein näher steht als dem Sollen.
62 Vgl. Auchter 1996, 61.

das Gefühl des Seins, d. h. der Gewissheit, nicht ins Nichts zu fallen. Stabilisierende Faktoren sind berechenbare, regelmäßige, routinemäßige, einfühlsame, antwortende und stimmige Verhaltensweisen der Mutter in Bezug auf die angeborenen Bereitschaften des Kindes, die sich so zu einer ersten psychischen Ordnung, zu einer durch das Wechselspiel von Bereitschaft des Säuglings und Antwort der Mutter herausbildenden Bedürfnisstruktur verdichten.

Die einfühlende Reaktion auf die Bereitschaften des Neugeborenen durch die Mutter wecken somit sich weiterentwickelnde Bedürfnisse. Deren Entstehung ist von der Erwartung begleitet, dass sie nicht enttäuscht werden. Diese Erwartung auf Grund basaler Befriedigungserfahrung ist der Kern dessen, was im Erwachsenenleben als Hoffnung begegnet. In jeder Bedürfnisstruktur schlummert sozusagen die Hoffnung auf Erfüllung, auch wenn sie manchmal bis zur Unkenntlichkeit verstümmelt ist. Auf diese Weise entsteht ein erstes Gefühl für das eigene Selbst. Dieses kann bei mangelnder Empathie der Umwelt verunglücken und als Schamgefühl ein Selbstbild hervorbringen, welches heißt: „Ich bin böse, weil ich Wünsche habe" oder: „Ich bin falsch, nur weil ich da bin." Ein solches früh gestörtes Selbstbild wird später durch Gewalt und Aggression gegen die Umwelt oder sich selbst „bewältigt".

Am Anfang ein Leben in glückseliger Un-Schuld?

Das „Versagen" der Mutter wird in den objektbeziehungstheoretischen Ansätzen zurückgeführt auf die relative Rücksichtslosigkeit des Säuglings und seinen Liebeshunger. Da noch keine Beziehung zur Mutter im Sinne des Kontaktes von zwei abgegrenzten Individuen bestehe, kenne das Kind keine Zähmung seiner Bedürfnisse im Hinblick auf die Mutter, geschweige denn so etwas wie Rücksicht auf sie. Hinter dieser Vorstellung verbirgt sich die Annahme der Phase eines „primären Narzissmus", in der noch keine Beziehung bestehe und die für den Säugling eine harmonische, konfliktfreie und paradiesische Zeit bedeute, die durch die „Urverunsicherung" beendet werde und als

Sehnsucht nach einer fusionären Einheit und Ganzheit fort-
bestehe. Die Vorstellung einer primärnarzisstischen Phase,
in der es noch keine Wahrnehmung eines anderen Objekts
als eines Nicht-Ich-Objekts gibt, wird durch die Ergebnisse
der Säuglingsforschung nicht bestätigt.[63] Dadurch erscheint
auch die Annahme eines Zustandes der „Unschuld" am Beginn des Lebens als fragwürdig.

Der kommunikativ-gegenpolige Beziehungsansatz des
Psychoanalytikers Wolfgang Trauth vermag hier weiterzu-
führen. Er zeigt auf, wie Schuld im seinshaften Sinne von
Anfang an die gegenpolige Ganzheit gefährdet. Der Begriff
der Ganzheit wird in diesem Konzept nicht im monadi-
schen Sinne einer spannungslosen Einheit verwendet, sondern als das Gesamt von Polaritäten. Während der Gegen-
begriff zur Einheit der der Zweiheit ist, steht der Ganzheit
die Spaltung gegenüber. Die Ganzheit des Ich stellt sich „in
seinen gegenpoligen emotionalen, funktionalen und kognitiven Aspekten dar"[64], sodass ein Zustand wie Glück und
Urvertrauen nur als „von den Symbiosepartnern entliehene
Ganzheit und Gegenpoligkeit"[65] gedacht werden kann. Einigermaßen gelingende, antwortende und kommunikative
Gegenpoligkeit baut sich im Laufe der Entwicklung zu einer kohärent-ganzheitlichen psychischen Struktur auf. Die
Erfahrung kindlichen Glücks wird also nicht einem natur-
haft gegebenen Urzustand zugeschrieben, der dann durch
den Zusammenbruch einer natürlichen Reizschranke relativ abrupt endet, sondern den passenden Beziehungsant-
worten der Mutter auf den Bedarf des Säuglings. Diese passenden Antworten der Mutter hängen wiederum von deren
psychischer, sozialer und ökonomischer Sicherheit ab.

Für unsere Frage nach den Wurzeln des Schulderlebens
ist es bedeutsam, dass man von der Vorstellung eines „normalen", sozusagen biologisch gesicherten Paradieses abse-
hen muss. Es ist geradezu umgekehrt: Weil von einer angeborenen polaren Bereitschaft des Säuglings auszugehen ist
und weil ein nie ganz mit dieser Bereitschaft zusammenpas-

---

63 Vgl. Dornes 1997, S. 24–32.
64 Trauth 1997, S. 105.
65 Ebd. S. 184.

sendes Beziehungsangebot der Mutter zu erwarten ist, fügt
die Mutter-Kind-Interaktion von Anfang an dem Kind etwas Fehlendes zu im Sinne von „hamartia" und „debitum".
Die Mutter bleibt dem Kind etwas schuldig. Dies zu leugnen hieße dem Fantasma der Gottähnlichkeit zu verfallen.

Das Schuldgefühl als Indikator
von kommunikativ-gegenpoliger Beziehung

Schuld ist also eine Dimension, die dem Da-Sein des Kleinkindes von Anfang an innewohnt. Je passender, d. h. kom-
munikativ-gegenpoliger sich die Beziehung zwischen Mutter und Kind entwickelt, desto klarer stellt sich auch das
Empfinden des Kindes für die Bedürfnisse der Mutter dar.
Das Kind erlebt, dass auch der Mutter durch seine Bedürfnisse etwas Fehlendes zugefügt wird. Im Laufe des Aufbaus
psychischer Strukturen entwickelt sich die Fähigkeit, An-
teilnahme, Schuldgefühle und sogar Reue zu erleben. Sie
sind nicht Ergebnis eines angeborenen Gewissens, sondern
resultieren aus den Austauschprozessen zwischen Mutter
und Säugling im ersten Lebensjahr.[66] Die Analyse von Patienten, bei denen diese Fähigkeiten fehlen oder nur
schwach entwickelt sind, ergibt, dass sie in den Frühstadien
ihrer Entwicklung ein bestimmtes emotionales und physi-
sches Milieu entbehrten, welches die Fähigkeit zu Schuldgefühlen ermöglicht hätte.

Der englische Kinderanalytiker Winnicott bezeichnet mit
dem Wort „Besorgnis" (concern) in positiver Weise jene Fähigkeit, die negativ „Schuldgefühl" heißt. Sie entsteht in der
frühen Zweierbeziehung zwischen Mutter und Kind und
setzt bereits voraus, dass der Säugling die Mutter als eine „ganze" Person wahrnimmt. Wenn das möglich ist, haben Säugling und mütterliche Umwelt komplexe Reifungsprozesse
hinter sich. Klein spricht von dem Erreichen der sog. depressiven Position. Dies bedeutet, dass das Baby dem gleichen
Objekt gegenüber erotische und aggressive Impulse erleben
kann. In dem vorhergehenden Stadium der paranoid-schizoi-

---

66 Vgl. Klein 1983.

den Position wird das Objekt noch in ein geliebtes und ein gehasstes Teilobjekt aufgespalten. Jetzt, in der „depressiven Position", ist der Säugling fähig, Ambivalenz auszuhalten und erlebt die Objekte weniger als subjektive Phänomene, sondern als Nicht-Ich-Objekte. Die „Mutter" ist jetzt für den Säugling zu einem kohärenten Bild geworden, zu der er eine Beziehung aufnehmen kann. Es hat sich im Kind ein Selbst entwickelt, welches physisch in der Körperhaut enthalten ist und sich psychisch integriert.

Diesen Vorgang bezeichnet Winnicott als Verschmelzung von zwei „Müttern": Die „Objekt-Mutter" als Ziel der Triebimpulse verschmilzt mit der „Umwelt-Mutter", welche Fürsorge und Einfühlung konstant aufrechterhält. Im Zusammenspiel von Objekt- und Umwelt-Mutter entwickelt sich die Fähigkeit zur Besorgnis und zur Wiedergutmachung.

Die vollblütigen Triebe richten sich gegen die Objekt-Mutter, sie gehen einher mit Fantasien von Angriff und Zerstörung. Dass die Mutter von diesen Attacken nicht zerstört wird, geht auf die Überlebensfähigkeit der Mutter zurück und nicht darauf, dass das Baby rücksichtsvoll ist. Letztere Fähigkeit lernt das Kind auf Grund der Präsenz der Umwelt-Mutter. Der Umwelt-Mutter kann der Säugling etwas geben und durch ihre Gegenwart wächst eine erste Zuversicht, die Mutter nicht zu verlieren, wenn es sich ihrer aggressiv bemächtigt und sie „verzehrt". Die Umwelt-Mutter gibt dem Kind also durch ihre Präsenz die Gelegenheit zum Geben und Wiedergutmachen. Dies wiederum ermöglicht es dem Säugling, im Umgang mit seinen Trieben immer wagemutiger zu werden. So setzt die Umwelt-Mutter das Triebleben des Babys frei.[67]

Wenn das „passende" Zusammenspiel zwischen Mutter und Baby über längere Zeit erhalten bleibt, kann der Säugling allmählich Verantwortung für seine Triebimpulse übernehmen. „Dies stellt eines der Grundelemente im Aufbau von

---

67 Man könnte hier die Parallele zum Opfer anfügen: Durch die Gabe an die Gottheit wird die Menschheit im Gebrauch der Erde mutiger und überlebt.

Spiel und Arbeit dar. Aber im Entwicklungsprozess war es die Gelegenheit zur Mitwirkung, die es möglich gemacht hat, dass die Besorgnis in den Bereich der Fähigkeit des Kindes kam".[68] Wenn also die Umwelt-Mutter keine zuverlässige Gelegenheit zur Wiedergutmachung für die der Objekt-Mutter zugefügten Verletzungen bietet, geht die Fähigkeit zur Besorgnis verloren. An ihre Stelle treten primitive Abwehrformen wie Spaltung und Desintegration.

Fassen wir noch einmal zusammen: Die aggressiven und destruktiven Triebimpulse kann der Mensch nicht ertragen ohne das Erlebnis der Wiedergutmachung. Diese wird dadurch ermöglicht, dass das Schuldgefühl über die Beschädigungen oder Beraubungen der Mutter in eine positive, Hoffnung begründende Lebenssicht und eine humane Beziehungsform umgewandelt wird.

Festzuhalten bleibt: Das Schuldgefühl erweist sich als eine Folge der expansiven Impulse des Kindes, die für sein Überleben im Sinne der Benutzung des mütterlichen Objekts notwendig sind. Vor aller „objektiven" Gewissensschuld gehört dieses frühe Schuldgefühl zur seinshaften Ausstattung des Menschen. Wo Schuldgefühle nicht entwickelt und ausgehalten wurden durch eine präsente Umwelt-Mutter, schlagen sie um in Spaltungen und bedrohen als archaische Ängste das Sein des Menschen. Sie führen als nicht ausgehaltene und verwandelte Schuldgefühle zu Desintegration oder in die zwangsneurotische Symptomatik.

Das moralische Schulderleben als Indikator für Reifung und Akzeptanz der sozialen Umwelt

Für Freud resultiert das Schuldgefühl aus unbewussten Triebwünschen, die sich vorrangig aus der Dreiecksituation der ödipalen Zeit ergeben. Schuldgefühle entstehen nicht als Folge einer Tat, sondern eine verbrecherische Tat ist die Folge von Schuldgefühlen, welche wiederum auf innere Konflikte infolge des Trieb-Umwelt-Dilemmas zurückzuführen sind. In seinen frühen theoretischen Formulierun-

---

68 Winnicott 1974, S. 98.

gen führt Freud diesen Konflikt zurück auf die Triebkräfte und die Versuche des Ich, diese mit der Umwelt in einen Ausgleich zu bringen.

Zunächst tritt das Schuldgefühl noch in der Form der Angst auf, einer Angst, die empfunden wird wegen der doppelten Qualität der Triebimpulse: Liebe und Hass. Beide sind noch nicht so verschmolzen, dass die Aggressionstriebe im erotischen Wunsch gebunden und auf diese Weise gemäßigt sind. Deshalb erzeugen sie Angst. Die Wandlung dieser Angst in ein Schuldgefühl erfolgt in dem Maße, in dem das Kind die Ambivalenz ertragen kann, dass der Mensch, den es liebt, bisweilen auch gehasst wird, weil er nicht alle Liebeswünsche erfüllt.

Mit der Einführung der sog. „Strukturtheorie" von 1923 hat jener Teil des Ich als „Über-Ich" einen Namen gefunden, der die Steuerungskräfte beinhaltet, die im Austausch mit der Umwelt eine eingeschränkte Tiebbefriedigung organisieren. Die respektierten und gefürchteten Eltern werden introjiziert – was so viel wie ein geistiges und emotionales Annehmen bedeutet – und ermöglichen so einen mehr oder weniger sozial verträglichen Umgang mit den Triebimpulsen. Jetzt ist die Angst zu einem Schuldgefühl herangereift, welches auf einem Einverständnis des Ich mit den Normen des Über-Ich beruht. Das Schuldgefühl kann also ein Indikator für Reife und Verantwortung verstanden werden, es ist keineswegs nur ein pathologisches Gefühl. Es beinhaltet in gewisser Weise die Einsicht des Ich, dass es solche Absichten in ihm gibt, die chaotisch, asozial und amoralisch sind.

Diese Normalität des Schuldgefühls darf jedoch nicht darüber hinwegtäuschen, dass es auch neurotische Schuldgefühle gibt. In Freuds Theorie liegt dies darin begründet, dass das Konzept des Über-Ich keinesfalls nur auf introjizierten menschlichen Elternfiguren beruht, sondern auch auf frühen, vorhumanen und grausamen Aspekten primitiver Introjekte. In der Zwangsneurose etwa haben diese primitiven Über-Ich-Introjekte die Herrschaft inne. Wie in einer Religion ohne (gnädigen) Gott werden Zwangshandlungen und -gedanken ausgeführt und keine Macht auf Erden kann den Kranken überzeugen, nicht für das ganze Elend der

Welt verantwortlich zu sein. Durch alle möglichen lebenseinschränkenden Rituale sollen die im archaischen Über-Ich enthaltenen sadistischen Impulse im Verborgenen gehalten werden. Diese Maßnahmen speisen sich aus der grausamen Gewissheit, dass der Hass mächtiger ist als die Liebe. Die Symptomatik ist dann der Versuch, dieses Furchtbare zu verhindern und zu verbergen. Deswegen fühlt sich der Zwangsneurotiker absurderweise für alles Unglück in der Welt verantwortlich, vermeidet es aber, mit seiner eigenen Destruktivität in Berührung zu kommen.

Die psychoanalytische Auffassung vom Schuldgefühl als einem der psychischen Entwicklung innewohnendes Element liest sich ebenso wie die Sündenbocktheorie Girards wie eine Konkretisierung der biblischen Erfahrung des Mangels der Schöpfung, wie er in Gen 1–11 zu Tage tritt. Die von der Anthropologie konstatierte eigentümliche Sonderstellung des Menschen – die exzentrische Positionalität und die Leerstelle zwischen Antrieb und Handlung – macht den Konflikt unumgänglich. Ein Leben in Unschuld kommt deshalb für den Menschen nicht in Frage. Dennoch soll – schon aus Überlebensgründen – das Schuldigwerden vermieden werden. Darin besteht das große Dilemma mit der Schuld. Deshalb heißt in der Regel die Alternative nicht, schuldig werden oder nicht, sondern mit der Schuld leben oder sie verleugnen.

Dieses Thema wird als Urfrage menschlichen Selbstverständnisses in den großen Mythen der Menschheit verarbeitet. Wir werden in den nächsten Kapiteln den Ödipus-Stoff aus der griechischen Mythologie und Dichtung ebenso heranziehen wie das biblische Thema vom Sündenfall und der Vertreibung aus dem Paradies. An diesen beiden großen mythischen Stoffen soll das vormoralische, dilemmatische Verständnis von Schuld weiter erarbeitet werden.

3. KAPITEL

Ödipus oder schuldig werden bei der Suche nach Wahrheit und Ursprung

Für viele ist der Name Ödipus untrennbar mit der Psychoanalyse Freuds verbunden. Dieser hat den schuldigen, in Wunsch, Verbot und Abwehr verstrickten Menschen in der Figur des Ödipus entdeckt. Dennoch erfassen seine metapsychologischen Annahmen nicht die ganze, um Schuld, Tragik und mögliche Versöhnung kreisende Thematik des Ödipus-Stoffes. Deshalb soll in diesem Kapitel der mythische und literarische Stoff um die Ödipus-Figur auf seine anthropologischen Aussagen zur paradoxen Situation des Menschen im Umkreis von Schuld und Erlösung befragt und neuere psychoanalytische Auslegungen vorgestellt werden.

DER ÖDIPUS-MYTHOS

Wie kaum ein anderer Stoff der Weltliteratur greift der uralte Ödipus-Stoff die tragische Schuld des Menschen, seine schuldlos-schuldige Verstricktheit in seine eigene Vergangenheit auf. Die relativ späte literarische Fassung des Stoffes in der attischen Tragödie des Sophokles setzt die Kenntnis von der unbewussten Schuld (Vatermord und Mutterinzest) bereits voraus und bietet als Lösung dieses Dilemmas den Weg der Suche nach Wahrheit und Ursprung. Dabei ist das Schuldig-Werden des Ödipus durch Mord an seinem Vater Laios und durch Heirat seiner Mutter Jokaste die Voraussetzung für diese erlösende Suchbewegung. Das Paradox klingt hier also schon an. Als Enthüllungstragödie hat sie eine lange Vorgeschichte, die ins mythische Zeitalter zurückweist.[1]

---

1 Der Ödipus-Mythos entstand wahrscheinlich um 1200 v. Chr. als boietisch-thebanische Sage in der Zeit des trojanischen Krieges. Er fällt also in die Zeit der Auseinandersetzung des griechischen Festlan-

Zuvor noch ein Wort zur Bedeutung des Mythos überhaupt. Im griechischen bedeutet Mythos „Wort, Erzählung". Jedoch meint dieses „Wort" etwas anderes wie Logos, was auch „Wort" bedeutet. Das logische Wort steht in einem polaren Gegensatz zum mythischen Wort. Das Verb „mythologein" bedeutet so viel wie „den wahren Sachverhalt erzählen". Der Mythos zielt also auf die Wahrheit hinter der Wahrheit ab, auf eine göttliche und begründende Wahrheit, während der Logos eher eine welthafte Wahrheit und Richtigkeit meint. Insofern konstituiert der Mythos erst die Welt, in der sich der Logos entfalten kann. Als begründendes Wort gibt der Mythos Antwort auf das Rätsel um die Geheimnisse des Lebens und auf die Grundfragen der menschlichen Existenz, indem er das Leben des Einzelnen in einen universellen und ewigen Bedeutungszusammenhang stellt.

Der Ödipus-Mythos weist von seiner Entstehungszeit her auf eine einschneidende Veränderung in der Bewusstseinsentwicklung des Menschengeschlechts. Es ist die sog. „Achsen-Zeit", die der Philosoph Karl Jaspers so bezeichnete, weil sie zwischen 1200–600 einen entscheidenden Umschlag in der Bewusstseinsentwicklung markiert: das Ende der mythischen Zeit und das Aufkommen der ersten großen Aufklärung. Die unmittelbare Gemeinschaft mit den Göttern ist zerbrochen, die allgemeinen Normen geraten ins Wanken. Es ist das Zeitalter, welches mit dem biblischen Bild der Vertreibung aus dem Paradies beschrieben wird. Die alttestamentliche Bearbeitung dieses Themas durch den Jahwisten findet ja auch in dieser Zeit statt (ca. 950 v. Chr.). Das Zerbrechen der mythischen Einheit mit der Natur und mit den Göttern ermöglicht die Geburt eines neuen Bewusstseins, welches die konflikthafte und tragische

des mit den matriarchalen Kulturen, welche im kleinasiatischen Raum eine ihrer wesentlichen Wurzeln haben. Weitere Hinweise zu den mythischen Vorstufen und späteren literarischen Fortentwicklungen der Ödipus-Fassung des Sophokles finden sich in der Übertragung und Kommentierung des Textes von Wolfgang Schadewaldt (1973, S. 123–139). Mit „Ödipus-Mythos" sind also alle Versionen des Themas von der archaischen bis zur späthellenistischen Zeit zusammengefasst.

Verstricktheit des einzelnen Lebensweges in überindividuelle Zusammenhänge in sich aufzunehmen hat.

Diese Geburt des „Ich" setzt die Auseinandersetzung mit den sexuell recht undifferenzierten Ureltern Uranos/Kronos und der „Großen Mutter" voraus, wie sie in der Gestalt der Sphinx, einer zentralen Figur im Ödipus-Stoff, enthalten ist. In der mythischen Zeit hat sich noch kein differenziertes Ich-Bewusstsein gebildet. Der Einzelne ist noch Teil der durch Inzest verbundenen männlichen und weiblichen Urgötter, deren Urbild die Uroboros-Schlange ist, die sich selbst in den Schwanz beißt und sich auffrisst. Diese wenig individualisierten Götter verschlingen alles Neue, es gibt kein Entrinnen aus diesem Kreislauf. Es ist die zyklische Zeit, welche den Einzelnen zwar hält, aber eben auch festhält, weil sie ihm noch kein Bewusstsein von Individualität erlaubt. In dieser Auseinandersetzung mit der Uroboros-Schlange steht auch Ödipus, welcher als Heros jene neue Stufe der Bewusstseinsentwicklung symbolisiert, die sich als Frucht des Drachenkampfes durchzusetzen beginnt.[2] Von dieser Auseinandersetzung erzählt auch der Ödipus-Mythos in einer Weise, die keine distanzierende Betrachtung zulässt, sondern jeden Menschen zum Mitspieler macht.

Besonders im Kult wird dieser lebenspraktische Bezug hergestellt. Als kollektiver Ritus wird der Mythos „begangen" und der Einzelne hat als Mitspieler und Myste Teil an der ewigen göttlichen Ordnung. Die attische Tragödie wurzelt in dieser kultisch-religiösen Schicht. Im dramatischen Geschehen soll sichtbar gemacht werden, wie der Mensch ein bestehendes, vom Orakel geweissagtes Muster nachvollziehen muss, um in Übereinstimmung mit dem Schicksal zu leben.

Diese Erkenntnis wird ihm aber erst auf dem Weg der Verfehlung zuteil. Gerade das Auseinandertreten von Diesseits und Jenseits, das Zerbrechen einer ewigen Ordnung, die Vertreibung aus dem Garten Eden bringt den zu sich selbst erwachenden Menschen in die Gefahr, sein Schicksal nicht zu erkennen. Darin besteht die Hybris. Sie ist die Ver-

---

2 Spätere Abkömmlinge dieses Motivs sind der Erzengel Michael, der Hl. Georg als Drachenkämpfer oder Siegfried in der germanischen Mythologie.

suchung des Menschen, seinen Weg nur aus der Warte seines Ichs und seines Bewusstseins heraus zu gestalten und zu gehen. Psychoanalytisch würden wir vom Zerreißen der Verbindung zum Unbewussten sprechen, welcher als Verlust der Bindung an überindividuelle, geschichtliche und religiöse Bezüge zu verstehen ist. Gerade der Ödipus des Sophokles bringt diese Gefahr der Hybris zur Anschauung, ist er doch verfasst in einer Zeit, in der das politische Leben in Athen aus der alten Ordnung herauszufallen drohte und eine unheilvolle Wendung nahm.[3]

In dieser krisenhaften Veränderung will Sophokles Einsicht in das unentrinnbare Schicksalswalten ermöglichen. Diese Einsicht zielt ab auf ein umfassendes, rituelles Gewahrwerden der unabänderlichen Mächte, die das Dasein bestimmen. Die Enthüllung steht im Mittelpunkt. Der ganze Inhalt des Mythos, also die frevelhafte Tat, wird vorausgesetzt. Die Verfehlung ist tatsächlich die notwendige Vorgabe, ohne die es keine Erkenntnis von Wahrheit und Ursprung gibt. Das Drama des Sophokles bildet gleichsam den letzten Akt, in dem es nicht um die Verstrickung des Ödipus geht, sondern um deren Entdeckung, Aneignung und Verarbeitung.[4]

Die Vorfahren

Ödipus kommt nicht also tabula rasa zur Welt. Sein Schicksal hängt zusammen mit dem seiner Vorfahren und der Hypothek, die ihm als seine persönliche Lebensschuld aufgegeben ist. Christlich können wir hier durchaus von Erbsünde sprechen.

Es ist die verhängnisvolle Begegnung zweier Geschlechter, die den Hintergrund für seine Lebensgeschichte bildet, die zwischen den Kadmiden und den Tantaliden. Tantalos gehörte wie Kadmos zu den Geschlechtern, die noch mit den Göt-

---

3 Vermutlich 425 uraufgeführt, ist dieses Werk im Zusammenhang zu sehen mit der Krise, die durch eine schwere Pest-Epidemie und dem Tod des Perikles im Jahr 429 heraufgeführt wurde: Machtverlust, Entartung der Demokratie, Verfall der Sitten und Auflösung der Religion.
4 Vgl. Schadewaldt 1973, S. 90.

tern zu Tische saßen. Sie repräsentieren die Zeit, in der die Verbindung des Menschen mit der Götterwelt noch nicht aufgelöst war. Die Trennung dieser Verbindung geschah durch eine frevelhafte Tat des Tantalos. Er wollte die Klugheit der Götter auf die Probe stellen und setzt ihnen seinen Sohn Pelops zur Speise vor. Für diesen Frevel muss er – ähnlich wie Sisyphos – unsägliche Qualen leiden: Von seinen durstigen Lippen weicht jeder Schluck Wasser zurück und die Früchte entziehen sich seinem unstillbaren Hunger. Pelops jedoch wird von den Göttern wieder zum Leben erweckt.

Einer der Söhne des Pelops, des Königs von Korinth, heißt Chrysippos. Laios, der Vater des Ödipus, hielt sich nun in jungen Jahren in Korinth bei Pelops auf, um dessen Sohn Chrysippos im Wagenlenken zu unterrichten. Laios jedoch verliebte sich in den Knaben, weshalb Pelops ihn verfluchte. Er dürfe nie einen Sohn zeugen, oder er müsse durch die Hand des Sohnes sterben. Nur wenn er kinderlos sterbe, könne Theben gerettet werden. Laios war mit Jokaste verheiratet.

Trotz dieser Warnung zeugt Laios mit Jokaste einen Sohn. Aus Angst vor diesem Fluch entschließen sich die Eltern dazu, das drei Tage alte Kind mit verletzten, d. h. mit einer goldenen Spange durchstochenen Fußgelenken auszusetzen. Der Diener, der dies zu besorgen hat, empfindet Mitleid und übergibt das Kind einem Hirten, der im selben Gebiet die Herden des Königs Polibos von Korinth hütet. Während nun der Diener des Laios diesem die Ausführung des Befehls meldet, bringt der Hirte das Kind nach Korinth. Polibos und dessen Gemahlin Merope nehmen das gefundene Kind an und ziehen es liebevoll auf, als sei es ihr eigenes. Wegen der durchbohrten Füße wird es Ödipus, Schwellfuß (oidein = schwellen, pous = Fuß), genannt. Ödipus weiß nichts anderes, als dass er der Sohn von Polibos und Merope sei und deren Königreich erbe.

Der Lebensweg des Ödipus

Eines Tages, bei einem Festmahl, ereignet es sich, dass ein betrunkener Korinther dem Ödipus zuruft, dass er gar nicht seines Vaters Sohn sei. Ödipus ist beunruhigt und verlangt

Auskunft, die er beim delphischen Orakel Rat sucht. Das Orakel bedroht ihn mit einer Weissagung: Er werde Mörder seines Vaters und Gatte seiner Mutter werden.

Um diesem Schicksal zu entgehen, kehrt Ödipus erst gar nicht nach Hause zurück. Unterwegs kommt er an den Dreiweg und muss sich entscheiden, in welche Richtung er weitergehen will. Hier kommt es zu einer schicksalhaften Begegnung mit seinem Vater Laios. Ein Diener fordert Ödipus auf, dem Gefährt des Königs Platz zu machen und drängt ihn zur Seite. Im Handgemenge erschlägt Ödipus den Laios. Nur einem Diener gelingt es, zu fliehen – es ist der Hirte, der Ödipus als Kind dem König Polybos übergeben hat.

Ödipus zieht weiter nach Theben, welches von der Sphinx beherrscht wird. Diese lässt die Thebaner über ein Rätsel nachsinnen. Wenn ein Jüngling, den sie raubt, das Rätsel nicht lösen kann, frisst sie ihn auf. Wer das Rätsel löst, dem ist das Königreich Theben als Geschenk und die Königin Jokaste als Gattin versprochen. Ödipus ist verlockt von dieser Möglichkeit und lässt sich das Rätsel stellen:

> *„Vierfüßig, zwei- und dreifüßig ist es auf Erden,*
> *doch eine Stimme nur hat es, vertauscht seine Haltung*
> *allein von allen Wesen, die auf der Erde zum Himmel*
> *und durch das Meer sich bewegen.*
> *Aber sobald es gestützt auf die meisten Füße einhergeht,*
> *ist die Geschwindigkeit seiner Glieder die allergeringste."*

Und Ödipus antwortet:

> *„Hör, auch wenn du nicht willst, bösflatternde Muse der Toten,*
> *auf mein Wort: Nach Gebühr hat nun dein Treiben ein End'!*
> *Meintest du doch den Menschen, der, wenn er der Erde genaht*
> *ist, vierfüßig, töricht zuerst geht aus den Windeln hervor;*
> *doch ist er alt, so stützt er als dritten Fuß auf den Stab sich,*
> *rägt eine Last auf dem Hals, weil ja das Alter ihn beugt."*[5]

---

5 Übersetzung von Wilhelm Willige, Sophokles, Dramen, München-Zürich 1985.

Das Rätsel ist gelöst. Die Sphinx stürzt sich vom Felsen in die Tiefe. Ödipus erhält als Befreier von Theben die Königswürde und wird Gemahl der Königin Jokaste. Mit ihr zeugt er vier Kinder: die Zwillingssöhne Etheokles und Polyneikes und die beiden Töchter Antigone und Ismene. Ödipus herrscht als angesehener und weiser König viele Jahre über Theben. Eines Tages jedoch geschieht ein großes Unglück: Die Pest bricht über das Land herein.

Die Enthüllung als Stoff der Tragödie des Sophokles

Alle menschliche Klugheit vermag die Not dieser Krankheit nicht zu beseitigen. Um die Ursache dieses Übels zu erfahren, schickt Ödipus seinen Schwager Kreon zum Orakel nach Delphi. Dieses verkündet dem Volk den Spruch des Apoll: Eine Blutschuld, der Mord an Laios, laste über Theben. Solange diese Tat nicht gesühnt sei, gebe es keine Rettung. Ödipus macht sich sofort zum Anwalt dieser Angelegenheit. Erstaunt darüber, dass damals niemand nach dem Mörder des Laios gefahndet hat, fordert er die Bürger mit scharfen Worten auf, das Verbrechen aufzudecken. Der Mörder muss aus dem Land vertrieben werden. Er lässt den blinden Seher Teiresias holen in der Hoffnung, die Wahrheitsfindung zu beschleunigen. Nur unter Druck sagt er dem Ödipus die Wahrheit offen ins Gesicht. Ödipus selbst sei der Mörder des Laios und Gatte seiner eigenen Mutter.

Ödipus ist nicht in der Lage, die Wahrheit zu erfassen. Der sehende Ödipus ist blind für die Wahrheit, die der blinde Seher offenbart. Ödipus will sich rächen und versucht, die Sehersprüche ins Lächerliche zu ziehen. Die Tatsache, dass Laios an einer Weggabelung ermordet worden sei, sei ein Beweis für die Unsinnigkeit solcher Sprüche. Was als Beruhigung gedacht war, trifft Ödipus im Innersten. Währenddessen stellt sich unverhofft ein Bote aus Korinth ein, um Ödipus die Nachricht vom Tode seines Vaters Polybos zu bringen. Diese Nachricht wirkt zunächst befreiend auf Ödipus und Jokaste. Doch bleibt die Angst vor der zweiten Prophezeiung, er würde seine eigene Mutter ehelichen.

Diese Bedenken versucht der Bote dadurch zu zerstreuen, dass er Ödipus darüber aufklärt, dass er ja gar nicht der wirkliche Sohn von Polybos und Merope sei. Er selbst, so der Bote, habe damals Ödipus als Findelkind von einem Hirten übernommen und dem Königspaar anvertraut. Da erscheint jener thebanische Diener, der sich beim Fall des Laios retten konnte und nach dem Ödipus rufen ließ. Der Bote aus Korinth erkennt in diesem aber auch jenen Hirten, von dem er das Kind einst übernommen hatte.

Jetzt steht der Enthüllung der ganzen Wahrheit nichts mehr im Wege. Ödipus erfährt seine wahre Herkunft und von den Tötungsabsichten seiner Eltern. Er erkennt, dass er an der Weggabelung Laios, seinen Vater, erschlug und seine Mutter als Gattin nahm und mit ihr Kinder zeugte. Verzweifelt rast er in den Palast, sucht mit gezücktem Schwert nach Jokaste, um sie zu ermorden. Er findet sie schließlich erhängt in ihrem Schlafzimmer. Er bindet sie los, nimmt ihre goldenen Spangen vom Kleid und sticht sich damit die Augen aus. Die von ihm selbst verhängte Strafandrohung für den Mörder des Laios erfüllt sich nun an ihm.

ÖDIPUS UND DIE PSYCHOANALYSE

Bekanntermaßen ist die Ödipus-Gestalt zur zentralen mythischen Figur der Psychoanalyse geworden. Freud findet in ihr den Kern der Neurose symbolisiert, das sexuelle Begehren des 4- bis 6-jährigen Kindes, welches sich auf den gegengeschlechtlichen Elternteil richtet. Freud entdeckte ihn 1897 im Rahmen der Trauerarbeit über seinen verstorbenen Vater und in seiner Selbstanalyse. Er erwähnt ihn erstmals in einem Brief an Wilhelm Fließ vom 15. Oktober desselben Jahres: „Ein einziger Gedanke von allgemeinem Wert ist mir aufgegangen. Ich habe die Verliebtheit in die Mutter und die Eifersucht gegen den Vater auch bei mir gefunden und halte sie jetzt für ein allgemeines Ereignis früher Kindheiten . . . . Wenn das so ist, so versteht man die packende Macht des Königs Ödipus . . . und versteht, warum das spätere Schicksalsdrama so elend scheitern musste".[6] 1905 nimmt in den „Drei Abhandlungen zur Sexualtheorie" diese Entdeckung im Rahmen der infantilen Sexualität erste Gestalt an. 1910 kommt es in dem Aufsatz „Über einen besonderen Typus der Objektwahl beim Mann" zum ersten Gebrauch des Ausdrucks „Ödipuskomplex". Es gibt aber keine umfassende und systematische Schrift von ihm zu diesem zentralen Thema.

Freuds „Mythos vom Mythos" oder der „ödipalisierte Ödipus"

Freuds Bild des Ödipus ist stark von eigenem Begehren, vom eigenen Willen zur Macht, welches Wissen ist, geprägt.[7] Sein Ödipus ist nicht der Held der attischen Tragödie, sondern seine eigene Erfindung. Sophokles habe mit seiner Bearbeitung des Stoffes den wahren Charakter des Stoffes verbrämt.[8] Den latenten Sinn hinter dem manifesten Text herauszufinden ist nicht nur ein wissenschaftliches Anliegen Freuds seit der „Traumdeutung", sondern ein biographischer Impuls, der mit seiner jüdischen Herkunft zu tun hat.

6 Freud 1986, S. 293.
7 Dass aber *Ödipus, der Rätsellöser,* auf Freud eine persönliche starke Anziehungskraft ausübte, ja dass er sich mit dieser Gestalt früh identifizierte, wird durch folgende Begebenheit aus Freuds Leben deutlich. 1906 schenkten einiger seiner Schüler Freud zum fünfzigsten Geburtstag eine Medaille, die auf der Vorderseite Freuds Profil und auf der Rückseite ein Bild von Ödipus vor der Sphinx zeigte, die umrahmt ist von dem Vers aus Sophokles Tragödie: „Der das berühmte Rätsel löste und ein gar mächtiger Mann war." Ernest Jones, der Biograf Freuds, berichtet, dass sich bei der Übergabe etwas merkwürdiges ereignet habe. Als Freud die Inschrift las, wurde er blass und unruhig und fragte mit erstickter Stimme, wer die Idee gehabt habe. Als Paul Federn aus dem engsten Kreis seiner Schüler sich dazu bekannte, teilte Freud den Grund für sein merkwürdiges Verhalten mit: Als junger Student sei er einmal um die Arkaden der Wiener Universität gegangen und habe die Büsten berühmter Professoren betrachtet. Dabei habe er sich ausgemalt, dass eines Tages seine Büste auch dort stehen werde, unter der genau der Vers stünde, den er auf der Medaille lese. Freud war mit dem Wissen, der Schläue des Ödipus identifiziert. Seine Entdeckung ist der Trieb, das Unbewusste, die Sexualität (vgl. Tögel 1994, S. 28f).
8 Freud 1917, S. 343.

Freud als Ödipus – Rebellion und Emanzipation

Mit dem Literaturwissenschaftler Jakob Hessing lässt sich die Entstehung des psychoanalytischen „Ödipus" folgendermaßen deuten: Freud ist ein „Jude der Emanzipation"[9], der im Glauben der Väter keine Antwort und keinen Trost mehr findet. Sein Vater Jacob verlässt die osteuropäischen Talmudschulen und zieht wie viele andere Juden nach Westen. Es ist ein Zug der Emanzipation, dessen Früchte er aber nicht mehr genießen kann. Das ist den Jüngeren vorbehalten. Darin liegt aber auch die Ambivalenz des Jüngeren, Sigmund Freud, gegenüber seinen „Vätern" begründet. Er ist gefangen im Überlegenheitsgefühl der neuen, industriellen und wissenschaftlichen Revolution gegenüber den Alten und kämpft gleichzeitig gegen die Väter des neuen Geistes. Er verlässt im Rahmen der Entwicklung seiner psychoanalytischen Theorie die wissenschaftlichen Lehrer, die Repräsentanten der streng naturwissenschaftlich-physiologischen Schule sind.[10]

Die Ambivalenz gegenüber väterlichen Autoritäten kennzeichnet seinen Umgang mit dem Ödipus-Thema. Einerseits bestand das Bedürfnis, die neurotischen Symptome seiner Patienten und seine eigene Lebensgeschichte symbolisch zu deuten, andererseits konnte er keine der Symbolfiguren der jüdischen Tradition übernehmen, jedenfalls nicht in der frühen Zeit der Entwicklung der Psychoanalyse. Erst später wendet er sich der Mose-Figur zu. Das Bedürfnis nach symbolisch-metaphorischer Deutung der Phänomene, denen er als Arzt begegnete, ist deshalb so erstaunlich, weil er eine medizinische Ausbildung genossen hatte, die in einem Klima stattfand, in der ein metaphysisch-symbolisches Weltverständnis keinen Raum mehr hatte. Auf Grund der Identifizierung mit dem jüdisch-religiösen Vater wählt er einen Sakraltext und diese Wahl mutet wie eine Kompro-

---

9 Hessing 1989, S. 22.
10 Dazu gehörten der Physiologe Ernst Brücke ebenso wie die Mediziner Jean Martin Charcot, Joseph Breuer, Richard von Krafft-Ebing und die anderen ärztlichen Kollegen von der Wiener medizinischen Fakultät.

missbildung an: Stoff und Gestalt des Ödipus sind nicht der Bibel oder dem Talmud entnommen – die Distanz zum Vater bleibt somit gewahrt – ermöglichen aber gleichzeitig eine Abgrenzung von der naturwissenschaftlich-physiologischen Tradition seiner wissenschaftlichen Väter.

Die Rebellion gegen die Väter drückt sich noch einmal in der Weigerung aus, die Ödipus-Figur in der religiösen Enge zu belassen, in die sie Sophokles seiner Meinung nach gezwängt hat.[11] Dessen Anliegen sei es, den Menschen zu lehren, sich dem Wissen der Götter zu beugen und zu sehen, dass Schlimmes folge, wenn sich der Mensch diesem Willen widersetze. Von dieser moralischen-religiösen Absicht des Sophokles distanzierte sich Freud: „Der Zuhörer reagiert nicht auf sie (die Moral, D. F.), sondern auf den geheimen Sinn und Inhalt der Sage. Er reagiert so, als hätte er durch Selbstanalyse den Ödipuskomplex in sich erkannt und den Götterwillen sowie den das Orakel als erhöhende Verkleidungen seines eigenen Unbewussten entlarvt".[12]

Schuld und Triebverzicht

Diesen „geheimen Sinn und Inhalt" entdeckt Freud im Jahr 1897, als sein Vater schon gestorben war, und diese Entdeckung markiert den entscheidenden Wendepunkt in seinem Leben und in der Entwicklung der psychoanalytischen Theorie. Mit dem Tod von Freuds Vater und seinen Schuldgefühlen ihm und den nachfolgenden wissenschaftlichen Vätern gegenüber hängt nach Überzeugung von Jakob Hessing auch die Engführung des Ödipusthemas durch den Begründer der Psychoanalyse zusammen.[13] Er erkennt weder die Heiligkeit und Autorität von Bibel und Talmud an noch

---

11 Die „Religiöse Enge" ist genau die verloren gegangene transfamiliale Dimension, weil sie das unbewusste Schuldigwerden des Subjekts angesichts seiner Expansions- und Emanzipationsbedürfnisse thematisiert. Obwohl Freuds Entdeckung dieser Triebstruktur den Ödipus vor familiärer Verkürzung bewahren könnte, hat er selbst zu dieser Reduktion beigetragen.
12 Freud 1917, S. 343.
13 Hessing 1989, S. 20

die naturwissenschaftlichen „Dogmen" der Helmholtz-Schule. Seine Emanzipation ist jedoch keine insofern radikal, als er zu anderen Wurzeln der europäischen Geistesgeschichte zurückkehrt: zum Ödipus-Mythos der archaischen Griechen. Hier findet er jedoch keinen Mythos, der die Befreiung der Triebe begründet, in der er die Voraussetzung zur Überwindung der Neurose erkennt, sondern er deutet den Ödipus-Stoff im Sinne von Verzicht und Opfer.

Die Notwendigkeit der Opferung des Trieblebens wird zum Kern seiner ödipalen Entwicklungspsychologie. Diesen Verzicht begründet er mit dem Inzesttabu und es ist erstaunlich, dass der Wissenschaftler Freud dieses Trieb einschränkende Gesetz nicht auf Grund empirischer Naturforschung entdeckt, sondern geradezu auf theologischem Wege: durch Auslegung eines „heiligen Textes", durch Interpretation seines Ödipus.[14] Auf Grund des Materials, dass der Biologe Norbert Bischof (1989) vorgelegt hat, lässt sich die Inzestschranke als ein biologisches Phänomen der Primaten verstehen oder als eine soziale Organisation, beruhend auf dem Prinzip der Gegenseitigkeit und kaum als eine auf Triebverzicht basierende Kulturleistung.[15] Bei Freud scheint diese Kulturleistung dem Schuldgefühl zu entspringen, das entsteht, wenn die geordnete Welt der Väter und der Natur verlassen wird.[16] Freud steht der Prophezeiung des Jahwisten sehr nahe, der ein Leben „im Schweiße des Angesichts" prophezeit als Folge der Emanzipation.

14 Vgl. Passet 1994, S. 243 f.
15 Freud: „Anstatt also aus dem gesetzlichen Verbot des Inzestes zu schließen, dass eine natürliche Abneigung gegen den Inzest besteht, sollten wir aber den Schluss ziehen, dass ein natürlicher Instinkt zum Inzest treibt" (Freud 1912–13, 150). Unter dem Aspekt einer zentrierten Triebauffassung – der Trieb hat nur ein Ziel: Die verbotene Frau – ist diese Sicht des Inzesttabus plausibel. Eine andere, soziale Begründung ist hier nicht in Sicht.
16 Hessing 1989, S. 252. Es wird noch zu zeigen sein, dass der „Ödipus" ein ganz elementares Schuldigwerden thematisiert, welches mit der animalischen, durch die Sphinx repräsentierten Triebnatur zu tun hat, die vor aller sozialen Formung durch das „ödipale Dreieck" gegeben ist. Freud verkürzt das Schuldgefühl auf das fanatisierte Übertreten des Inzesttabus, welches aber nur *eine*, und nicht *die* Konfliktzone des Triebes mit der Kultur darstellt

In der Interpretation Hessings rettet Freud die ursprüngliche Heiligkeit und Gottähnlichkeit des Menschen dadurch, dass er für den „Sündenfall der Emanzipation" gleichsam Buße tut: Freud opfert ein Stück Triebbefriedigung – in seiner ödipalen Auslegung des Inzestes und in seiner eigenen sexuellen Abstinenz. Auf Grund eines Briefes an Fließ ist bekannt geworden, dass sich Freud zu Beginn des Jahres 1893 in die sexuelle Abstinenz zurückzieht. Als Jude hat er das Gesetz der Nachkommenzeugung erfüllt und kann jetzt den Trieb „opfern".

Freuds ödipale Triebtheorie kann man unter dem Gesichtspunkt seiner Biografie wie eine Opferung verstehen im Sinne der Wiedergutmachung für die „hamartia" – das Fehlende, das entsteht, wenn sich der Mensch aus der sozialen oder naturhaften Einheitswirklichkeit emanzipiert. Nicht der Ödipuskomplex ist dann die Quelle des Schuldgefühls, sondern der Ödipus ist Freuds Weise, ein viel elementareres Schuldgefühl zu bewältigen. In den „Vorlesungen" jedoch dreht er Ursache und Wirkung um, das „Dogma" der Psychoanalyse steht bereits unumstößlich fest: „Es ist ganz unzweifelhaft, dass man in dem Ödipuskomplex eine der wichtigsten Quellen des Schuldbewusstseins sehen darf, von dem die Neurotiker so oft gepeinigt werden. Aber noch mehr: in einer Studie . . . ist mir die Vermutung nahe gekommen, dass vielleicht die Menschheit als Ganzes ihr Schuldbewusstsein, die letzte Quelle von Religion und Sittlichkeit, zu Beginn ihrer Geschichte am Ödipuskomplex erworben hat".[17]

Bleibt festzuhalten, dass die Bearbeitung des Ödipus-Stoffes durch den Erfinder der Psychoanalyse selbst einem Schuldgefühl entspringt, welches nicht einer moralischen Tat zuzuschreiben ist, sondern dem Lebens- und Entwicklungsprozess eines Mannes innewohnt, dessen Erfindungsgeist und Kreativität, dessen kritische und wertfreie Selbstanalyse dieses Schuldgefühl nicht aufzulösen im Stande war.

Diese Sicht, nach der Freuds Ödipuskonzept einem unbewussten Schuldgefühl entspringt, widerspricht zumindest auf den ersten Blick der unter Psychoanalytikern verbreite-

17 Freud 1917, S. 343f.

ten Vorstellung, dass dem Ödipusmythos ein Aufklärungsmoment im Sinne der Freisetzung der Triebe innewohnt. Die Lösung des Rätsels der Sphinx wird mit unterschiedlichen Akzentsetzungen als eine Befreiung von matriarchalen Mutterfiguren gedeutet.[18] Die Gefahr dieser dem Geiste der Aufklärung verpflichteten Auslegung ist die, dass die andere Seite, das mit dem Heraustreten aus der Natur und der einsetzenden Naturbeherrschung aufkommende Schuldgefühl und dessen Bewältigung wenig Beachtung findet. Es kommt zu einer Reduktion des Ödipus-Stoffes auf einen bürgerlich-patriarchalen Familienroman.

Der Verlust des Anderen der Vernunft – das Erbe der phallozentrischen Psychoanalyse

Neben der oben aufgezeigten Trennungsschuld und deren Verarbeitung durch die typisch ödipale Normierung des Subjekts durch den Begründer der Psychoanalyse ist nun eine weitere Schuldform auszumachen, die wiederum jenseits aller Moral in der männlichen Einseitigkeit besteht, in die das ödipale Subjekt der Psychoanalyse geraten ist.

Das psychoanalytische Autoren-Paar Manfred Bohlen und Margarete Bautz-Holzherr (1991) haben dieses männlich gedachte Freudsche Subjekt selbst der Analyse unterzogen. Im Ödipus-Stoff entdecken sie den Schritt in der Bewusstseinsentwicklung, durch den sich das Subjekt endgültig mit männlich-phallischen Signaturen umgebe. Die Ablösung des männlichen Ödipus von der weiblichen Sphinxgestalt lasse diesen emanzipatorischen Schritt aber nicht nur als fortschrittlichen Aufklärungsschub erscheinen, sondern als ein ambivalentes Phänomen: Der Mythos begünstige die Reduzierung und Zentrierung der vielfältigen „polymorphen" Triebwelt auf zwei Triebziele: den Mutterinzest und den Vatermord. Nicht die Auseinandersetzung mit der tiefgründigen Sphinxgestalt als Repräsentantin der Triebstruktur, sondern die Identifizierung mit der Lichtseite, dem Wissen des Ödipus, führe zu einer repressiven Ver-

18 Vgl. den Überblick bei Vogt 1986.

---

wendung des Mythos in der Psychoanalyse. Ödipalisierung von Triebzielen durch die Freudsche Auslegung des Mythos meine, dass die ganze polymorphe Triebwelt des Begehrens auf das eine – verbotene – Triebziel „Mutter/Frau" zentriert und reduziert werde. Darin liege die Vorherrschaft des Phallus begründet, der ja einzig den Zugang zu diesem Triebziel garantiere. Dies werde noch verstärkt dadurch, dass die Psychoanalyse nach (zeitlich) Freud aus dem Mythos eine empirisch-klinische Realität der Familienstruktur gemacht habe, in der sich der Mythos durch das Wechselspiel „Mutter-Kind-Vater" ständig realisiere: „Familialismus ist die sich perpetuierende Ödipalisierung der Familie durch die Mythisierung der Beziehungen zwischen Eltern und Kind – psychoanalytische Aufklärung erweist sich hier als Remythologisierung".[19]

Durch typisch „ödipale" Qualitäten wie Primat der genitalen Sexualität, Ganzobjektbeziehungen, genitale Reife usw. wird das gesamte Begehren des Subjekts nach Meinung der Autoren aufgespalten in einen entwerteten, minderen „präödipalen" Triebwunsch, der durch Therapie der Nachreifung bedarf, und in einen reifen ödipalen. Psychoanalyse diene so der vermeintlichen Befreiung des Subjekts aus der Gefangenschaft früher, präödipaler, perverser Wünsche. Die Wendung der Psychoanalyse ins Präödipale repräsentiere somit eine Pathologisierung der frühen, perversen Sexualität, welche dem Leitbild reifer, ödipaler Triebziele untergeordnet werde. Ödipale Psychoanalyse besorge die Unterdrückung des Triebes unter das phallisch-genitale Primat und degradiere die Frau zum Triebziel.[20]

19 Pohlen/Bautz-Holzherr 1991, S. 224 f.
20 Eine Remythologisierung des aufklärerischen Moments Freudscher Entdeckung sehen die genannten Autoren darin, dass der von Freud postulierte unbedingte Widerspruch zwischen infantiler und erwachsener Sexualität dadurch aufgelöst werde, dass dieser zu einer geradlinigen Entwicklungspsychologie umgeschrieben werde, die sich dann naturwüchsig im Ödipus vollende. Nicht präödipal sei die kindliche Sexualität, sondern anödipal. Das polymorphe Triebleben kenne keine Hierarchisierung und Zentrierung, „der Trieb ist immer schon Parzialtrieb, der sich aus Parzialströmungen speist und in Parziallüsten seine Befriedigung findet" (ebd. S. 227). Erst die Unterordnung aller Parzialtriebe unter einen genitalen Primat, der auf nur ein

Eine Folge dieser Zentrierung der Libido auf das eine Ziel „Mutter/Frau" mache aus dieser eine unerreichbare Idealgestalt, welche nicht mehr gleichzeitig Liebes- und Triebobjekt sein könne. „Das, was man liebt, darf man nicht begehren, und das was man begehrt, kann man nicht lieben".[21] Diese Aufspaltung von sinnlicher und zärtlicher Sexualität begünstige den Ausschluss aller anderen Formen von Triebbefriedigung – die ja als defizitär erscheinen müssen – aus der ödipal gedachten Subjektkonstitution: „Das ‚Perverse', die Sexualität jenseits ihrer Funktionalisierung im Generativen, schließt sich in der bürgerlichen Gesellschaft privatistisch ein, ist exkommuniziert".[22] Damit verbunden sei die endgültige Inthronisation des Patriarchen, dessen einzig legitime Triebwünsche sich auf die verbotene Mutter und die begehrte Frau richten. Das Erwachen des patriarchalen Systems geschehe genau in dem Moment, in dem der Sohn den Vater nicht mehr erkennt, also die Abhängigkeit von transsubjektiven, mythischen Mächten unbewusst geworden sei. „Ödipus wird zum europäischen Kulturheros, der den Menschen von der Naturgewalt der Sphinx befreit und – der Fluch der guten Tat – die Pest ödipaler Schuldverstrickung über die Gemeinschaft bringt".[23]

„Ödipus" als aufgeklärter Mensch verkennt die Macht sexuellen Begehrens, die der animalischen Triebnatur der Sphinx entstammt. Von ihr sind alle erfasst, ob Vater oder Mutter, Sohn oder Tochter. Ödipus/Freud lebt in der Illusion, als wäre dieser Macht allein mit Wissen und Askese beizukommen. Schuld lässt sich hier verstehen als „männli-

Objekt ausgerichtet ist, führe zu einer Ideologie, welche nur die heterosexuelle, genitale Beziehung als die eigentliche reife und erwachsene Form ansehe und alle anderen Vollzüge (z. B. Homosexualität) exkommunizieren müsse. Es sei die Ideologie des Totalobjekts, welche den Familialismus der Psychoanalyse begünstige und in ihr zu einer Theorie der Ganzobjektbeziehungen geführt habe Diese werde dann zum Ideal erklärt und damit eine bestimmte bürgerliche familiale Lebensform zu Norm erhoben, wie etwa bei so bedeutsamen Theoretikern der Psychoanalyse wie Heinz Kohut und Otto Kernberg.

21 Ebd. S. 229.
22 Ebd. S. 230.
23 Ebd. S. 231.

che" Einseitigkeit, welche zur „Pest" vermeintlicher Rationalität führt und die tiefere, psycho-logische Zusammenhänge, eine andere Vernunft, übersehen lässt.[24]

Sphinx und Ödipus: Schuld als „männliche" Einseitigkeit

Die latent religiöse Deutung des Dramas des Sophokles durch Freud führt zu einer asketisch anmutenden Verzicht-Psychologie, der die Macht der Triebe, die sich nicht auf ein ödipales Triebziel bündeln und somit nicht differenzieren lassen, unbewusst geworden ist. Die familiale Dreiheit als Strukturprinzip der Psyche wird insofern ideologisiert, als sich in ihr die biologische Familie widerspiegeln soll.[25] Die Familie als Keimzelle der Gesellschaft wird als allgemeiner Ödipus interpretiert, der sich im kulturellen Inzesttabu niederschlagen soll. Diese Verwechslung der empirischen Familie mit dem ödipalen Dreieck des Mythos wird begünstigt durch Freuds Interpretation des Inzesttabus, welches er als Kulturleistung deutet, welche Triebverzicht fordere.

Wenn man die Sphinx mit einbezieht in die psychoanalytische Deutung des Mythos, lässt sich diese Engführung überwinden. In der Freudschen Version wird sie in der Position der Zu-Besiegenden belassen, der durch männliches Ich-Bewusstsein – vermeintlich, denn das ist ja der Irrtum des Ödipus – beizukommen ist. Mit Wissen, welches Macht ist, wird die Sphinx als Vertreterin der animalischen Triebnatur des Menschen „besiegt". Ein Sieg, der sich als Pyrrhussieg erweisen wird.

24 Pohlen und Bautz-Holzherr werfen der modernen Psychoanalyse vor, sie besorge eben mit der Zentrierung der Triebwünsche auf ein unerreichbares „ödipales" Triebziel die Entfremdung des modernen Subjekts von seiner Triebnatur, die ihm unbewusst geworden ist.

25 Mit Freud ist jedoch an der Differenz von Verdrängtem und Unbewussten festzuhalten: Im Unbewussten sind nicht die verdrängten Eltern aufbewahrt, sondern die Urfantasien als die eigentliche „psychische Urbevölkerung", vgl. Freud 1915, S. 242. Freud nennt vier Urfantasien: Intrauterines Leben, Urszene, Kastration, Verführung.

Wer ist die Sphinx?[26] Die griechisch-thebanische Sphinx – oben schöne Jungfrau und unten ein verschlingendes, reptilienhaftes Wesen – ist eine Verkörperung der Doppelgesichtigkeit und Ambivalenz der weiblichen Triebnatur. Ihre Entstehung verbindet sie in eigentümlicher Weise mit Ödipus: Sie ist selbst einer Inzesthandlung entsprungen.[27] Ihre Mutter Echidna zeugte sie mit ihrem Sohn, dem Hund Orthros.

Die Sphinx weist als Symbolfigur zurück in unsere vormenschliche Vergangenheit und verbindet in ihrer Doppelgestalt das Tierische mit dem Menschlichen. In seinen „Vorlesungen über die Philosophie der Weltgeschichte" (1918) sagt Hegel über diese Symbolgestalt: „. . . das Geistige, das sich selbst klarmachen will, bricht aus dem Tierischen hervor . . . Der Mensch, der aus dem natürlichen Zustande hervortritt, ist in dem Bild der Sphinx symbolisiert".[28]

Es ist also gerade die Verleugnung dieser animalisch-weiblichen Dimension, die zu männlichen Einseitigkeiten – gemeint ist die Überbetonung des Ich-Bewusstseins – führt. Darüber hinaus markiert die Sphinx die Übergänge vom positiv Weiblichen zum verschlingend Weiblichen, wodurch verständlich wird, dass der Mann in die Position der Abwehr und des Kampfes geht. Freud hat sich als Ödipus mit dieser Abwehr identifiziert: Er will das Rätsel lösen, distanziert und objektivierend und verfällt so in neue Unbewusstheit dem Unbewussten gegenüber. „Wo Es war, soll

---

26 Die bekanntesten Sphingen sind die ägyptische und die griechische. Erstere wird ursprünglich dem männlichen Geschlecht zugeordnet, während die griechische weiblich ist. Sie vereint einen menschlichen und trierischen Teil in sich und weist als solche auf die vormenschliche, animalische Verwurzelung des Menschen.

27 Neben Orthros, dem Buder und Vater, der Sphinx, zeugte Echidna mit Typhon den dreiköpfigen Höllenhund Kerberos, die Wasserschlange Hydra , die Feuer speiende Chimäre und den Adler, der dem Prometheus die Leber aus dem Leib pickte. Ihr Ursprung geht auf Gaia zurück, die mit ihrem Bruder Tartaros, der personifizierten Unterwelt, das Ungeheuer Typhon mit hundert Schlangenköpfen und Echidna zeugte, ein Doppelwesen, welches halb Weib, halb Drache ist.

28 Hegel, GW 18, Hamburg 1995, zit. nach Remmler 1995, S. 31.

ich werden"[29] wurde zum paradigmatischen Satz der Psychoanalyse.

Wäre es zu einer wirklichen Begegnung mit der Sphinx gekommen, durch die die männliche Einseitigkeit des Wissens und der Macht ergänzt worden wäre durch ein anderes Wissen, dann hätte der berühmte Satz Freuds auch umgedreht werden können: Wo sich das Ich übermäßig und einseitig aufgebläht hat, wo bei Männern und Frauen eine verengte, weil das Irrationale ausklammernde Rationalität anzutreffen ist und der „Gott Logos" alleine regiert, da müsste wieder dem ES Raum geschaffen werden. Dies könnte durch eine Rationalität geschehen, die auch dem Irrationalen gerecht wird, d. h. eine Verbindung schafft mit den unbewussten animalischen Teilen des Subjekts.

Der Mythos zeigt auf, dass es zu einer solchen bewusstseinsübersteigenden Begegnung mit dem Weiblichen nicht gekommen ist: Ödipus kann nicht differenzieren und erkennt in Jokaste nicht seine Mutter. Aber nicht nur der Mann ist einseitig: Auch Jokaste ist als Frau blind für die weise Unterscheidung. Sie hätte Ödipus als ihren Sohn erkennen können an seinen durchbohrten Füßen, die sie ihm selbst zugefügt hat, wenn sie über dieses Differenzbewusstsein verfügt hätte.

Schuld als Mangel von Differenzbewusstsein als Mann und Frau

Die Begegnung mit der Sphinx läuft typisch „männlich" ab. Anstatt ihr zu begegnen, kämpft Ödipus mit der Doppelgestaltigen und will sie besiegen. So kommt es nicht zu einer tiefen, emotionalen Einsicht in die Geschlechterdifferenz. Dieser Mangel führt in die tragische Verstrickung mit Jokaste, der Mutter-Frau.[30]

Das Rätsel der Sphinx beantwortet Ödipus in typisch männlicher Weise mit „der Mensch". Seine Antwort ist ab-

29 Freud 1933, S. 86.
30 Die Anregung zu diesem Aspekt der Sphinx entnehme ich der Arbeit von Renate Paus (1996) aus dem Reader der Frauen-AG des Psychoanalytischen Seminars Düsseldorf.

strakt, verallgemeinernd, er selbst kommt in ihr nicht vor. So entsteht Distanz, eine echte Begegnung mit der tierisch-menschlichen Doppelgestalt der Sphinx kommt nicht zu Stande. Der liegt darin, dass Ödipus sich selbst noch fremd ist. Die Sphinx steht auch für die „andere" Seite des Ödipus: für sein triebhaftes Begehren, welches in der animalischen Vergangenheit des Menschen wurzelt und für seine Suche nach Heimat und Schutz im weiblichen Raum. Weil Ödipus seinem eigenen Wünschen entfremdet und getrieben ist vom unbewussten Begehren nach dem weiblichen Innenraum als Ort der Erfüllung, übersieht er den entscheidenden Unterschied, dass es den Menschen nur als *Mann oder Frau* gibt. Das Übersehen dieser Differenz führt zu einem Verhängnis, welches sich anbahnt auf Grund der nicht zu Stande kommenden Auseinandersetzung mit der Sphinx, dem Unbewusst-Bleiben seines eigenen Begehrens und der Missachtung der Generationenschranke. Es kommt zur inzestuösen Rückkehr in die mütterliche Einheitswirklichkeit.

Die Psychoanalytikerin Claudia Sies konstruiert folgendermaßen: „Hätte er das Rätsel mit *Ich* als Knabe. *Ich* als Mann, *Ich* als Vater beantworten können, wäre er frei und flexibel in der Begegnung mit der Frau in der jeweiligen Position des *Du* als Mädchen, *Du* als Frau und *Du* als Mutter. Er würde Iokaste schon vom Altersunterschied her als seine Mutter erkennen, ihr als Sohn begegnen und wissen, dass er nicht ohne Folgen ihr Partner sein Kann; dass er nicht gleichzeitig der Vater und der Bruder seiner Kinder werden will".[31]

Auf der Seite Jokastes stellt sich das Problem in ähnlicher Weise aus weiblicher Sicht. Sie ist bereit, auf die drei Positionen des Mannes gleichzeitig zu reagieren, d. h. sie verwechselt den Sohn mit ihrem Mann. Sie idealisiert wie eine Tochter den Helden als Retter von Theben, sie begehrt ihn als Mann und versorgt ihn als Mutter. Auf Grund dieser undifferenzierten Sicht erfolgt eine massive Verdrängung dergestalt, dass die Realitätswahrnehmung so verzerrt wird, dass sie ihren Sohn nicht mehr an seinen Narben erkennt. Erst durch den blinden Seher wird den Beteiligten ihr Miss-

31 Sies 1995, S.198; Vgl. dazu Vogt 1986.

achten der Generationenschranke bewusst und sie erkennen die Position, aus der sie gehandelt haben.

Das Gewahrwerden der im Hinblick auf das andere Geschlecht möglichen Positionen – Sohn/Tochter – Mann/Frau – Vater/Mutter – setzt voraus, dass jemand die Kränkung zu akzeptieren bereit ist, die eine differenzierte Wahrnehmung des Mann- und Frauseins zufügt.[32] Es ist für den Mann der Abschied von der Fantasie, in allen Frauen die mütterliche Welt der Kindheit zu finden, die den Schmerz der Trennung aus der Ureinheit vergessen lässt bzw. die Illusion aufrechterhält, als hätte es die Vertreibung aus diesem Paradies nie gegeben. Für die Frau ist es der Verzicht auf die Mutterrolle und das oft nur gespielte „Kleinsein", welches „Seine" Größe nicht gefährdet und sie in der Position der mütterlichen Machthaberin belässt.[33]

Die in der psychoanalytischen Deutung oft vergessene Vorgeschichte des Ödipus[34] zeigt, dass ein Verbleiben in diesen frühen Wünschen zusammenhängt mit einer unsicheren Geschlechtsidentität der Eltern, die ihrem Kind keine sicheres Selbstbild als männliches oder weibliches Kind geben können. Die Eltern des Ödipus waren selbst verlassene Kinder, unfähig zu Vater- und Mutterschaft. Deshalb verbot ihnen ja das Orakel von Delphi, Kinder zu haben. Der Vater Laios, der seinen eigenen Vater verlor, als er ein Jahr alt war, erfüllte als junger Mann nicht die ihm gestellte Aufgabe, den Sohn des Königs Pelops in der Kunst des Wagenlenkens zu unterrichten. Statt die Begierden und Triebe zu formen, lebte er sie mit dem Knaben Chrysippos aus. Diese Verführung ist ein Hinweis auf die unsichere Identität als Mann, die dem Laios die Erziehung seines Sohnes hin zum Mannsein erschwert bzw. verhin-

---

32 Insofern würde ich das Ideal „Androgynie" kritisch beurteilen und statt dessen mit Paus für einen Abschied von dieser Allmachtsfantasie plädieren, wie sie in den Mythen vom androgynen Menschen zum Ausdruck kommt: Es ist eine Zumutung, „nur ‚einem' Geschlecht anzugehören und damit auf Unbegrenztheit, auf Allmacht verzichten zu müssen" (Paus 1996, S. 1 f.).

33 Paus 1996, S. 14.

34 Vgl. Mertens 1993.

dert. Jokaste, seine Mutter, willigt ein in den Plan, ihn auszusetzen und so zu töten.[35]

Beschädigte Selbstbilder oder: Das Zusammenspiel von „Trieb" und „Trauma"

Ödipus gibt auf Grund eines fehlenden Bildes vom differenzierten Mannsein in der Konfliktsituation am „Dreiweg" dem regressiven Wunsch nach Rückkehr zur Mutter nach, unbewusst freilich, und beseitigt den Vater als Vertreter des identitätssichernden Dritten. Der Vater darf hier nicht familial gedeutet werden, sondern im Sinne des Tertium, welches Entwicklung offen hält und die Herauslösung aus der elterlichen Urszene ermöglicht. Er ist sozusagen das „antifusionäre Prinzip", welches nein sagt zur unbewusst gewünschten Rückkehr in die Einheitswirklichkeit.[36]

Auf Grund der identitätsgestörten Eltern ist das schwache Ich des Ödipus nicht im Stande, in der Konfliktsituation mit dem Vater eine realitätsbezogene Lösung zu finden, welche den Vater und seine Rechte anerkennt und gleichzeitig den eigenen libidinösen und aggressiven Wünschen Raum gibt. Das wäre die Lösung eines reifen Ich, welches im Einklang mit dem Gewissen und den Realitätsanforderungen die eigenen Triebwünsche zu befriedigen vermag. Dies freilich lernt ein Kind nur im ausgewogenen Wechselspiel zwischen seine Wünschen und den Befriedigung gebenden und Verzicht fordernden Eltern. Wenn das sexuelle Begehren des Kindes eingebunden ist in einen Raum von wechselnder Nähe und Distanz, kann für das Kind ein Ausgleich gefunden werden zwischen seiner Lust und der notwendigen Kontrolle dieser Lust. Misslingt die Beziehung vor allem zum gegengeschlechtlichen Elternteil, können Lust und Verzicht nicht integriert werden mit der Folge, dass beide Aspekte aufgespalten werden. Ein typische Form dieser

---

35 Die unbewusste Aggression gegen die Mutter auf Grund ihrer Einwilligung in seinen Tod als Motiv für den Inzest wird allgemein nur wenig beachtet.

36 Zagermann 1988, S. 180.

Aufspaltung ist für den Mann, die Frau als Heilige oder Hure zu sehen, d. h. der Frau entweder zärtliche oder sexuelle Gefühle gegenüber zu haben. Es gelingt ihm nicht, beide Wünsche an einer Frau zu erleben.

Das Inzesttabu sichert als soziale Organisation in der Eltern-Kind-Beziehung diesen Raum des Ausprobierens. Die dadurch gesetzten Grenzen erlauben spielerisches Erleben des eigenen Begehrens in der Sicherheit der Inzestschranken, die ein Überschwemmen von Ängsten verhindert. Dieser geheimnisvolle Raum darf nicht zu früh betreten werden, da das Kind sonst zu früh mit seinem infantilen Begehren in seiner ursprünglich und deshalb ängstigenden Gestalt in Kontakt kommt. Der Raum darf aber auch nicht ganz verschlossen bleiben, da sonst eine Unterstimulierung eintritt, die dem Kind keine Steuerung seines Begehrens ermöglicht.

Bei Ödipus konnte in diesem geheimnisvollen Raum des sexuellen Begehrens, welcher geschützt ist durch die Generationenschranke, keine Balance gefunden werden zwischen Wunsch und Verzicht. Die Eltern selbst waren auf Grund ihrer Unsicherheiten nicht in der Lage, diesen Raum bereitzustellen. Diese fehlende Differenziertheit kommt ja in der pauschalen Antwort des Ödipus auf die Frage der Sphinx zum Ausdruck.

Unter dem Aspekt der tragischen Schuld ist es also die fehlende Differenziertheit, die ins Verhängnis führt. Diese wiederum erweist sich nicht als Problem des Ödipus – wenn auch in seiner Person das Versagen sichtbar wird – sondern als ein Mangel in der Generationenkette und damit als ein Versagen, welches dem Individuum vorausliegt und in der Generationenkette begründet liegt. Diese „Erbschuld" hat freilich sehr viel zu tun mit dem Mann- und Frausein des Menschen, mit der Notwendigkeit, eine sexuelle Identität zu erlangen und sich dabei nicht auf eine Sicherung der Biologie, etwa in Form der Instinkte, wie bei den Tieren, verlassen zu können, sondern auf Sozialisation angewiesen zu sein.

Der Ödipus-Mythos zeigt auf, welche Klippen auf diesem Weg zu umschiffen sind und an welchen Stellen man scheitern kann. Insofern begegnen sich im Ödipus das reale

Trauma einer mangelhaften Sozialisation und die unabhängig davon gegebene Triebstruktur des Subjekts, dessen libidinöse und aggressive Fantasien den Umgang mit den Defekten bestimmen. Trauma und Trieb bleiben aufeinander bezogen. Beides ist von Anfang an da: der Säugling *und* die Eltern, das Trauma *und* der Trieb, die Biologie *und* die Kultur. Deshalb ist der Mensch Täter und Opfer zugleich.[37]

Die Ungetrenntheit der familiären Rollen erweist sich als

37 Die traumatischen Beziehungsstrukturen lassen sich als beschädigte Formgebung des Triebes verstehen. Wenn sich kein differenziertes Selbstbild entwickelt hat, ist dies ein Hinweis darauf, dass in der Ursprungsfamilie Ungetrenntheit und Grenzüberschreitung vorherrschen. In solchen ungetrennten und grenzenlosen Familien sind die Beziehungsfantasien der Kinder durch Austauschbarkeit der Gefühle und Personen gekennzeichnet (vgl. Bauriedl 1980; 1996). Es besteht Unklarheit darüber, wer Vater, Mann oder Sohn bzw. Mutter, Frau oder Tochter ist (vgl. Bauriedl 1996, S. 38). Die Destruktivität dieser Ungetrenntheit besteht nach Bauriedl darin, dass jeder und jede keinen festen und begrenzten Platz hat, sondern hin- und her pendeln kann „zwischen dem großartig-sieghaften Gefühl, besser zu sein als ein Dritter und zwischen dem depressiv-resignativen Gefühl, schlechter als dieser zu sein. Und dieses ‚besser‘ oder ‚schlechter‘ bezieht sich immer auf die Fähigkeit, die Funktion als Ersatzpartner für den zweiten erfüllen zu können" (ebd. S. 38). Die ödipale Fantasie beinhaltet im Prinzip die Annahme, dass nicht der Vater der Mann der Mutter ist, sondern der Sohn (oder auch der Vater der Mutter) der eigentliche, bessere Mann der Mutter ist und dass die Tochter anstellte der Mutter die eigentliche Frau des Mannes ist. Das hat zur Folge, dass immer zwei oder mehr Personen im familiären Beziehungsgeflecht denselben Platz beanspruchen, einen Platz, der eigentlich nur einer Person zusteht. Auf diese Weise geht den Kindern in solch grenzenlosen Familien ein geschützter und durch klare Grenzen gesicherter Entfaltungsraum verloren. Die Beziehungen, die hier verinnerlicht werden, gleichen zwei sich überschneidenden Kreisen. Ein echter Kontakt ist hier nicht möglich, sondern nur Verschmelzung und falsche, d. h. „als-ob-Beziehungen". „Echte" Beziehungen lassen sich beschreiben mit dem Bild zweier sich an der Grenze berührender Kreise. Zwei Partner (Mann-Frau, Kind-Eltern) haben dann echten Kontakt an ihrer Grenze, wenn sie ein klares Bild voneinander haben. Sie müssen nicht stets den Übergriff oder die Entwertung fürchten, die durch die Verschmelzungsbeziehung und den Rollentausch gegeben sind. Bei klaren Grenzen können sie ihren Abstand und ihre Nähe frei und situativ wählen, weil sich nicht gelähmt sind von den beiden Grundängsten, dem Verschlungen-Werden und dem Ausgestoßen-Werden.

ein Hindernis auf dem Weg zur Beziehungsfähigkeit, welches die Fähigkeit zur Selbstreflexion beinhaltet und das Vermögen, die drei Positionen Mann/Frau, Sohn/Tochter, Vater/Mutter situativ und realitätsbezogen, aber eben auch verbindlich einzunehmen. Als schuldhaft erweist sich also die nicht vollzogene Trennung aus der Einheit der Ursprungsfamilie. „Ödipus" steht somit als Chiffre für Selbst-Bewusstheit als Frucht dieser Trennung. Dieses ist Ausdruck für das innere Akzeptieren des Ausschlusses aus der Urszene als idealisierter Glücksbeziehung und gleichzeitig ein Indikator, dass der eigene seelische Binnenraum erschlossen und betreten ist.[38]

Es besteht in der heutigen Psychoanalyse weit gehend Einigkeit darüber, dass die Freudsche Sicht, welche den Ödipuskomplex als ein intrapsychisches Geschehen – ein verinnerlichter Trieb-Abwehr-Konflikt – begreift einer Erweiterung bedarf um die traumatisierenden Sozialisationsbedingungen, die dem Ödipus zeitlich vorausliegen und in der Generationenkette und den Beziehungsstrukturen, in die ein Kind hinein geboren wird, begründet sind. Das attische Drama lehrt jedoch im Gegensatz zu einer populärpsychologischen Sicht, den Ödipus – d. h. das Kind, den Analysanden usw. – nicht einfach in die Position des unschuldigen Opfers zu entlassen.[39] Es geht vielmehr um die Befähigung, trotz der Generationen übergreifenden Beschädigungen der Eltern und Vorfahren die Verantwortung für die eigene Verstrickung nicht aufzugeben, also sich gleichermaßen als Opfer und als Täter zu sehen.[40] Dies bedeutet, sowohl die Einflüsse der Umwelt als auch die Triebwünsche und unbewussten Fantasien des Subjekts nebeneinander stehen zu lassen, ohne sie in ein Entweder-oder aufzulösen.[41]

---

38 Vgl. Seidler 1995, S. 321.
39 Die Bücher von Alice Miller sind ein Beispiel einer solchen ausschließlichen Positionierung des Kindes in der Rolle des Opfers.
40 Für das psychoanalytische Verständnis bedeutet dies, Trieb- und Traumatheorie im Sinne eines multifaktoriellen Zusammenwirkens miteinander zu verbinden.
41 vgl. Mertens 1993, S. 221 f.

Schuld als Blindheit oder die „Position Ödipus"
als Ort der Suche nach Wahrheit und Ursprung

In der Tragödie des Sophokles bildet die Aufdeckung des unbewussten Dramas des Helden den eigentlichen Stoff der Dichtung. Sie ist weniger „Schicksalstragödie" als vielmehr „Enthüllungstragödie".[42] Sie will anleiten zur Selbstreflexion und zeigt gleichzeitig auf, dass deren Fehlen den Ödipus in die tragische Entwicklung führte. Dieser Mangel an Suche nach Wahrheit und Ursprung erwies sich als Folge der fehlenden Differenz im Selbstbild des Ödipus als Mann und bei Jokaste als Frau, was zur unheilvollen Verwechslung der Positionen in ihrer Begegnung führte.[43]

Im König Ödipus begegnet ein Modell der schrittweisen Aufdeckung und Bewusstmachung des eigenen Ursprungs. In der eigenen Lebensgeschichte sind die Hindernisse zu entdecken, die zu einer beharrlichen Selbsttäuschung führen im Hinblick auf die Enthüllung der Wahrheit.

So deutet der Psychoanalytiker Günter H. Seidler (1995) das Drama als Prozess des Zu-sich-selber-kommens des Subjekts, welches Selbsterkenntnis erlangt auf einem mühsamen Weg des Kennenlernens des eigenen Innenraums. Deshalb steht die Tragödie auch nicht nur für die inzestuösen und aggressiven Triebwünsche des Kindes und – die Vorgeschichte des Ödipus beachtend – auch nicht für die traumatischen Bedingungen der Ursprungsfamilie, sondern bietet vielmehr ein Modell der Selbsterkenntnis. Es zeigt den Weg auf, auf dem Ödipus fähig wird, Einsicht in die eigenen Triebe und somit in das eigene Beteiligtsein an der

---

42 Schadewaldt 1973, S. 89–92.
43 In der klassischen Psychoanalyse werden die Motive, die zu diesen tragischen Verstrickungen führen, der triebhaften Ausstattung zugeschrieben, auch wenn diese über Freud hinaus in eine sehr frühe Zeit zurückverlegt werden, wie bei Melanie Klein, die die „Frühstadien des Ödipuskonfliktes" (1928) im ersten Lebensjahr ansiedelte. Auch Janine Chasseguet-Smirgel (1988) erkennt die „archaische Matrix des Ödipuskomplexes" im primären Wunsch des Kindes, in den Bauch der Mutter zurückkehren zu wollen in der Hoffnung, dort eine Welt zu finden, in der es keine Geschlechtsunterschiede, keine Auseinandersetzung mit der Realität, keinen Hass auf einen Rivalen gibt.

Urszene zu gewinnen – trotz der traumatischen Sozialisation, die ihm schuldlos zuteil wurde. Schuld entsteht deshalb nicht nur, wie bei Freud, infolge der intrapsychischen Triebwünsche und Fantasien, die zu Vatermord und Mutterehe führen, sondern Schuld ist der *Mangel an Selbstreflexivität* im Sinne der Suche nach dem eigenen Ursprung. Diese Blindheit führt zu inzestuösem und aggressiv-destruktivem Begehren.

Die Entwicklung der Fähigkeit zur Selbsteinsicht lässt sich entlang eines zweiten Dreiecks aufzeigen, welches dem ödipalisierten Dreieck Laios, Jokaste, Ödipus an die Seite zu stellen ist. Die drei Figuren Sphinx, Teiresias und Ödipus markieren die Endpunkte jenes Dreiecks, welches zur „Position Ödipus" führt, die nicht mit dem „ödipalisierten Ödipus" der Freudschen Deutung identisch ist.[44] In der Antwort auf die Frage der Sphinx ist diese Fähigkeit noch nicht entwickelt. Ödipus' Ant-Wort ist nicht Teil eines Dialogs, sondern Vermeidung einer dialogischen Begegnung.

Erst im Zusammentreffen mit dem blinden Seher Teiresias wird eine weitere Stufe erreicht. Durch ihn wird die Suche nach dem eigenen Ursprung in Gang gesetzt. Zunächst ist er mit Teiresias identifiziert in der Suche nach dem Mörder des Laios. Aber der Zugang in den eigenen Innenraum, der Einblick in sein Beteiligtsein an der eigenen Urszene ist ihm noch nicht möglich, er ist innen blind wie Teiresia außen blind ist. Deshalb sucht er den Mörder außen, d. h. er kann sein eigenes Tätersein noch nicht erkennen. Es ist die Position des Opfers, in der eigene Schuld nach außen projiziert und auf andere übertragen wird.

Erst allmählich gelingt es, die Suchbewegung von außen nach innen zu lenken. Durch die Real-Informationen, die Jokaste im Sophokles-Drama einbringt (Weissagung des Orakels, die ganze Vorgeschichte), vollzieht sich die Bewegung hin zur Selbsterkenntnis, in der sich Ödipus selbst objektivieren kann. So begreift er sein Beteiligtsein an seiner eigenen Urszene, dem Inzest. Indem er sich selbst blendet, eröffnet er sich einen eigenen seelischen Innenraum. Erst jetzt kann er zum schuldfähigen Subjekt werden.

44 Vgl. Seidler 1995, S. 247–258.

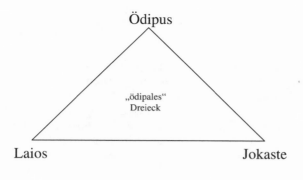

Ödipus

„ödipales"
Dreieck

Laios   Jokaste

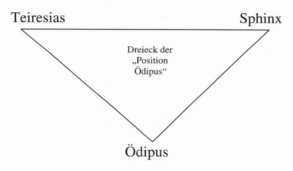

Teiresias   Sphinx

Dreieck der
„Position
Ödipus"

Ödipus

Im Blendungsgeschehen als Ergebnis der Selbsteinsicht hat
„Ödipus ,danach' den Subjekt-Pol des ,Suchenden' und
den ,Objekt-Pol' des Gesuchten in sich; er ist – von Teiresias reflektiert – nun seinerseits selbstreflexiv geworden und
kann *inhaltlich* einen Blick auf seine Taten und seine Biografie werfen".[45] In der jetzt erreichten „Position Ödipus"
ist die Suche nach Wahrheit und Ursprung an ihr Ziel gekommen.

Das gesamte Dreieck kann deshalb als Modell der Selbsterkenntnis fungieren, weil in ihm die Stufen dieses Prozes-
ses und dessen Gefährdungen so aufgezeigt werden, dass sie
einen psychodynamischen Weg der Bewusstwerdung von
Unbewusstheit aufzeigen. In der „Position Sphinx" hält
Ödipus sich als Subjekt draußen und bleibt unbeteiligt; in
der „Position Teiresias" verwechselt er innen und außen.

45 Ebd. S. 254.

Erst nach der „Selbstblendung" ist die „Position Ödipus" erreicht, in der ihm seine eigene Innenwelt selbstreflexiv zur Verfügung steht.

Die „Position Ödipus" erreicht zu haben bedeutet, einerseits die Tatsache des Ausgeschlossenseins aus der Urszene zu tolerieren und andererseits Einblick in das archaische Wurzelgeflecht seines eigenen Begehrens zu erhalten. „Position Ödipus" meint also nicht die Opferung des Trieblebens – wie in der traditionellen Auslegung des ödipalisierten Ödipus – sondern bedeutet, sich des triebhaften Erbes bewusst zu werden und mit der Physis zu leben. Nicht das „Es" in „Ich" umzuwandeln, sondern die Verbindung von Ich und Es herzustellen wäre das Ziel der „Position Ödipus". Sie ist zugleich Ausdruck einer „triangulären Verfassung" des Subjekts.[46] Die „Position Ödipus" kann somit als Metapher verstanden werden für erreichte Subjektivität im psychoanalytischen Prozess.

Die Dreiheit ist das Strukturprinzip der Psyche des Menschen in nachmythischer Zeit. Die Dreiheit ist das schöpferische Prinzip, weil es die Dualität aufbricht auf etwas Drittes hin. Die Zweiheit hingegen ist eine Fiktion, weil in jeder Zweierbeziehung bereits das Dritte präsent ist – zumindest in der Fantasie. So ist z. B. bereits vor der Zeugung das Kind in der Fantasie des Elternpaares gegenwärtig. In Paarbeziehungen lebt ein so zentrales Gefühl wie die Eifersucht ja von der imaginären Gegenwart eines Dritten. Wenn Zweiheit nicht auf das Dritte hin aufgeschlossen würde, führte sie zur „folie a deux", zur „Verrücktheit zu zweit", zur Auflösung des Ich.

---

46 Ebd. S. 321. Die triadische Struktur ist der Ermöglichungsgrund von psychischer Entwicklung: Erst wenn das begehrte Objekt durch Sprache oder vorsprachliche Symbole ersetzt wird und somit als abwesend erfahren werden kann, entsteht die Fähigkeit zur Kommunikation und Verständigung. Dies geschieht bei Freud durch den Vater und das von ihm repräsentierte Inzesttabu. Dessen Akzeptanz führt zum Erwerb der dritten Dimension, die es dem Subjekt erlaubt, aus der Dyade herauszutreten und eine distanzierte Position im Hinblick auf die „Welt" einzunehmen. Die triadische Organisation der Psyche ermöglicht das Leben in der symbolische Welt und damit in der Kultur.

Dieser Rückfall wäre hier als ein Aspekt von Schuld zu qualifizieren, näherhin als Mangel an Differenziertheit, für die die Drei steht. Auch in den Schöpfungsmythen ist es der Dritte, der durch Trennung schöpferisch ist und Polarität ermöglicht: „Gott schied das Licht von der Finsternis" (Gen 1,4b). Die Drei, für die die „Position Ödipus" steht, ist ebenfalls das schöpferische Prinzip. In der Sophokles-Tragödie ist der Dritte im ersten Dreieck der Vater, der beseitigt wird. Im zweiten Dreieck ist es der Seher Teiresias, der durch sein Hinzutreten die identitätsstiftende Selbsteinsicht einleitet. Er verhilft dem Ödipus, sein Verstricktsein in die Urszene zu entdecken und sichert somit seine Subjektivität jenseits der Zweierbeziehung mit Jokaste.[47]

Das Fazit lautet: Schuldig zu werden erweist sich als eine innere Notwendigkeit, denn der Mythos rechnet mit jenen Seelenkräften, die die Psychoanalyse später die Triebe und das Unbewusste nennen wird. Gleichzeitig wird im Drama des Sophokles ein Weg aufgezeigt, wie der Mensch mit dieser unvermeidbaren Schuld umgehen kann: Den Blick nach innen richten, die Augen der Selbsterkenntnis öffnen und Einblick gewinnen in das eigene Begehren. Dies gelingt nur in der Begegnung mit dem Weiblichen (Sphinx), welche zum „Einsehen" führt in die eigene Urszene, in den drängenden Wunsch nach Heimkehr und Enthaltensein.

Wie wird diese Schuld im Christentum verarbeitet? Darum geht es im folgenden Kapitel.

---

47 Es gilt also, die Dreiheit in ihrer nicht-ödipalisierten Gestalt wieder zu entdecken. Der klassische, ideologische Ödipuskomplex erführe dadurch eine Erweiterung und bliebe nicht auf die phallozentrische Dimension beschränkt. Das bedeutet, ihn weder als Chiffre für eine empirisch-klinische Realität noch als Spiegelung der bürgerlichen Familie misszuverstehen, sondern als Metapher für psychische Struktur und Entwicklung. Dadurch würde die von Freud geschaffene und für die Psychoanalyse so konstitutive Differenz zwischen dem Empirischen und dem Psychischen eingehalten. Würde diese Differenz aufgegeben, verkäme die Psychoanalyse zu einer Psychologie des gesunden Menschenverstandes. Sie verlöre ihr kritisch-aufklärendes Potenzial.

4. KAPITEL

Die verbotene Frucht

Schuld gehört in einem umfassenden Sinn zum Menschen. Sie darf nicht auf eine Frage des Willens, des Bewusstseins und der Moral reduziert werden. Im Konzept von „Erbsünde" und „Erlösung" ist das christliche Verständnis von Schuld als Teil des Menschenbildes aufgehoben. Es kann hier freilich nicht darum gehen, eine systematische Abhandlung zu diesen zentralen theologischen Aussagen vorzulegen, vielmehr soll versucht werden, einige Zusammenhänge aufzuzeigen, die den Verdacht des weitgehenden Verlustes des Tragischen und Dilemmatischen im gegenwärtigen christlichen Glaubensvollzugs zu Gunsten einer siegreichen Erlösungsgewissheit plausibel machen.

Die leitende Fragestellung dabei ergibt sich für den Autor aus praktischen Erfahrungen in der psychotherapeutischen Arbeit mit christlich geprägten Menschen, die, obwohl sie die Botschaft von der Erlösung „im Kopf" haben, kaum in der Lage sind, zu einer Versöhnung mit dem eigenen Leben zu finden. Dies mag man als individuelles Defizit interpretieren und den Hinweis anfügen, dass Einzelschicksale nicht als Argument gegen die Richtigkeit der gesamten Lehre angeführt werden können. Dieser Sichtweise schließe ich mich jedoch nicht an, sondern versuche, die individuellen Defizite wie das Zwangsdenken und den Gotteskomplex christlich erzogener Menschen in einen Zusammenhang zu bringen mit den kollektiven Symbolen des Glaubens („Erbsünde", „Erlösung") und deren Niederschlag in der unbewussten Psyche des Einzelnen.

Jede einzelne Aussage dieses Kapitels wird sich daher widerlegen lassen mit dem Hinweis, dass es auch theologische Reflexionen gebe, die genau diesen wunden Punkt zu überwinden suchen. In Respekt vor dem differenzierenden theologischen Denken gehe ich dennoch davon aus, dass es einen „main-stream" im christlichen Glaubensverständnis gibt, der die psychischen Strukturen des Individuums mehr prägt als die differenzierten Reflexionen einzelner Theologen.

Eine theologische Vernunft, die das Widersprüchliche und Paradoxe als Qualität religiösen Glaubens bestehen lässt, widersteht dem Versuch, das Schulddilemma als durch die christliche Erlösungsbotschaft einfach aufgehoben zu betrachten. Sie weigert sich ebenfalls, das Schuldthema auf eine individuelle Sünde zu reduzieren, ja sie erblickt in der Individualisierung der Sünde ein Symptom, das mit der Doktrinalisierung des Glaubens in der Spätantike, d. h. heißt mit der Verschmelzung von platonischem Denken und praktischer, geschichtlicher Erfahrung im Umgang mit Jesus von Nazareth, in Zusammenhang steht.

Christlicher Sündenabsolutismus – die verdrängte Schuld

Die Engführung des Schuldthemas auf eine Gewissensschuld einerseits, die sich auf einzelne Taten bezieht, und auf lebenshemmende Schuldgefühle andererseits, die sich von der Tatsache des Daseins selbst herleiten und in der frühen Kindheit grundgelegt werden, möchte ich in einen Zusammenhang bringen mit einem wichtigen „Ereignis" in der christlich-abendländischen Geistesgeschichte. Johann Baptist Metz, der sich als Begründer der „Politischen Theologie" in Deutschland immer vehement gegen den Unschuldsverdacht des modernen Subjekts gewehrt hat, deutet die Unfähigkeit vieler Menschen, echte Schuld zu erleben und zu leiden an der Ungerechtigkeit des Daseins, als eine Verdrängungsleistung des Christentums selbst. Diese hänge zusammen mit einem Vorgang, der einzig sei unter den monotheistischen Hochreligionen, nämlich der Theologiewerdung einer ursprünglichen Lebenspraxis. Indem die Taten des Jesus von Nazareth zur Lehre wurden, verlor des Christentum seine ursprüngliche Fähigkeit, an Ungerechtigkeit zu leiden und praxisbezogen zu handeln. Aus einem ehemals „leidempfindlichen" Christentum wurde im Zuge seiner Doktrinalisierung ein „sündenempfindliches".[1] Aus dem solidarischen Umgang des Jesus von Nazareth mit den unschuldig Leidenden wurde eine Sündenmoral, welche im Einzelnen Schuldgefühle und Sündenangst erzeugte. Vor allem durch Augustinus wurde die Frage nach dem „Warum" der Schuld insofern stillgelegt, als alles Leid, das Böse und die Ungerechtigkeit der sündigen Verfallenheit des Menschen zugeschrieben wurde. Dieser christliche Sündenabsolutismus führte nach Metz zu einer folgenreichen Gegenreaktion: Die Freiheitsgeschichte der Moderne begünstigte die Inthronisation des unschuldigen Subjekts, welches sich jedem Schuldverdacht entzog.

Man könnte dieser Diagnose von Metz den Gedanken anfügen, dass die Kirche nun ihrerseits dem unschuldigen Subjekt der Moderne begegnet mit dem immer neuen Hinweis auf die persönliche Schuld. Eine oftmals rigide anmutende kirchliche Moral, welche mit dem tragischen Scheitern des Menschen nur schwer umzugehen weiß, lässt sich ihrerseits verstehen als Reaktion auf den Unschuldsverdacht des neuzeitlichen Subjekts, welchen ein leidunempfindliches Christentum erst hervorgebracht hat.

Mit dieser zugegebenermaßen groben Skizze lässt sich aber immerhin ein Zugang zu jenem Paradox finden, das uns sozusagen am subjektiven Ende des westlichen Christentums immer wieder begegnet: Die Unfähigkeit, sich von der existentiellen Schuld beunruhigen zu lassen und an ihr zu leiden. Diese korrespondiert mit der Bereitschaft, sich allzu schnell schuldig zu fühlen im Sinne des christlichen Sündenabsolutismus. Um solche Schuldgefühle zu überwinden, muss der Umgang mit echter Schuld gelernt werden.

Menschen, die sich in Psychotherapie befinden und diesen Weg der Befreiung von krankmachenden und lebenshemmenden Schuldgefühlen und Sündenängsten gehen, haben oft keine Wahl, als sich zunächst von der Sündenmacht der Religion und der Kirche zu befreien. Sie brauchen den Abstand zu einer Institution, in der sie sich wie in einem inneren Gefängnis fühlen. Es dauert oft sehr lange und ist mit zahlreichen Ängsten verbunden, den Weg in die

1 Metz 1994, S. 85.

innere Freiheit anzutreten. Doch nur nach dem Verlassen des „Vaterhauses" kann eine neue, freiere Identifizierung mit den Inhalten der Religion und des Christentums erfolgen.

Weil aus dem Erleben von existentieller Schuld ein veräußerlichter Sündenabsolutismus wurde, der sich auf „böse" Taten bezog, verlor das Christentum bisweilen die Sensibilität für die Dramatik und das Scheitern des Lebens. Die Tragik wurde einer Erlösungs- und Siegesgewissheit geopfert, die unempfindlich machte für das Leiden an der tatsächlichen Unerlöstheit. Indem die Glaubensinhalte als objektive metaphysische Wahrheiten „an sich" geglaubt wurden, mutierte auch die Vorstellung von Erlösung schließlich zu einem jenseitigen objektiven Geschehen. So verlor sie die Anbindung an die erlebten Konflikte und an die tatsächliche Tragik des Lebens. Das Scheitern wurde damit individualisiert und der Einzelne konnte es nur seiner persönlichen Sündhaftigkeit zuschreiben. Daraus resultiert die gerade von christlich erzogenen Menschen bei einem Schicksalsschlag immer wieder und hartnäckig gestellte Frage: Womit habe ich das verdient? Oder: Was habe ich denn falsch gemacht?

Vor allem im Verhältnis der Generationen zueinander herrscht diese Frage vor. Eltern stellen sie oft dann, wenn ihre Kinder andere Wege gehen als sie selbst. Sie können nur schwer nachvollziehen, dass der Weg der Erziehung immer ein Weg ist, auf dem Eltern etwas schuldig bleiben. Eine solche Schuld, die etwas mit Trennung und Differenzierung zu tun hat, kann von ihnen nur als persönliches Versagen, nicht aber als das Menschsein fördernde Notwendigkeit des Daseins begriffen werden. Anstatt zu trauern über Ablösung und Trennung, was eine kreative Form der Verarbeitung wäre, vergraben sich viele Väter und Mütter in Selbstvorwürfe, die wiederum bei ihren Kinder Schuldgefühle erzeugen. Sie fühlen sich schuldig nur auf Grund ihres Daseins, ihres Wachsens und ihrer Entwicklung.

Auch in der Predigt der Kirche dominierte lange das sündenabsolutistische Modell – und es ist keineswegs überwunden. Anstatt in schwierigen Lagen, etwa bei einem Begräbnis, einen Weg der Bewältigung des Verlustes eines Menschen zu suchen, wurde und wird vielfach die Auferstehung als Erlösung gepredigt, welche zur weiteren Verdrängung der tatsächlichen Sterblichkeit, Gebrochenheit und Unerlöstheit führte und führt. An die Stelle notwendiger und möglicher Versöhnung tritt die unrealistische Suche nach „Erlösung", welche gespeist wird vom Wunsch nach paradiesischer Konfliktlosigkeit. Dies zeigt sich im christlichen Kontext u. a. daran, dass die Frage nach dem „Woher das Böse?" vorrangig als eine Infragestellung Gottes verstanden wurde und zu seiner „Rechtfertigung" herausforderte. Da Leid und Unheil zur Schöpfung gehören – und also solche natürlich eine empfindliche Kränkung des Menschen und seines kindlichen Wunsches nach einer leidfreien Welt darstellen – suchte man das Böse und seinen Ursprung einer anderen, gottfernen Macht, dem Teufel, anzusinnen. Wenn er der Urheber des Bösen ist, dann ist Gott gleichsam entsorgt vom Verdacht, doch nicht der ganz Gute zu sein, den sich der Mensch dann wünscht, wenn er die Kränkung des Mangels der Schöpfung nicht zu ertragen bereit ist. Das gängige Gottesbild vieler Christen hat dann eher den Charakter einer Abwehrmaßnahme gegen diese Kränkung.

Aus dem bisher Gesagten wird verständlich, dass mit dem Thema Schuld eher persönliches Versagen und Sündhaftigkeit assoziiert wird als eine alle Menschen verbindende Grundtatsache des Lebens, die aller moralischen Bewertung ebenso vorausliegt wie dem individuellen Handeln. Schuld soll deshalb als eine seinshafte Ausstattung des Menschen in den Blick genommen werden. Es stellt sich aber die Frage, ob man für diese seinshafte Grundausstattung des Menschen überhaupt ein so einseitig besetztes Wort wie Schuld verwenden sollte? Ich meine jedoch, dass dieser starke Begriff, der individuell und kollektiv so zentral ist, einer Ausstattung mit tieferen Bedeutungen bedarf und deshalb an ihm festgehalten werden sollte. Eine harmlosere Formulierung könnte gerade jener christlichen Verdrängung Vorschub leisten, die Metz dem Sündenabsolutismus eines leid- und schuldunempfindlichen Christentums zuschreibt.

Verborgene Schuldgefühle im Christentum und deren „Bewältigungsformen"

Der Ödipus-Stoff spricht von der Notwendigkeit, schuldig zu werden und sieht darin die Voraussetzung zur Fähigkeit, Schuld zu vermeiden auf Grund der gewonnen Einsicht. Er mutet dieses Paradox zu, ohne es aufzulösen. In der Bewältigung dieses Dilemmas hat das Christentum Wege gewählt, die zu weiteren Konflikten führten. Sie lassen sich in zwei Richtungen ausmachen.

Zum einen führt die Vorstellung von einer Erlösung durch den freiwilligen Tod des Gottessohnes selbst in einen Teufelskreis von Schuldgefühlen hinein, welche die Erlösten jetzt plagt: Die selbstlose Hingabe Gottes kann durch keine noch so große Leistung des Menschen wieder gutgemacht werden. Sie hinterlässt einen Zwang zur Dankbarkeit, der ein unbewusstes Auflehnungsbedürfnis gegen diesen „selbstlosen" Gott mobilisiert. Nicht zufällig sind die Emanzipations- und Autonomiestrebungen der abendländischen Kultur auf dem Boden des Christentums entstanden. Gleichzeitig erzeugt dieses Schuldgefühl jene Sündenempfindlichkeit, von der Metz spricht und die seiner Meinung nach zu einer Leidunempfindlichkeit im Christentum führt.

Dies berührt den zweiten Aspekt der „Lösung" des Schulddilemmas: Die Erlösung durch den Tod des Gottessohnes war so vollkommen, dass sich bald eine Siegermentalität hinsichtlich der begrenzenden Kräfte wie Tod, Krankheit, Unvollkommenheit durchsetzte. Unter dem Anspruch der Erlösung von der dilemmatischen Grundsituation des Menschen wurde diese weit gehend „vergessen" und es kam zu einer Wiederholung des Wie-Gott-sein-wollens und zu einer unheilvollen Identifizierung mit dem Allmächtigen. Das Bild des auferstandenen Christus, der sich siegreich über Tod und Grab erhebt, hat sich tief eingegraben in die Seele des abendländischen Menschen und begegnet heute nicht nur in der Gentechnologie als einem Versuch, sich über die Grenzen hinwegzusetzen, die bisher als unüberwindlich galten.

Bei der weiteren Erörterung dieser Identifizierung mit dem Allmächtigen als Form der „Erlösung" von den kränkenden

Grenzen des Daseins geht es nicht um eine moraltheologische Abhandlung, sondern um die Erhellung der Zusammenhänge von Schuld, Erlösung und Gottesbild. Genauer heißt dies thesenartig formuliert: Eine Erlösungsvorstellung, die sich weit gehend am Bild vom endgültigen „Sieg" über die Mächte des Bösen, des Todes und der Sünde orientiert, führt nicht nur zu einer gespaltenen und zerrissenen Welterfahrung, sondern begünstigt auch das Verharren in einer kindlichen Positionen gegenüber den tatsächlichen Erfahrungen mit dem Bösen, der Schuld und dem Tod. Eine dem allmächtigen und ideal (nur „gut") gedachten Gott angesonnene Erlösungstat – wie immer man sich diese vorzustellen hat – führt zu einer Erlösungs- und Siegesgewissheit im Kampf mit dem Bösen, die eben nicht zu einer tatsächlichen Versöhnung führt, sondern zur immer wieder verzweifelt gestellten Frage: Warum gibt es dennoch das Leid? Und: Warum gerade ich?

Die Zauberwelt kindlicher Wünsche leuchtet in diesen Fragen auf. Ich meine nicht, dass ein erwachsener Mensch in Verzweiflung über sein Schicksal diese Fragen nicht mehr stellen dürfe. Wohl aber kann sich im Festbeißen in diesen Fragen nach dem Warum des Leids die Unfähigkeit ausdrücken, zu einer gedeihlichen Auseinandersetzung zu gelangen mit dem Mangel, den die Schöpfung dem Menschen auszuhalten zumutet. Die Kräfte unseres inneren Lebens, welche auf Entwicklung und Wandlung ausgerichtet sind, werden blockiert und es kann zum resignativen Verharren in den „Warum-Fragen" kommen.

Demgegenüber ist die Bestimmung der Situation des Menschen in dieser Welt, die sein schuldhaft-schuldloses Verstricktsein umfasst, hervorzuheben, wie sie in der Auffassung von einer ursprünglichen Erbsünde in der christlichen Theologie verborgen ist. Dabei ist jedoch ein heute unhaltbares und wie ich meine auch schädliches Verständnis von Erbsünde zu überwinden. Eine Sicht, welche diese als die historische sittliche Tat eines freien Einzelmenschen begreift, die durch biologische Vererbung weitergegeben wird. „Erbsünde" wird demgegenüber von mir verstanden als ein streng symbolisch-metaphorischer Begriff, welcher ein Existential, also ein zum Menschen gehöriges Ausstattungsmerkmal beschreibt.

Die folgenden Ausführungen möchten daher auch für ein Verständnis von Erlösung plädieren, welches die tatsächlich erfahrene Gebrochenheit ernst nimmt und den Menschen hilft, durch Trauerarbeit mit diesem Mangel der Schöpfung fertig zu werden und auf diesem Weg der Bearbeitung zu einem versöhnten Leben zu finden. Pointiert formuliert: Während der jugendliche Held und der kindlich-heldenhafte Mensch „Erlösung" will vom Defekt der Schöpfung, verzichtet der erwachsene Christ (der gereifte und geläuterte „Held") auf diesen illusionären Wunsch. Er sucht stattdessen „Versöhnung" mit diesem Mangel, weil er kein unverwundbarer, gottgleicher Held zu sein braucht. Für diesen Weg stellt der christliche Glaube in der Vorstellung vom Kreuz, in dem Heil liegt, das entsprechende Symbol zur Verfügung. Es markiert den gedeihlichen Umgang mit jener paradoxen Grundsituation, die durch die Lehre von der Erbsünde ausgesagt wird.

Ich habe hier der Erlösung die Versöhnung gegenübergestellt. Letztere scheint mir die geeignetere Form zu sein, weil sie nicht der illusionären Leugnung der leidvollen Wirklichkeit bedarf, sondern sich an ihr abarbeitet und sie dadurch überwindet. Der „Held" jedoch – auf den weiter unten noch einzugehen ist – will Erlösung von der Welt, der Christ findet Versöhnung mit Gott in der Welt.

Die Lehre von der Erbsünde

„Die Erkundung des rätselhaften menschlichen Grunddefektes scheint freilich bei kirchenfernen Künstlern und Schriftstellern besser aufgehoben zu sein als bei denen, die sich von Amts wegen darum kümmern sollten. Aber vielleicht ist die Erbsünde auch eine zu ernste Angelegenheit, als dass man sie den Findungskommissionen von Theologen überlassen dürfte".[2] In der Erbsündenlehre scheint ein Wissen aufbewahrt zu werden, welches die Menschheit zum Überleben braucht, wenn sie nicht in hoffnungslose Illusionen über sich selbst verfallen will. Was hat es mit der Erbsünde auf sich?

2 Christian Geyer in: FAZ vom 11.09.1998, 41.

Die christliche Lehre von einer Ursünde (peccatum orginale), welche der persönlich zurechenbaren Schuld vorausliegt, gründet sich vor allem auf der biblischen Paradieserzählung (Gen 2,4b–3,24) und der paulinischen Auffassung von der Sünde des Adam, die auf alle Menschen überging (Röm 5,12).[3] In der Lehre von der Erbsünde[4] hat das Christentum in den ersten Jahrhunderten von Paulus bis Augustinus an dem Paradox von der dem Willen des Einzelnen vorausliegenden Sündenstruktur und dem Anspruch, die einzelne Sünde, die infolge dieser Struktur nicht vermieden werden kann, dennoch zu vermeiden, festgehalten.

Mit dieser Auffassung trägt die Theologie einer konfliktorientierten Sicht der menschlichen Natur Rechnung und verhält sich kritisch gegenüber idealistischen Positionen, welche von einem ursprünglichen Gutsein des Menschen ausgehen. Dennoch ist es auf Grund der augustinischen Spaltung von Seele und Leib zu einem christlichen Sündenabsolutismus gekommen, der sich vor allem auf den Umgang mit Sinnlichkeit und Sexualität bezieht und sich in diesem Bereich verheerend ausgewirkt hat.

Trotz dieser durch Augustinus induzierten Fehlentwicklung enthält die Erbsündenlehre Unverzichtbares im Hinblick auf eine realistische Einschätzung der Situation des Menschen in dieser Welt. Wie die attische Tragödie setzt sie die Bedeutung der Unvermeidbarkeit des Schuldigwerdens hoch an und könnte sensibel machen für die Grenzen, die der Einzelne nicht überspringen darf. Gerade die Einbindung in eine kollektive Schuld als Grundsituiertheit des Menschen könnte sich heilsam auswirken auf einen konstruktiven Umgang mit der dilemmatischen Befindlichkeit des Menschen im Zwischenfeld zwischen Opfersein und Täterschaft.

Die einzelnen Gedankengänge des Augustinus zur Erbsündenlehre sind auch deshalb interessant, weil sie nicht nur theologischer Spekulation entspringen, sondern aus einem

3 Vgl. Zenger, in: Wiedenhofer (Hg.) 1999.
4 Einen Überblick über die Hauptformen der Erbsündentheologie gibt Wiedenhofer 1991. Eine Zusammenfassung der heutigen Diskussion um die Erbsünde findet sich bei Wiedenhofer (Hg.) 1999.

psychologisch-existentiellen Grundanliegen erwachsen: Es ist die Frage, wie der Mensch zum Glück findet, zu einer gelungenen Selbstentfaltung und zum Erreichen seiner Identität. Es ist die spätantike Sehnsucht nach einem jenseitigen Glück, nach Erlösung und Metaphysik, welche ihn antreibt. Im Rahmen dieses Glücksstrebens spricht Augustinus von Gott als dem höchsten zu erstrebenden Gut, durch das der Mensch sein Glück findet. Dieses höchste Gut ist um seiner selbst willen zu erstreben. Nur in Gemeinschaft mit dem höchsten Gut findet der Mensch zur Ruhe und kommt zu sich selbst. Um von diesem Ziel nicht abgelenkt zu werden, soll der Mensch die irdischen Dinge nur gebrauchen (uti), während er Gott als das höchste Gut genießen (frui) darf. Auf Grund eines inneren Begehrens, der Konkupiszenz, verfällt der Mensch den vergänglichen Dingen, die er schließlich vergötzt. Dieses Streben nach Genuss der irdischen Güter entspringt der Selbstsucht (amor sui), welche ihn in Gestalt der Süchte und Triebe bestimmt. Das Glück und das wahre Selbst wird nicht mehr bei Gott, sondern in den Dingen gesucht. Das Wie-Gott-sein-wollen ist also die Frucht einer Umkehrung: das ursprünglich gute Streben der Seele nach dem höchsten Gut ist verkehrt zur Hybris.

Dieses selbstsüchtige Begehren ist die eigentliche Ursünde, der die vielen einzelnen Tatsünden folgen. Sünde ist bei Augustinus also „primär Verfehlung der Lebensbestimmung", eine „falsche Form der Identitätssuche", in der durch das Genießen vergänglicher Dinge das wahre Glück der Seele verfehlt wird.[5]

Bemerkenswert ist hierbei, dass die Verfehlung des eigenen Lebensglücks zugleich ein Widerspruch gegen Gott und somit sündhaft ist. Überspitzt gesagt ist die Ursünde die nicht erfolgte und durch mancherlei falsches Begehren verhinderte Selbstwerdung des Menschen, während die vermeintliche Selbstwerdung ohne das Höchste Gut, also Gott, zur Sünde des Gott-gleich-sein-wollens auswuchert. Also nicht Selbstverwirklichung ist Sünde, sondern das Verfehlen authentischer Selbstverwirklichung, die immer nur mit Gott gedacht werden kann.

5 Eibach 1992, S. 149.

Mithilfe heutiger psychologischer Terminologie könnte man auf die Unterscheidung von Ich- und Selbstverwirklichung zurückgreifen: Wenn das Ich bei sich selbst bleibt und sich nicht überschreitet, kann das größere, umfassendere Selbst nicht geboren werden. Dieser Aspekt wird im fünften Kapitel noch näher erläutert.

Augustinus selbst bedient sich durchaus spätantiker-neuplatonischer Philosophie und Psychologie, um seinen theologischen Gedanken der Ursünde zu entfalten. Da nach neuplatonischer Vorstellung Gott nur als das *summum bonum* gedacht werden kann, muss die Ursache für das moralisch Böse beim Menschen selbst gesucht werden. Augustinus findet sie im Streben des Menschen nach Ruhm, Macht und Genuss, kurz im Begehren, Gott gleich sein zu wollen. Dieser strikten Trennung von Gott und Mensch entspricht als psychologische Grundannahme das dualistische Verständnis von Leib und Seele. In dieses Schema der Entzweiung von Fleisch und Geist trägt Augustinus seine Sündenlehre erfahrungsnah ein: Sünde wird erfahren als die Herrschaft des „Fleisches" über den „Geist", was als eine Verkehrung der ursprünglichen Macht der Seele über den Leib zu verstehen ist.

Die Erfahrung der Sünde ist bei Augustinus die Macht jener Triebkraft, die ihm selbst – auch in seiner vorchristlichen Zeit – heftige Probleme bereitet hat. So kam es, dass das allgemeine menschliche Phänomen der sexuellen Triebkraft mit der Sünde schlechthin identifiziert wurde, was zu einer einseitigen Auslegung der Geschichte vom Sündenfall und der anschließenden Vertreibung aus dem Paradies führte.

Wenn man von dieser Gleichsetzung von Sünde mit Sexualität absieht, wird das entscheidende anthropologische Grundschema deutlich: Bei Augustinus bewegt sich der Mensch im Konflikt von Anlage und Verwirklichung. Zu dieser Anlage gehört die sein bewusstes Wollen unterwandernde Konkupiszenz, gegen die der Wille kaum eine Chance hat. Im Gegensatz zu den Pelagianern, die den Willen gegenüber dem triebhaften Begehren für frei und vom Bösen nicht infiziert hielten, besteht Augustinus auf einer mächtigen unbewussten Triebkraft. Dennoch führt die zunächst auch an Freud erinnernde Position bei Augustinus nicht zu einem Determinismus der Triebe. Die von ihm erfahrene Macht der Sexualität über Geist und Willen bekommt für ihn nach seiner Bekehrung zum Christentum eine metaphysische Bedeutung: Sexualität verschmilzt mit dem von Gott weg führenden Streben, für das der Mensch verantwortlich ist. So wird die Sünde nicht auf eine „untermenschliche Naturkausalität" zurückgeführt, sondern auf den Willen des Ich, welches die Triebneigungen des „Es" bejaht.[6]

Die Macht der Sexualität, die Augustinus in seinem Leben erfuhr, ist für ihn eine universelle Macht, eine Erfahrung, die ihn zur Annahme der Universalität der Sünde und der Vererbung der Ursünde führte. Auf diese Weise erfährt die paulinische Macht der Sünde, verstanden als das „Leben unter dem Gesetz des Fleisches", eine konkrete inhaltliche Füllung, eben durch die Sexualität. Über die Konkretisierung und auch Dämonisierung der Sexualität bei Augustinus infolge des dualistischen, manichäistischen Denkens bleibt der strukturelle Kern des Sündenverständnisses bedeutsam: Sünde als Daseinsverfehlung infolge des Abfalls von Gott, an dessen Stelle sich der Mensch selbst stellt.

Im anthropologischen Modell des Augustinus ist der neuzeitliche Gedanke, dass die Sünde eine Notwendigkeit unseres Menschseins ist, bereits angelegt.[7] Seit der Aufklärung wird der Gedanke der Sünde jedoch nicht mehr auf eine Entfremdung von Gott bezogen, sondern aus dem Verhältnis des Menschen zu sich selbst entwickelt. Der Gedanke Kants, dass der Mensch „Bürger zweier Welten" ist, des Reiches der Natur und des Reiches des Geistes, lässt den Sündenfall nicht als Abfall von Gott, sondern als Trennung aus dem Reich der triebhaften Bindung und der paradiesischen Unschuld erscheinen. Erst dadurch, dass sich der Mensch aus dem Reich der natürlichen Bindungen befreit und über das Tier erhebt, wird er ein freies Wesen, das schuldig werden kann. Diese aufgeklärte Sicht freilich zeigt das Ende der metaphysischen Zeit an, in der Gott nicht mehr als selbstverständliche objektive Größe jenseits der Welt angenommen werden kann.

6 Ebd. S. 152.
7 Vgl. Budzik 1995, 96–98.

In vier Grundmodellen der Theologie werden wichtigsten Deutungen der Erbsündenlehre deutlich:

1. Das erste Modell besteht auf der Unverzichtbarkeit eines objektiv Bösen, welches den Menschen zur sittlich sündhaften Tat der Abwendung von Gott verführt. In der Schlange aus der Erzählung von Paradies und Sündenfall (Gen 2, 4b–3,24) sieht man ein Symbol des Teufels, welcher den Menschen zum Bösen anstiftet. Erlösung von dieser Ur-Schuld kann nur durch eine Erlösung „von außen" – durch Gott – erfolgen, welcher durch den Tod seines Sohnes die Macht des Bösen besiegt hat. Sowohl von Gott als auch vom Teufel wird in diesem Modell von einer Wirklichkeit „extra nos" gesprochen. Bedeutsam ist, dass die Wirklichkeit des objektiv Bösen als einer Realität, die außerhalb des Menschen liegt, postuliert wird. Die Annahme des Teufels als einer Person, eines gefallenen Engels, der den Einzelnen zur Sünde anstiftet, markiert die Position der traditionellen katholischen Dogmatik. Das Bedeutsame bei der Annahme eines Teufels, der außerhalb des Menschen existiert, liegt im Hinblick auf das Menschenbild – wenn man den Teufel im Rahmen einer „Symbolik des Bösen" (Paul Ricoeur) ansiedelt und nicht verdinglicht – darin, dass dem einzelnen Täter des Bösen immer noch eine Heilschance eingeräumt wird. Trotz seines freien Willens tut der Einzelne das Böse nie nur aus sich heraus, sondern ist immer auch verführt zum Bösen.[8]

2. Ein zweites Modell sucht die traditionelle kirchliche Erbsündenlehre dadurch zu aktualisieren, dass sie biologisch-anthropologische Erkenntnisse zusammenträgt, welche eine individuelle sittlich böse Tat am Anfang des Menschengeschlechtes und deren biologische Vererbung wahrscheinlich erscheinen lassen. Indem Raymund Schwager[9] die Nachahmungstheorie René Girards aufarbeitet, verortet

---

8 Vgl. die Studie von Claret 1997, die als repräsentativ für dieses Modell angesehen werden kann.
9 Für dieses Modell stehen die Arbeiten von Schwager 1978; 1997.

er zwar das Böse in der Gruppendynamik des archaischen Menschengeschlechtes, bleibt jedoch in seinem Verständnis von „Vererbung" letztlich einem allzu biologischen Verständnis verhaftet. Dadurch kommt es nicht zu einer Transformation des Erbsündenkonzepts von der biologisch-historischen auf die theologisch-symbolische Ebene. Beachtenswert am Modell von Schwager ist jedoch, dass dem optimistischen Menschenbild der Moderne und bisweilen auch der modernen Theologie in ideologiekritischer Absicht die Unausweichlichkeit der Neigung zum Bösen entgegengehalten wird.

3. Das dritte Grundmodell geht davon aus, dass die Neigung zum Bösen aus dem Menschen selbst kommt. Der Alttestamentler Herbert Haag, bekannt durch seine Schrift „Abschied vom Teufel" (1969), schreibt die Ursünde einer „konstitutionellen Schwäche" des Menschen zu. Der Mensch neigt auf Grund seiner natürlichen Hinfälligkeit und seiner Begierden dazu, zu sündigen. Sünde und Menschsein gehören zusammen. Diese Grundausstattung ist Teil der Schöpfung. Weil Gott eine solche Welt offenbar gewollt hat, hat er auch gewollt, dass es das Böse gibt.

Bemerkenswert an dieser Position ist, dass sie sich darum müht, die erfahrbare Welt nicht aufzuspalten und die Realität des Bösen und des unvermeidbaren Schuldig-Werdens als Teil der einen Schöpfung zu sehen. Darüber hinaus wird hier von Gott nicht in Form eines Ideals gesprochen, der als ausschließlich guter Gott mit dem Bösen keinen Kontakt haben darf – wie in der Position, die den Teufel annimmt, um Gott zu ent-schuldigen, – sondern Gott wird als so umfassend gedacht, dass auch die Realität des Bösen paradoxerweise in ihm Platz hat, obwohl er das Gute will. Diese widersprüchlich-paradoxe Gottesrede kann dem Verdacht der Religionskritik, der Gottesglaube sei Produkt infantiler Wunscherfüllung unter Ausblenden der Realität, eher standhalten als ein logisch widerspruchsloser und von allem „bösen" gereinigter Gott. Mit der Annahme eines „Mangels der Schöpfung", die eben auch den Schöpfer belastet, tut sich die Theologie offenbar deshalb so schwer, weil sie beinahe wie unter einem Zwang die absolute Gutheit Gottes verteidigen muss und viel Energie braucht, ihn zu entschuldigen und als Ideal aufrecht zu erhalten.[10]

Die Problematik liegt also in einem einseitigen Gottesbild, das freilich einen Kernpunkt des Christentums ausmacht, den zu bearbeiten offenbar die Theologie große Mühe hat.[11] Eine Position hingegen, die das Böse einem Gegenspieler Gottes zuschreibt, hält zwar das Gottesideal aufrecht, begünstigt aber jene Praxisform des Christlichen, die ich an anderer Stelle als „glaubensneurotische Zerrform"[12] beschrieben habe und verhindert eine reifere Form versöhnten Lebens.

4. Eine vierte Form des Verständnisses der Ursünde setzt ebenfalls am subjektiven Ende an und stellt Schuld in einen existentiellen Zusammenhang. Schuld und Sünde werden verstanden als das notwendige und die Identität des Menschen bedingende Herausfallen des Menschen aus einer höheren, ursprünglichen Einheit. Der Weg der Erlösung zielt ab auf eine Wiederherstellung der ursprünglichen Göttlichkeit des Menschen. Mensch und Gott bleiben nicht differenziert, sondern Ziel der Menschwerdung ist es, die göttlichen Quellen und Wurzeln im eigenen Leben zu aktivieren.

Am deutlichsten wird diese Position von Drewermann vertreten. Die eigentliche Sünde ist bei ihm, ganz in der Tradition des dänischen Philosophen Sören Kierkegaard, die Angst, die nicht durch Glauben, sondern durch Vertrauen in Gott und die göttlichen Kräfte im Menschen überwunden werden kann. Konsequent kommt es dann zur Identifizierung von Sünde und Krankheit. Die psychoanalytische Neurosenlehre ist für ihn eine theologische Phänomenologie der Sünde.[13] Die Existenz einer den Einzelnen und seine Sozialisationsbedingungen übersteigenden Neigung zum Bösen, mit der Paulus und Augustinus rechnen,

---

10 Vgl. dazu die Argumentationslinien in Claret 1997.

11 Dies belegt ebenfalls die Arbeit von Claret 1997.

12 Funke 1995, S. 153–162.

13 Dieses im idealistischen und neuplatonischen Denken wurzelnde Menschenbild begegnet bei Carl Gustav Jung ebenso wie bei Vertretern der humanistischen Psychologie (Abraham Maslow, Charlotte Bühler, Carl Rogers) und in Ansätzen im selbstpsychologischen Konzepts Heinz Kohuts innerhalb der Psychoanalyse.

wird insofern negiert, als der Einzelne, wenn er an seiner Selbstentfaltung von Erziehung, Gesellschaft und Kultur nicht gehindert wird, zu einem guten, das Böse integrierenden Menschen heranreift.

Diese Position ist deshalb kritikwürdig, weil sie dem in der Welt wirkenden Bösen in Form von Gewalt und Destruktion zu wenig Rechnung trägt und dies in naiv anmutender Weise nur einer Fehlform der menschlichen Selbstverwirklichung zuschreibt und somit den Allmachtswahn speist, der Mensch könne durch gute Erziehung oder Therapie von der Neigung zum Bösen geheilt werden. Auch nährt sie kindliche Paradieseswünsche dergestalt, dass die verloren gegangene Einheit mit Gott (oder der Natur oder dem eigenen Selbst) wiederherstellbar sei. Der Bruch, der das Fehlende und den Mangel herbeigeführt hat, wird letztlich doch wieder rückgängig gemacht. Bei Drewermann geschieht dies dadurch, dass der Mensch das verloren gegangene Vertrauen zurückgewinnen soll, welches ihm die Angst genommen hat. Der Weg zurück ins Paradies scheint an einer Stelle doch möglich zu sein!

Ohne Zweifel hat das erste Modell – das Böse kommt von außen, der Teufel verführt den Menschen und deshalb wird er schuldig – das Sünden- und Erlösungsbewusstsein im Christentum und der von ihm geprägten nachchristlichen Welt nachdrücklich beeinflusst. Gerade wenn man die Neigung zum Bösen nicht einem Teufel außerhalb von uns zuschreibt, sondern darin den Preis der Freiheit erblickt, gerät man sehr schnell in ein moralisches Verständnis der Erbsünde. Die Tatsache, dass die Erfahrungen von Unheil, Grenze und Tod immer noch als eine Art Gegenargument gegen den Gottesglauben ins Feld geführt werden, zeigt, wie schwer es ist, einen Begriff des Bösen und der Schuld zu entwickeln, der als Gegebenheit der Schöpfung ernst zu nehmen ist. Ohne eine solche realistische Vorstellung vom Bösen wird es schwer, zu einem Gottesbild zu finden, das sich nicht all zu schnell als Projektion der vorambivalenten Paradieseswünsche enttarnen ließe. Wenn es diese Probe besteht, kann es sich ausweisen als authentischer Ausdruck jener Erfahrungen von Glück und Unglück, Liebe und Hass, Schuld und Versöhnung, die

Menschen nach biblischem Zeugnis mit ihrem Gott gemacht und mit ihm deutend und verstehend in Zusammenhang gebracht haben. Dazu freilich bedarf es eines Verständnisses von Erbsünde als eines Bruches, welcher zum Dasein gehört und der ein ambivalentes Leben auch im Bereich einer Erlösungsreligion fordert.

Ein verkürztes Gottesbild, welches die tatsächlich erfahrene Welt der Ambivalenz, die Welt des Guten *und* des Bösen nicht mehr in sich aufzunehmen vermag und deshalb eine zerrissene und gespaltene Weltsicht hervorbringt, ergibt sich dann, wenn man die biblische Urgeschichte vom Sündenfall als willentlichen Abfall von Gott und damit moralisch interpretiert. Zunächst beinhaltet die Vorstellung von der Erbsünde – unabhängig davon, ob man sie durch den Teufel verursacht ansieht oder der konstitutionellen Schwäche oder dem Autonomiestreben des Menschen zuschreibt – die Anerkenntnis der Erfahrung, dass es einen Bruch gibt zwischen einer ursprünglichen Einheit von Mensch und Gott (oder Natur) und der Existenz des Menschen in nachparadiesischer Zeit.

Diese Gebrochenheit gehört zur menschlichen Grundausstattung und kann nur um den Preis wahnhafter Wirklichkeitsverzerrung geleugnet oder übersprungen werden. Der Mensch hat etwas verloren, was er sich dennoch so sehr wünscht: das Aufgehobensein in einer alles umfassenden „guten" Welt. Die Vorstellungen von der Erbsünde als einer moralisch bösen Tat als Ursache für den entscheidenden Bruch leiten sich ab von der biblischen Erzählung der Vertreibung aus dem Paradies infolge des so genannten Sündenfalls. Gibt es auch eine andere Sicht? Sie soll im Folgenden versucht werden.

Der Baum der Erkenntnis
und die Vertreibung aus dem Paradies

Dieser neben dem Ödipus zweite große mythische Text zum Thema ist beinahe dreitausend Jahre alt und beschreibt in einer sehr dichten und kraftvollen Sprache die tragische Schuldverstricktheit des Menschen, ohne die er kein eigenes

Existenzgefühl im Sinne eines reflexiven Selbstbewusstseins erlangen kann. Er wird einem Autor zugeschrieben, der auf Grund seiner Verwendung des Gottesnamens „Jahwe" „Jahwist" genannte wird. Es handelt sich um die zweite Schöpfungsgeschichte der Bibel (Gen 2, 4b–3). Dieser zweite Schöpfungsbericht wird allgemein als „Geschichte vom Paradies" bezeichnet, obwohl es sich ebenfalls um einen Schöpfungsbericht handelt, bei dem jedoch der Mensch und dessen Entstehung und Differenzierung im Mittelpunkt steht. Das dritte Kapitel handelt vom Sündenfall, und es scheint möglich, dass beide Kapitel unabhängige Erzählungen waren, die dann vom Jahwisten zusammengefügt worden sind.

Ich fasse zusammen: Nach der Formung des Menschen aus Erde vom Ackerboden wird um ihn herum ein Garten angelegt. Von den zahlreichen Bäumen des Gartens werden zwei besonders hervorgehoben: Es ist der „Baum des Lebens" und der „Baum der Erkenntnis von gut und böse". Nach der Erwähnung der vier Paradiesströme schließt sich das Verbot an, vom Baum der Erkenntnis zu essen und die Ankündigung zu sterben, falls der Mensch die aufgezeigte Grenze überschreitet. Eine erste Differenzierung des Menschen wird angekündigt: Gott will ihm eine Hilfe machen, die ihm entspricht. Zunächst jedoch werden die Tiere geformt und dem Menschen zugeführt, der sie seinerseits mit Namen versieht und durch diese hoheitliche Benennung seine Umwelt begrifflich ordnet. Jetzt erst wird aus der Rippe des Adam eine Frau gebaut und dem Menschen zugeführt. Durch den Eingriff eines Dritten wird die geschlechtliche Differenzierung in Mann und Frau vollzogen. Diese Trennung ist die Voraussetzung, dass beide sich als fremd gegenüberstehen, sich als anderen erleben und so miteinander in Kommunikation treten und „eins" werden können. Das Kapitel endet mit der Feststellung, dass beide ihr Nacktsein erkennen, aber sich noch nicht voreinander schämen. Die Scham als Affekt, der das Gewahrwerden des Getrenntseins begleitet, wird noch nicht erlebt, was als Hinweis darauf verstanden werden kann, dass die Differenzierung noch nicht so weit fortgeschritten ist, dass sie affektive Spuren hinterlässt.[14]

14 Vgl. Seidler 1995, S. 230.

Der Sündenfall:
Eintritt in die Welt der Differenz

Im dritten Kapitel vom „Sündenfall" geht es nun um die Differenzerfahrung und ums Unterscheidenlernen. Die Schlange wird zum Gesprächspartner der Frau des Menschen. Sie bringt ihr den Vorschlag nahe, vom verbotenen Baum zu essen. Nicht zu sterben sei die Folge dieser Grenzüberschreitung, sondern vielmehr sehend zu werden. Nach dem Genuss der Frucht tritt das Sehendwerden ein als ein Gewahrwerden ihrer Nacktheit. Beide erkennen voreinander und vor Gott als dem Dritten, dass sie nackt sind. Dann werden für Mann und Frau die Konsequenzen genannt, die sich aus dem Akt des Essens, der Aneignung eines bestimmten Wissens, ergeben: Für die Frau ist es die Mühsal der Schwangerschaft und Geburt, das Verlangen nach dem Mann und dessen Herrschaftsanspruch, für den Mann die Ankündigung von Arbeit und Not und vor allem die Sicherheit, wieder zu Staub zu werden. Das Leben wird als Arbeit und Mühsal dargestellt, und die Möglichkeit des andauernden Glücks ist für immer verloren. Das Kapitel schließt damit, dass die Möglichkeit der Rückkehr in den Garten Eden endgültig ausgeschlossen wird. Vor die Pforten des Paradieses werden die Cherubim gesetzt, die darüber wachen, dass die Differenz zwischen Gott und Mensch nicht aufgehoben wird.

Die üblichen theologischen Auslegungen dieses uralten Textes gehen von einem moralischen Standpunkt aus. Sie beschreiben die menschliche Grenzüberschreitung als einen Akt des Ungehorsams gegenüber dem allmächtigen Gott. Durch diesen Sündenfall habe der Mensch die endgültige Gemeinschaft mit Gott verloren. Die Plackerei seines Lebens als Mann und Frau hat er sich demnach selbst zuzuschreiben. Aus eigener Schuld ist die Möglichkeit des Glücks im Zustand vollkommener Gottgemeinschaft verloren gegangen.

Hinter diesem Auslegungstyp verbirgt sich regelmäßig die Annahme, als hätte es auch ein glücklicheres, leidfreieres Leben geben können als das tatsächliche, hätte der Mensch eben der von Gott gesetzten Grenze Gehorsam entgegengebracht. Gleichzeitig wird die Grenzüberschreitung als eine im moralischen Sinne böse und darum schuldhafte Tat verstanden. Eine solche Deutung reicht meines Erachtens jedoch nicht an die Dimension heran, die zu erreichen ist, wenn man von einem anderen, radikal vormoralischen Standpunkt aus diese Geschichte liest und dabei psychodynamische Gesichtspunkte mit einbezieht.

Bei dem Psychoanalytiker und Theologen Günther H. Seidler (1995) findet sich in seiner Studie über die menschliche Scham ein Zugang zu dieser anderen Dimension. Ausgangspunkt ist die Beobachtung, dass das hebräische Wort „bara", welches gewöhnlich mit „Erschaffen, Schöpfen" übersetzt wird, das Missverständnis eines allmächtigen Gottes erzeugt, welcher im Schöpfungsakt die Welt aus dem Nichts erschafft. Demgegenüber ist das hebräische „bara" von der Grundbedeutung „scheiden, trennen" herzuleiten. Das bedeutet, dass die Erschaffung der Welt nicht einfach als der physikalische Beginn der Welt begriffen werden darf, sondern vielmehr als ein fortschreitender Differenzierungsprozess zu verstehen ist. Die verschiedenen Scheidungen vollziehen sich durch Sprache, also dem Akt der Benennung, in den der Mensch aktiv als Mitschöpfer einbezogen wird. Die Differenzierung betrifft nicht nur die Welt außerhalb des Menschen, sondern ihn selbst: Äußerlich differenziert er sich als Mann und Frau, innerlich zu einem Wesen, welches zur Selbsterkenntnis fähig ist.

Dieser Prozess wird zwar objektivierend und überzeitlich beschrieben, aber er hat eine konkrete Funktion zu erfüllen. Er soll eine deutungsbedürftige und fragwürdige Gegenwart verstehen helfen. Die Wahrheit des Textes kann also nicht in einer irgendwie gedachten Objektivität liegen, sondern im Standpunkt des Autors, welcher jenseits des Paradieses liegt. Insofern beschreibt der Text nicht eine Abfolge von Ereignissen, sondern er „erschafft" selbst ein Urgeschehen, welches der Geschichte voraus liegt. Der vorliegende Text freilich erzählt den Differenzierungsprozess so, als ob er in der Zeitdimension angesiedelt wäre. Nur wer aus dem Paradies vertrieben ist, kann ein Bild vom Paradies entwickeln. Vor der Vertreibung aus der Einheitswirklichkeit gilt noch nicht das Gesetz der Polarität. Wer Erkenntnis gewonnen hat, weil er in die Welt der Differenziertheit eingetreten ist, kann über den Zustand nachdenken, der vorher bestand.

Der Mensch ist zunächst ein Stück Erde. Dann, nach seiner Ausformung, erfolgt die Verdoppelung als Mann und Frau. Erst der Drang, wissen zu wollen und vom Baum der Erkenntnis zu essen, ist Ausdruck der Tatsache, aus der Zweieinheit herausgegangen zu sein und die Einheitswirklichkeit verloren zu haben: „Wissen wollen ist Ausdruck davon, aus der Übereinstimmung herausgegangen zu sein. Du bist dann Teil geworden, und die Ahnung der Ganzheit als Wissen bezahlst du mit deiner Endlichkeit".[15]

Wenn man an dieser Stelle die moralisierende Auslegung hinter sich lässt und den Verlust der Ganzheit nicht mehr als Strafe begreift, dann kann man auch diesen letzten Schritt als einen trennenden, scheidenden Schöpfungsakt verstehen. Geschieden wird zwischen Ganzheit und Differenz, zwischen Zeitlosigkeit und Zeit, zwischen Unsterblichkeit und der Gewissheit des Todes. Zwischen Erkenntnis und Todesgewissheit besteht ein Zusammenhang. Das Gewahrwerden der eigenen Identität als Frucht der Reflexivität fällt in eins mit dem Bewusstsein der Begrenzung des Lebens, also der Todeserfahrung.

Der „Baum der Erkenntnis" markiert somit eine illusionäre Zugangsmöglichkeit zur Aufhebung der Sterblichkeit, denn die Unsterblichkeit unterscheidet Mensch und Gott. Wie Gott unsterblich werden zu wollen, beinhaltet ein Rückgängigmachen der erreichten Differenz. „In psychodynamischer Redeweise geht es darum, dem regressiven Sog – der als Ziel ein Fantasma verfolgt – in die präreflexive Ungebrochenheit vorzubeugen."[16] Gleichzeitig symbolisiert der „Baum der Erkenntnis" die dem Menschen bewusst gewordene Sterblichkeit, weil er den Status des Herausgetretenseins aus der Einheit anzeigt. So gesehen ist der Sündenfall die Erlösung von jenem vormenschlichen Zustand der Unbewusstheit, in der es noch keine Selbstreflexivität und Subjektivität, noch keine Gewissheit der eige-

---

15 Westermann 1974, S. 305.
16 Seidler 1995, S. 238.

nen Sterblichkeit und damit der eigenen Identität gibt. Der
notwendige Sündenfall konstituiert somit das menschliche
Dilemma im Umkreis von Freiheit und Schuld.[17]

Exodus als Weg in die Freiheit und ins Dilemma

Davon spricht ein anderer großer Text der Bibel, welcher
zu den Gründungstexten der jüdischen Identität gehört: der
Bericht vom Exodus des Volkes Israel aus Ägypten. Auch
hier geht es um Differenzierung. Eine kleine Gruppe von
Hebräern grenzt sich aus der umgebenden ägyptischen Gesellschaft ab, in der sie bisher ihr Auskommen gefunden hat.
Der Auszug aus Ägypten beschreibt den dramatischen Weg
der Volkwerdung Israels und wird zum Symbol von Emanzipation und Subjektwerdung.

An dieser Stelle sollen die einzelnen Stationen dieses Weges nicht nacherzählend interpretiert,[18] sondern lediglich
auf folgende Aspekte hingewiesen werden: Das Ende der
vierzigjährigen Wüstenwanderung besteht nicht in der
Rückkehr in das verlorene Paradies, sondern im Beginn einer kriegerischen Auseinandersetzung mit den umgebenden Völkern, die das verheißene Land bewohnen. Damit
das Volk Israel eine eigene Identität aufbauen kann, bedarf
es dieser Grenzsicherung. Dieses Geschehen ist offenbar
nicht ohne Aggression und Konflikt vorstellbar. Obwohl
das Volk seiner Berufung durch Gott folgt, verstrickt es sich
in diese Konflikte und wird schuldig. Die mit dem Namen
Jahwe verbundene Freiheitserfahrung Israels ist verbunden
mit dem Eintritt in das Schulddilemma: Ohne die konflikthafte, kriegerische Auseinandersetzung mit den umgebenden Völkern ist die neue Freiheit nicht zu haben.

17 Es ist später noch darauf einzugehen, wie sehr die christliche Erlösungsvorstellung auf die Wiederherstellung eines paradiesischen Zustandes abzielte und damit die Belebung einer rückwärts gewandten
   Fantasie begünstigte. Dadurch wurde auch die Frage nach dem Leid
   entschärft und begegnete nur noch als persönliche Sündhaftigkeit.
   Leid wurde als unmittelbare Folge von bösen Taten angesehen. Der
   Zustand des erlösten Menschen ist jedoch die Befreiung vom Bösen
   und somit die Leidfreiheit.
18 Vgl. dazu ausführlich Funke 1986, 106–131.

Entscheidend ist, ob es gelingt, diese Konflikte in Komplementarität umzuwandeln. Wenn der Text heute symbolische Erfahrungen ermöglichen soll – schließlich ist das Exodus-Motiv als zentrale Chiffre für pastorales Handeln in Seelsorge, Liturgie und Religionspädagogik hoch gefragt – dann muss die Komplementarität des Geschehens gesehen werden, wenn es nicht zur Aufspaltung der Wirklichkeit kommen soll. Es ist die Strebung nach Verbundenheit und Beziehung einerseits und der Wunsch nach Selbstbehauptung und Durchsetzung andererseits, welcher in der Exodusgeschichte zu Darstellung kommt.

Gerade die Bewusstwerdung der Aggression kann davor bewahren, dass sie destruktiv wird und in Gewaltbereitschaft umschlägt. Entwicklung, Befreiung, Emanzipation sind Dimensionen, denen ein aggressiver Aspekt innewohnt und die ohne Konflikt nicht zu haben sind. Dieses Eingeständnis hat nichts damit zu tun, dem Menschen einfach eine böse Natur anzusinnen, die nur von außen, etwa von einem göttlichen Erlöser, verwandelt werden kann. Eine solche Vorstellung hat vielmehr zu einem Erlösungsverständnis geführt, welches gerade nicht zur Verwandlung der Aggression führte, sondern zu deren Dämonisierung. Je hehrer die Erlösung gedacht wurde, umso grausamer wurden die Folgen der abgespaltenen unerlösten Teile des Seelenlebens. Es geht also nicht darum das „Böse" zu einer Art Wesensmerkmal des Menschen hoch zu stilisieren, sondern vielmehr um die Einsicht, dass in zwischenmenschlichen Interaktionen aggressive und destruktive Teile geboren werden. Anstatt sie zu dämonisieren oder zu verharmlosen, könnten sie einem rationalen Umgang zugeführt werden.

Das Exodus-Motiv ist auch unter religionskritischem Gesichtspunkt von Bedeutung. Der Illusionsverdacht, den sich die Religion zuzieht, basiert auf der Annahme, dass in der religiösen Vorstellung primärnarzisstische Wünsche belebt und in illusionärer Weise befriedigt werden, Wünsche also, die sich auf eine konfliktfreie, gesicherte und paradiesische Welt beziehen. Im Exodus-Motiv werden diese Wünsche zwar ernst genommen, aber gleichzeitig polar ergänzt durch den Impuls zu Trennung und Individuation. Genau dieser Impuls wird im Exodus mit dem Gottesnamen verbunden, ja er wird identifiziert mit der Erfahrung Jahwes selbst.

Ein frag-würdiger Weg des Christentums: Erlösung statt Versöhnung?

Im Exodus-Geschehen werden die konflikthaft-dilemmatischen Situationen des Menschen, der sich auf den Weg der Freiheit begibt, ernst genommen. In den theologischen Deutungen der christlichen Erlösung wird diese Perspektive nicht immer durchgehalten, ja manchmal sogar aufgegeben. Behauptet das Christentum nicht gerade eine Erlösung des Menschen aus seiner Neigung zum Bösen, seiner Verstrickung in Konflikte und aus seiner Todverfallenheit? Ist durch den Kreuzestod Jesu nicht gerade das überwunden, was durch den Sündenfall und seine Folgen – die Vertreibung aus dem Paradies und das Gewahrwerden der Begrenzung des Daseins durch den Tod – zum Menschen gehört?

Die hier vorgetragene These geht von einer anderen Interpretation des Todes Jesu aus. Sie stützt sich auf Erfahrungen aus der Psychotherapie, in der Menschen – fest verankert im traditionellen Erlösungsverständnis – zu einer anderen Sicht fanden, um den Weg der Freiheit wieder zu finden. Verallgemeinert lässt sich der Ausgangspunkt eines anderen Erlösungsverständnisses so formulieren: Weil sich die christliche Heilsvorstellung auf eine Erlösung von Leid, Sünde und Tod fixiert hat im Sinne eines regressiven Rückzugs ins Paradies hinter den „Sündenfall", konnte eine gedeihliche Verwandlung der Leiderfahrung, des Bösen und des Todesbewusstseins nur in geringem Maße erfolgen. Weil das Essen vom Baum der Erkenntnis, also das, was traditionell als „Sündenfall" bezeichnet wird, nicht auch als „Erlösung" verstanden werden konnte, kam es zu keinem heilsamen, weisheitlichen und freiheitsbezogenen Erlösungsverständnis. Anstatt zu einer menschlich notwendigen und durch den religiösen Glauben zu erzielenden Versöhnung mit diesen nachparadiesischen Tatsachen des Lebens zu finden, setzte die christliche Theologie und Frömmigkeit den Akzent auf eine Er-Lösung aus dieser dilemmatischen Gegebenheit des Daseins.[19]

Dem Helden in Mythos und Sage ähnlich wird der Mensch in diesem Verständnis von Erlösung durch den blutigen Tod des Sohnes, den Gottvater fordert und dem sich Jesus freiwillig unterwirft, von Sünde und Tod erlöst. Der Gläubige befindet sich durch den rituellen Vollzug dieses Geschehens in Taufe und Eucharistie in einem anderen, neuen Seinszustand. Damit freilich kommt es noch lange nicht zu einer tatsächlichen Versöhnung mit den konflikt- und leidhaften Grunderfahrungen des Daseins, sondern eher zu deren weiterer Verleugnung. Denn real erfährt sich der Mensch ja weiterhin als leidend und sterblich, als in Konflikte und Widersprüche verstrickt. Seine Hoffnung kann er deshalb nur auf einen ganz anderen, jenseitigen Bereich richten. Der „Himmel" als Ort der Leid- und Todesfreiheit wird dann nur als ein vom Diesseits getrennter Ort angesehen werden können, der auch zeitlich dem irdischen Leben folgt. Im Grunde ist dieser „Ort" jedoch das verlorene Paradies, an dessen Tore der Jahwist die beiden Engel mit Flammenschwertern gestellt wissen wollte. Diese Trennung von Diesseits und Jenseits führte zu einer Spaltung der Wirklichkeit, an der sich der religiöse und zugleich „modern" sein wollende Mensch abzuarbeiten hat. Versöhnung jedoch würde bedeuten, diese Spaltung zu überwinden. Erlösung wäre die Versöhnung mit dieser leidvollen Wirklichkeit und nicht deren Verleugnung. Dies gilt es anhand des Helden-Symbols weiter auszuarbeiten.

19 Einen Überblick über die einzelnen Erlösungsmodelle gibt Werbick 1990.

Das Modell des „göttlichen Helden"
und der Verlust der Leidensfähigkeit

Auf Grund der Spaltung und der daraus resultierenden Verleugnung der Wirklichkeit wurde die Frage nach dem Leid gar nicht mehr gestellt. Metz konstatiert: „Aus einem leidempfindlichen Christentum wurde ein sündenempfindliches".[20] Die Sünde wurde zu einer zentralen Kategorie des Christentums, was für den Einzelnen bedeutete, dass er sich wegen seiner nicht zu beseitigenden Neigungen, Triebe und Wünsche schämen muss. Die Aufblähung der Scham, die sich oft als Demut tarnt, führte den Einzelnen immer tiefer hinein in den Kreislauf von Angst, Selbstentwertung und Scham. Diese werden weit gehend auf persönliches Fehlverhalten zurückgeführt. Es ist der missbilligende Blick Gottes, der die aus dem Paradies Vertriebenen begleitete.

Gleichsam kompensatorisch wurde dieses Schamgefühl durch seinen Gegenpol, den Größenwahn, „bewältigt". Denn das Bemühen um Sündlosigkeit, vom Fantasma der Gottgleichheit begleitet, machte den einzelnen Menschen eher zum göttlichen Helden als zum leidensfähigen Menschen. In der Tat wurde das Christentum in vielen Aspekten zu einem halbierten Heldenepos: „Das Grab ist leer, der Held erwacht . . .".

Im Folgenden soll es darum gehen, die in der skizzierten Position wirkende Dynamik von „Erlösung" herauszuarbeiten. Die Ausgangsthese lautet: Im „Helden-Modell" wirkt Erlösung durch Gott – vollzogen durch den Kreuzestod Jesu – in einer den Mangel der Schöpfung beseitigenden Weise gesehen. Die dennoch bleibenden Erfahrungen von Schuld, Sünde und Bösem geraten dabei in den Strudel illusorischer Verleugnung, der in die Abgründe einer tiefen Spaltung der Wirklichkeit zieht. In der anderen Variante des traditionellen Erlösungsverständnisses soll jene anthropologische Gegebenheit des „Sündenfalls" rückgängig gemacht werden, von der die Bibel im so genannten zweiten Schöpfungsbericht erzählt. Es wird eine (platonisch) gedachte Einheit von Gott und Mensch wiederhergestellt.

20 Metz 1994, S. 85.

Im ersten Fall markiert eine rigide Grenzziehung zwischen Gott und Geschöpf die Position des Menschen, sodass Erlösung nur durch eine Tat Gottes von außen möglich wird. In der zweiten Variante droht die Grenze zwischen Menschen und Gott eingeebnet zu werden. Der Einzelne ist jetzt verurteilt, seine Schuld durch „Lebensarbeit" und Gott-ähnlich-werden-müssen zu bewältigen. Wenn unter Einbeziehung psychoanalytischer Kategorien Zeitdiagnostiker vom „Zeitalter des Narzissmus" (Christopher Lasch) oder vom „Gotteskomplex" des modernen Menschen (Horst Eberhard Richter) sprechen, so wird hier deutlich, dass dies keineswegs als Folge der Entchristlichung zu deuten ist, sondern als ein von einem bestimmten christlichen Erlösungsverständnis selbst geschaffenes Problem. Die Gefahr des prometheischen Menschen, der den Göttern gleich sein will, erscheint in dieser Perspektive als die einem bestimmten Erlösungsverständnis selbst innewohnende Gefahr, auch wenn sie sich äußerlich als Demut tarnt.

Die Vorstellung von Erlösung als endgültige Überwindung des Bösen, an welcher der Erlöste heldenhaft und durch dauernden Kampf teilhat, findet sich in den theologischen Modellen, die sich der Metapher des Sieges bedienen. Bei Paulus verweist die Vorstellung vom Sieg über die Mächte der Sünde und des Todes auf die vielfältigen Zwänge, die den Ungläubigen, der am alten Äon teilhat, gefangen nehmen: es sind die Zwangssysteme des Gesetzes, denen das Leben in Freiheit gegenübergestellt wird. Im gekreuzigten Christus manifestiert sich Gottes Sieg über die Mächte, die die Welt versklaven. Als zweiter Adam hat er die Menschheit herausgerissen aus der Macht der gegenwärtigen Weltzeit, in der die Mächte der Todes und der Sünde herrschen. Durch Kreuz und Auferstehung ist der Sieg gewiss und der Triumph offenkundig.

In den johanneischen Schriften und in der Apokalypse des Johannes wird die Sieges-Metapher insofern radikalisiert, als ihr das Opfer, der Satan, gegenübergestellt wird. Die Werke des Teufels sind durch Jesus zunichte gemacht, der Fürst dieser Welt hat seine Herrschaft verspielt. In der Apokalypse wird der Sieg Jesu in den Zusammenhang des endzeitlichen „Krieges" Gottes gegen die Mächte des Bösen und ihren Anführer, den Teufel, gestellt. An dieser Stelle ist von der Gefahr zu sprechen, die endzeitliche Siegesvorstellungen in sich bergen, wenn sie zur Spaltung der Wirklichkeit nach Art einer reinen und guten Welt führen, der eine stinkende und böse Höllenwelt gegenübergestellt wird. Diese Spaltungen setzen eine ungeheuerliche Destruktivität frei, wenn Reinheitsvorstellungen als das Spaltmaterial mit politischen Visionen, wie der eines Tausendjährigen Reiches, verbunden und zum politischen Programm werden.

Im zweiten und dritten Jahrhundert wurde die Vorstellung vom Sieg Christi im Sinne eines Sieges über die Welt verstanden, jedoch nach der konstantinischen Wende spricht Eusebius vom Sieg Christi in der Welt. Er ist der Herrscher in Kirche und Staat und seine Vertreter auf Erden werden sich bald mit diesem siegesgewissen Herrscher identifizieren. War man vorher selbst in der Rolle der Verfolgten, so wird die Kirche jetzt selbst die Rolle der Verfolgerin einnehmen.

Der psychologische Mechanismus, den die Siegesmetapher freisetzt, wird bereits in der Offenbarung des Johannes deutlich, nämlich als Hassbereitschaft in den Sendschreiben an die Gemeinden. Dieser manifeste Hass ist die Folge jener Spaltung, die der Autor zwischen den Verlorenen und den Geretteten errichtet. Der Baseler Psychoanalytiker und Theologe Hartmut Raguse (1993) beschreibt anhand der Bilder der Apokalypse diesen spaltenden „Reinigungsprozess": Das Endgericht geschieht durch eine Purifizierung der Geretteten, die als die Reinen in weißen Gewändern auftreten und in Unmittelbarkeit zu Gott leben. Dieser betonten Reinheit entspricht eine äußerste Aggressivität, mit der Abweichende verfolgt und ausgeschlossen werden. Sie alle werden verbannt in einen Pfuhl von Schwefel, dessen Rauch ewig zu den das Halleluja Singenden aufsteigt. Alles, was die Reinheit bedroht, wird auf die andere Seite projiziert, und dadurch wird die Spaltung aufrechterhalten. Der Preis der Reinheit – und das ist das Fatale – ist die Bereitschaft zur Zerstörung der Anderen. Christus selbst und die himmlischen Heere führen dieses Werk aus.

In dieser Spaltungstendenz kann man zugleich ein gruppendynamisches Gesetz erkennen. Die Gruppe der Christen schließt alles Störende und Differenzierte aus und folgt einer allmächtigen Mutterfigur in eine Art Regression, die zu einem Gefühl von Vollkommenheit und Glückseligkeit führt. Das väterliche Prinzip, das auf Unterscheidung beruht, wird ausgeschlossen. Die Aufhebung dieser Differenz lässt sich verstehen als eine Reaktion auf die apokalyptische Angst, die Sicherheit des Paradieses verloren zu haben, vor einem Nichts zu stehen und in einer Welt der Unterschiede und Konflikte leben zu müssen. So gesehen, steht das „Himmlische Jerusalem" als Symbol für eine illusionäre Wunscherfüllung. Wie wir aus der Psychoanalyse wissen, setzen solche primärnarzisstischen Wünsche ein großes Maß an Aggression frei, die sich in der Tendenz zur Enddifferenzierung zeigt. In der einheitlichen Welt des Himmlischen Jerusalem werden alle Unterschiede aufgehoben, die zwischen Mann und Frau, die zwischen Leben und Tod, die zwischen Mensch und Gott bestehen. Es entsteht eine Welt, in der alle gleich sind – sozusagen „von hinten" her gesehen. Diese Aufhebung der Unterschiede besorgt Luzifer. Die Hölle wird zum Ort, an dem alle Unterschiede durch Feuer eingeebnet werden. In ihr befinden sich jene Gestalten, die die Projektion der menschlichen Aggressivität als Folge des Wunsches nach einer geschlossenen und reinen Welt zu ertragen haben. Der Psychoanalytiker Bela Grunberger verbindet die Hölle mit der „Endlösung" im Holocaust und zitiert den Satz des Lagerkommandanten Rudolf Höß, der Auschwitz als „anus mundi" bezeichnete.[21]

Ich möchte durch das Aufzeigen dieser Spaltung auf eine Tendenz aufmerksam machen, die einen unheilvollen Umgang mit Siegesmetaphern und apokalyptischen Bildern begünstigt. In der Apokalypse des Johannes ist es die Wiederbelebung eines „analen Universums" als einer Welt, in der alle Unterschiede eingeebnet werden. Es gilt das Gesetz der Identität, das sich gegen das Gesetz der Unterschiede richtet. „Wer sich dem Gesetz christlicher Identität nicht fügt, wird in jenen Feuerpfuhl geworfen, der eine neue ‚Identität' schafft, die nach den ‚Regeln' der Analität konzipiert ist: die

---

21 Raguse 1993, S. 190.

Identität einer einzigen schwefligen, feurigen und rauchenden Masse."[22] Dies alles geschieht in der Hoffnung, das verlorene Paradies, die archaische Mutter im Himmlischen Jerusalem wieder zu finden. Es ist die Sehnsucht nach einer Welt, in der alle störenden Unterschiede aufgehoben sind und in der ewige Harmonie herrscht. So verlockend solche Fantasien sind und so sehr apokalyptische Wünsche sie zu befriedigen scheinen, ihre Gefahr und Destruktivität besteht darin, dass all das verfolgt werden muss, was diesem idealen Zustand widerspricht. Da sich das Böse aber offensichtlich nicht endgültig besiegen lässt und auch im Leben eines siegesgewissen Christen seine Macht behält, bleibt oft nur die gefährliche Verleugnung als „Bewältigungsform" übrig.

Weil sich im Christentum eine Erlösungsvorstellung entwickelte, die Todesüberwindung, Unsterblichkeit und Gottähnlichkeit verhieß, konnte die schuldhaften Verstrickung nur als individuelle Tat-Sünde verstanden werden. Eine Schuldvorstellung im tieferen Sinne, wie sie in den beiden vorherigen Kapiteln entwickelt wurde, geriet in Vergessenheit. Die an sich produktive und heilsame Vorstellung der Erbsünde wandelte sich zu einer moralisierenden Perspektive. Dadurch wurden Fehlentwicklungen und Abspaltungen in der christlichen Lebensform gefördert, die zu neurotischen Glaubensformen führten.

Dies soll mit Hilfe psychoanalytischer Hermeneutik weiter aufgeklärt werden. Leitend ist dabei die Idee, dass der christliche Erlösungsgedanke, wenn er sich bescheidener als Versöhnung versteht und nicht als „endgültiger" Sieg über den Defekt der Schöpfung, zu einem adäquateren Umgang mit Schuld und dem Phänomen des Bösen führt. Der Einzelne ist dadurch entlastet von dem Anspruch, selbst zum Helden zu werden. Denn der Held will Erlösung um jeden Preis und erspart sich damit den mühevollen, menschlichen Weg der Versöhnung mit sich und seinem Leben. Er setzt auf ein Wunder von außen, auf eine magische Kraft, die in sein Leben tritt. Dies führt letztlich zur Lebensverachtung, ein Vorwurf, den sich das Christentum in seinen asketischen Traditionen immer wieder zugezogen hat.

22 Ebd. S. 198.

Der Rückgriff auf das Helden-Thema im Mythos kann einerseits die einschränkenden Deutungen und Verkürzung des Christus-Geschehens im Sinne eines „halbierten" Heldentypus aufzeigen und andererseits die konstruktiven und heilsamen Aspekte des versöhnenden Weges Jesu in den Tod auffinden helfen.

Worin besteht der Inhalt des Helden-Mythos? In der psychoanalytischen und anthropologischen Literatur besteht Einigkeit darin, dass sich hinter den verschiedenen Formen der Heldenmythen eine Art „Urmythos" ausmachen lässt, der vom sterbenden und auferstehenden Gotthelden erzählt.

„Der Held wird von einer heiligen Jungfrau oder von der Muttergöttin selbst geboren. Sein irdischer Vater ist abwesend oder versucht – erschrocken durch die Geburt des Kindes – sich von ihm zu befreien. Das Kind überlebt auf eine wundersame Weise eine gefährliche Kindheit und wird zu einem frühreifen Retter seines Volkes. Aber es wird in einer Weise verraten, kastriert und zerstückelt, die seine Mutter in seinen Tod hineinzieht. Nichtsdestoweniger wird der Held durch ihre Hände errettet, unsterblich und göttlich. Der Phallus wird ihm – verändert wie sein glorifizierter Körper – zurückgegeben. In den Riten, die auf diese Mythen zurückgehen, identifiziert sich der Initiand mit dem Leiden, dem Tode und schließlich der Auferstehung des Gottes".[23]

Die ersten psychoanalytischen Interpreten dieses Mythos (Karl Abraham, Theodor Reik, Otto Rank) deuten ihn als Ausdruck eines ödipalen Konflikts. Der Mythos wird zum Familienroman des 19. Jahrhunderts: Ausschaltung des Vaters und inzestuöse Vereinigung mit der Mutter. Mit dieser klassischen ödipal-neurosenpsychologischen Deutung wird jedoch der Stellung der weiblichen Figur im Helden-Mythos nicht genügend Rechnung getragen. Denn sie ist verantwortlich für die Kastration und von ihr – und nicht vom Vater – bekommt der Held den verwandelten Phallus zurück.

23 Satinover 1991, S. 150.

Der Bedeutung der weiblichen Gestalt wird eher der tiefenpsychologische Auslegungstyps C. G. Jungs und seiner Nachfolger gerecht. Den sterbenden und auferstehenden Helden setzt Jung nicht mit dem männlichen Individuum gleich, sondern mit einem in der westlichen Kultur vorherrschenden „männlichen" Bewusstseinszustand, der gegenüber der unbewussten Psyche sekundär ist. Jungianer sehen in dem männlichen Stereotyp eine Verkörperung vorherrschender Werte eines sterbenden, patriarchalischen Systems. Im sterbenden Helden setzt sich ein neuer, weiblicher Bewusstseinszustand gegenüber dem aufgeblähten und einseitigen männlichen Ich durch.

Wie kommt es zu jener Ablehnung des weiblichen durch das männliche Ich, die die „Heilige Hochzeit" zwischen anima und animus verhindert? Der Knabe weist auf den Weg seiner Mannwerdung irgendwann die Mutter mit all ihren Vorzügen von Versorgung, primärer Liebe und Sicherheit zurück, um sich als Mann anders zu erleben als die Mutter als seinem ersten Liebesobjekt. Diese Abgrenzung vom Weiblichen, das dem Manne so bedrohlich erscheint, erfolgt oft so rigide, dass eine spätere Wiedereingliederung des frühen Erfahrungschatzes in das Selbstbild des Mannes unmöglich wird. Gerade um die Öffnung dieser rigiden Abgrenzung, also um die Zurückgewinnung und Integration des Weiblichen, geht es dem Jung'schen Auslegungstyp des Heldenmythos. Es ist bekanntermaßen die „Anima", der weibliche Teil der männlichen Persönlichkeit, die der Mann als das ihm innewohnende Bild des Weiblichen auf die reale Frau projiziert, anstatt es der eigenen Persönlichkeit einzugliedern.[24] Diese mächtige, undifferenzierte Mutter-Imago besteht infolge der rigiden Grenzziehung bis ins Erwachsenenalter fort und ist gespalten in fürsorgliche und destruktive Aspekte. Unter dem Druck einer Krise etwa im mittleren Lebensalter oder durch die intime Beziehung zu einem geliebten Anderen, also in einer regressiven Phase, kann das Selbst des Mannes heftig erschüttert werden, so-

---

24 Die anima als archetypische Imago ist nahezu identisch mit dem psychoanalytischen Begriff des „Introjektes" oder der „Selbstobjektrepräsentanz".

dass er den bisher abgewehrten Teil des Mütterlich-Weiblichen erleben kann. Dies führt zu einer späten Verinnerli-
chung des Weiblichen und zur Verwandlung eines frühen
Ich-Ideals (Allmacht, absolute Autonomie) in ein reifes
Selbstbild und zur Umwandlung eines strengen in ein mil-
des Über-Ich.

Genau darin besteht der heilsame Weg des Helden, den
der Mythos beschreibt. Wir erinnern uns an Ödipus, der
zunächst nicht zu einer Wiedereingliederung des Weiblichen fand und so im realen Inzest endete. Erst durch die
symbolische Kastration der Blendung kommt es zu einer
heilsamen Regression und zu einer Integration der „Anima". In der Jung'schen Deutung bekommt der Inzest und
das Motiv der Vereinigung von Mutter und Sohn über das
sexuelle Verständnis hinaus eine metaphorische Bedeutung.[25] Das Inzest-Motiv wird vom Wunsch nach Passivität,
Schutz und Versorgung beherrscht, sodass das Bild von der
Mutter-Sohn-Vereinigung als Metapher für den frühen Zustand von Abhängigkeit und Sicherheit gelesen werden
kann. Auch unsere Deutung des Ödipus-Stoffes sah in der
Mutter-Ehe eine Regression zu lange vergessenen Wünsche und Konflikten der frühen Kindheit, die von der präödipalen Mutter geweckt wurden, aber bisher nicht integriert werden konnten. Auf Grund der Entwicklungsdefizi-
te der Eltern des Ödipus, Laios und Jokaste (Laios verführt
den Chrysippos statt ihn in der Kunst des Wagenlenkens zu
unterrichten), und auf Grund der fehlenden symbolischen
Darstellung wurde hier der Inzest real ausgeführt. Als mythischer und literarischer Stoff wurde er jedoch selbst zur
Metapher für einen Wandlungsprozess des männlichen Ich
(vgl. Kapitel 3).

Der göttliche Held ist von Anfang an mit der Mutter
verstrickt. Indem er ihr seinen Phallus darreicht, ist er kastriert und stirbt. Daraufhin wird das Organ der Zeugung
verwandelt und ihm zurückgegeben. Wenn man diese mythische Formulierung als Metapher für seelische Entwick-
lungen liest, bildet Folgendes den Kern des Heldenmythos:
Der westlich orientierte Mensch, vor allem der heranwach-

25 Vgl. Jung 1985.

sende Mann, entwickelt unter Abgrenzung zum Weiblichen eine heroische, starke Identität. Viele Teile des Selbst werden heldenhaft seiner Karriere geopfert und es kommt zu einer Dominanz von Eigenschaften wie Durchsetzungsvermögen, Stärke, Macht, Rationalität und Gefühllosigkeit. Im mittleren Lebensalter, oft durch eine Krise ausgelöst, gewinnt das Weibliche bei Männern und Frauen mehr und mehr an Einfluss.[26] Der einsetzende Wandlungsprozess wird zunächst als schmerzlicher Tod und als Verlust der phallischen Natur erlebt und ist mit einer schweren narzisstischen Kränkung verbunden, wie dies etwa im Märchen „Vom Königssohn, der sich vor nichts fürchtet" erzählt wird.

Der christliche Held

Auch im christlichen Erlösungsmodell, also im Leben, Sterben und Auferstehen des Gottessohnes, ist die Dynamik des Heldenmythos wirksam: Geburt durch die Jungfrau, Flucht nach Ägypten, wunderbare Rettung und Überleben, Bestimmung des Kindes als Retter seines Volkes, Verrat, Tod und Auferstehung. Das Bild des auferstanden, zur rechten des Vaters thronenden Allherrschers, wie es vor allem in der byzantinischen Ikonographie so zentral ist, wird deshalb von der Tiefenpsychologie als Bild des integrierten Menschen verstanden. Dieser hat als der geläuterte Held das wahre Selbst gefunden und ist in einem schmerzvollen Verwandlungsprozess, der den Tod des männlich geprägten Ich einschließt, zu dieser neuen Lebensform gelangt.

Wenn auch zunächst die weibliche Göttin, die Mutter, im christlichen Erlösungsverständnis wenig Platz hat, so wird doch in den Evangelien und der späteren christlichen Ikonographie und Frömmigkeit der Prozess von Tod und Auferstehung sehr stark mit der Präsenz von Frauen verbunden: Frauen begleiten seinen Kreuzweg, Maria steht unter dem Kreuz, der tote Sohn wird in ihren Schoß gelegt. Und am Auferstehungsmorgen sind es wiederum Frauen, die dem Auferstandenen als Erste begegnen. Auch die

---

26 Vgl. Satinover 1991, S. 156.

Theologie hat die Rolle Marias im Erlösungsgeschehen hervorgehoben, wenn sie diese auf dem Konzil von Ephesus 431 als „Gottesgebärerin" bezeichnet. Jedoch ist die Bedeutung des christlichen Modells für die Verwandlung und Individuation des westlichen Menschen scheinbar belanglos geworden. Deshalb sollen zunächst einige Gefahren aufgezeigt werden, welche die heilsame Kraft des Modells Jesu in ihr Gegenteil verkehren können.

Der christliche Erlösungsgedanke nahm in vielen Aspekten die Grundstruktur eines „halbierten" Heldenepos an. Der entscheidende Wandlungsprozess des Helden geschieht in der Rückkehr zur „Mutter", der der Phallus – also die einseitige Ich-Zentriertheit – geopfert werden muss. Diesen erhält er von ihr zurück, wenn der Prozess der Begegnung mit dem Weiblichen vorangeschritten ist. Im christlichen Modell findet dieser Aspekt der Begegnung mit dem Mütterlichen-Weiblichen, also der Kontakt mit dem Unbewussten, seinen Ausdruck in der Szene, nach der Jesus nach seinem Tod in den Schoß seiner Mutter gelegt wird. Bei Augustinus wird die „heilige Hochzeit" zum Zwecke der Todesüberwindung und Lebenserneuerung dem Erlösungsgeschehen als Folie unterlegt:

„Gleichsam als ein Bräutigam ging Christus aus seiner Kammer hervor, er ging mit der Vorherverkündigung seiner Hochzeit in das Feld der Welt hinaus. Er gelangte bis zum Bette des Kreuzes, und da hat er, indem er hinaufstieg, die Ehe bestätigt. Und als er die schweren Seufzer der Kreatur fühlte, hat er sich in frommer Selbsthingabe für die Gattin zur Sühne hergegeben, und hat mit ewiger Geltung sich die Frau anverlobt."[27]

Auf der Ebene des Archetyps kommt hier die gelungene, ewige Verbindung von Bewusstem und Unbewusstem, von „Animus" und „Anima" zur Sprache. Wenn es jedoch auf der Ebene einer konkreten Biografie nicht mehr zur Trennung von dieser Mutter kommt, findet der Mann eben nicht zu einer erneuerten Identität und Potenz ermöglichenden Männlichkeit. Es bleibt bei einer Fixierung an das

27 Augustinus, Sermo suppositus, 120, 8 (zit. nach C. G. Jung 1985, S. 122).

Weibliche auf einer frühen Stufe der Entwicklung. Dies ist auf der Ebene symbolischer Präsentation dann der Fall, wenn ein überaus beliebtes Motiv der Kunst und Volksfrömmigkeit, die Pieta, die den toten Sohn in ihrem Schoß hält, gleichsam den Endpunkt des Weges des Helden markiert. In der Praxis der (katholischen) Kirche mit ihrer Trennung des Weiblichen vom Heiligen (Verbot der Priesterehe und der Frauenordination) fungiert die archetypisch wichtige Begegnung mit dem Mütterlich-Weiblichen eben nicht als vorübergehende Begegnung, als eine für die weitere Entwicklung notwendige Regression, sondern als Endpunkt der Reise des Selbst auf dem Wege der Individuation.

Tatsächlich kommt es bei zahlreichen kirchlichen Amtsträgern nicht zu einer die männlichen Identität wandelnden und stärkenden Begegnung mit der Frau und dem, was sie repräsentiert. Stattdessen herrscht ein Bindung an die Mutter vor, die zwar Sicherheit gibt, aber den Sohn nicht zu einer erneuerten Männlichkeit, in der „Animus" und „Anima" vereint sind, kommen lässt. Es ist der ewige Jüngling, der das latente Männerbild der Kirche prägt. Sein Verhältnis zum Weiblichen und zur Frau ist zwiespältig: Er fühlt sich einerseits von ihr angezogen und muss doch andererseits vor ihr seine inneren Grenzen geschlossen halten. Die Angst vor dem fremd und bedrohlich erscheinenden Weiblichen zeigt sich in seiner Abwehr von Sinnlichkeit, Nähe, emotionaler Intimität und Hingabe. Wenn diese Angst allzu groß wird, kann sie nur noch durch Macht- und Gewaltfantasien in Schach gehalten werden. Die Gewalt an und die Herrschaft über Frauen begleitet daher die Geschichte des Christentums wie ein Schatten. Unterstützt wird dies durch ein gespaltenes Frauenbild, wie es in der männlich-kirchlichen Lesart von Maria begegnet: Als idealisierte, reine und makellose Frau ermöglicht sie es den Jünglings-Männern, die infantile Bindung an die idealisierte Mutter in religiöser Gestalt fortzusetzen. Es ist die Frau, die zärtlich, innig und kindlich geliebt und verehrt wird, aber nicht erotisch-sexuell begehrt werden darf.

Der Weg des Helden auf dem Weg zum Mannsein führt über die Begegnung mit dem Unbewussten, mit dem eigenen Begehren, mit der Frau. Dafür steht in der von den synoptischen Evangelien komponierten „Biografie" Jesu sein öffentliches Wirken und sein Konflikt mit seinen Gegnern im Streit um die Frage, wer Gott ist. Die Bedeutung des irdischen Lebens Jesu fordert das Ernstnehmen des ganzen Weges des „Helden". Wenn es zu früh zu einem „Mitsterben" mit Christus kommt, könnte es sein, dass die Auferstehung ausbleibt, weil es nichts gibt, was auferstehen kann. Wo kein Ich ist, welches im Tod verwandelt werden kann, muss erst einmal der Weg der Ich-Werdung beschritten werden, den Jesus selbst nach dem Zeugnis der synoptischen Evangelien 30 Jahre lang gegangen ist. Wird der Zielpunkt des Weges aber zum Ausgangspunkt desselben gemacht, kommt es nicht zur heilsamen Verwandlung des mit Christus Identifizierten, sondern zu einer viel zu frühen Selbstaufopferung. Dazu mehr im fünften Kapitel.

Diese Gefahr verstärkt sich noch einmal in dem Moment, in dem der Tod Jesu als Opfertod des einen Unschuldigen für die vielen Schuldigen ausgelegt wird. Die neutestamentliche Vorstellung des Hebräerbriefes von der Notwendigkeit eines Blutopfers für die Versöhnung Gottes, welcher von Christus als dem wahren Hohenpriester erbracht wird, führte zu einer Vorherrschaft des so genannten Satisfaktionsmodells in der Erlösungstheologie. Danach war die Beleidigung Gottes durch die Sünde so groß, dass nur der Sühnetod des Sohnes Gott versöhnen konnte. Hinter diesem Erlösungsmodell verbirgt sich nicht nur die germanische Rechtsordnung, sondern auch ein Verständnis der Sünde am Anfang, welches der oben entwickelten Vorstellung vom „Sündenfall" als eines notwendigen Differenzierungsprozesses widerspricht.

Der mittelalterliche Theologe Anselm von Canterbury hat diese Vorstellung von Sühnetod und Wiederherstellung des paradiesischen Zustandes entwickelt und damit einem späteren masochistischen Erlösungsverständnis den Weg gebahnt. Denn die Vorstellung der Sühne beinhaltet ja die Annahme eines sadistischen Gottes, der der Unterwerfung des Sohnes bedarf, der seinerseits dieses Opfer in geradezu masochistischer Weise vollzieht. In dem Maße, in dem die mystische Identifizierung mit Christus sich vollzog, wurde auch dieser Aspekt des blinden Sich-Unterwerfens gefördert bis hin zu einer Märtyrer- und Demutsideologie, die das Leben und die innere Haltung vieler Christen prägt und mitunter vergiftet. Es kam zu einer „Heiligung der Unterwerfung", die zu einem die christliche Lebensformen bestimmenden Motiv wurde.

Dass eine solche Glaubenshaltung natürlich Hass und Aggression auf eben diesen Glauben und seine symbolischen Repräsentanten fördert, wird verständlich, wenn man einen nicht zum Schweigen zu bringenden Lebenstrieb im Menschen annimmt. Möglicherweise liegt dieses Motiv neben vielen anderen auch den verschiedenen Bilderstürmen in der Geschichte des Christentums zu Grunde. Jedenfalls lässt es sich etwa in der Zerstörungswut der Französischen Revolution im Hinblick auf die Symbole des Christentums ebenso entdecken wie in Nietzsches Verachtung des Christentums als einer Religion der Schwäche und Unterwerfung. Es ist auch zu vermuten, dass der öffentliche Protest gegen die Kreuze in der Öffentlichkeit, welche der höchstrichterliche Beschluss von Karlsruhe 1995 und seine Modifizierung ausdrückte, genau diesen Hass gegen ein auf Unterwerfung und absolutistischer Machtausübung basierendes Glaubensmodell zum Ausdruck bringt. Für viele steht das Kreuz offenbar als Zeichen für diese neurotisierende und lebenseinschränkende Tendenz eines vermeintlich christlichen Glaubens, der sich nicht mehr der Bedingtheit und Revisionsbedürftigkeit dieser Vorstellung bewusst ist. Dahinter kommt eben keine symbolische, sondern eher eine diabolische Erfahrung zum Vorschein, die dieses Zeichen ausdrückt, wenn es im Kontext eines auf Heiligung der Unterwerfung ausgerichteten Christentums gelesen wird.

Die Heiligung der Unterwerfung

Wenn wir mit Hilfe des psychoanalytischen Masochismuskonzepts die gängige Deutung des Erlösungstodes Jesu – wenn auch nicht in der Theologie, so jedoch in der unbewussten Glaubensstruktur unzähliger Christen – untersuchen, so sind wir bei der eigentlichen Tiefenstruktur des

Schuldthemas angelangt. Man muss zum inneren Kern des im Christentum begegnenden Wirklichkeitsverständnisses vordringen, um zu entdecken, dass – vorgreifend auf den nächsten Abschnitt – das zentrale Symbol des Glaubens einen reichen Schatz aufbewahrt, der zentrale Aussagen über das wahre und gelungene Leben des Menschen enthält. Das Sterben Jesu kann aufzeigen, wie der Mensch in einem tiefen, existenziell-religiösen Sinn sein Leben verfehlen kann, wenn er nicht das Kreuz in sein Dasein einbezieht. Schuld lädt der Mensch dadurch auf sich, dass er diese Verfehlung nicht erkennt und sich somit selbst richtet. Damit greife ich bereits vor auf die sich anschließende Interpretation des Kreuzes, um mit diesem Hinweis den inneren Zusammenhang mit dem Schuldthema deutlich zu machen.

Kehren wir erst einmal zum Masochismus zurück. Dieser meint den unbewussten Wunsch, Leiden, Schmerz, Demütigung und Erniedrigung zu suchen in der Hoffnung, auf diese Weise Liebe, Anerkennung und Zuwendung zu erhalten. [28] Diese Kurzdefinition ist freilich eine beschreibende, die keine Erklärungsfunktion für klinische Phänomene hat. Da es hier um den Masochismus als ein kulturelles Phänomen geht, bleiben wir bei dieser beschreibend-phänomenologischen Sicht stehen. Dabei lassen sich vier Formen unterscheiden:

- Der äußerliche Masochismus beschreibt die Beziehung zu Menschen und Dingen als stark von Opfertum und Unterwerfung gefärbt;
- der innerliche oder moralische Masochismus zeichnet sich durch eine Quälerei gegen das eigene Selbst aus, die ausgeübt wird durch eine innere Instanz, das Gewissen;
- der sexuelle Masochismus, bei dem sexuelle Befriedigung an symbolische oder wirkliche Qual gebunden wird;
- der hinter einer sadistisch-narzisstischen Fassade verborgene Masochismus, bei dem sich eine nach außen gerichtete Grausamkeit als Ausagieren einer masochistischen Kernfantasie tarnt.[29]

28 Vgl. Wurmser 1993, S. 38.
29 Ebd. S. 41.

Für unseren Zusammenhang interessieren zunächst die beiden ersten Formen, der äußerliche und der moralische Masochismus. Auch hierbei ist eine weitere Unterscheidung notwendig, nämlich die zwischen normalem und pathologischem Masochismus. In gewisser Weise ist der Masochismus ein Aspekt des Menschseins, denn die Bereitschaft, sich unabänderlichen Tatsachen und Begrenzungen des Schicksals zu beugen, gehört zur Notwendigkeit der Daseinsbewältigung. Nur um den Preis der wahnhaften Allmachtsfantasie kann man diese Gegebenheit überspringen. Nicht pathologisch ist der Masochismus auch dann, wenn bewusst Leiden, Schmerz oder Versagung in Kauf genommen werden, um ein höheres Ziel zu erreichen. Insofern wohnt jedem Entwicklungsschritt eine normal-masochistische Dimension inne, weil Entwicklung und Fortschritt immer auch Verzicht und in gewisser Weise Leiden in sich birgt. Masochismus kann also als eine Dimension des Menschseins bezeichnet werden.[30]

Auch die Religion hat in diesem Sinne das Anliegen, den normalen und notwendigen Masochismus bewältigen zu helfen, indem sie Menschen beisteht, die notwendige Beugung unter das Schicksal zu vollziehen. Das heißt christlich gesprochen, sich dem Willen Gottes zu fügen. Wird dieser Aspekt jedoch losgelöst von seinem Gegenpol, nämlich der Notwendigkeit, sich dem Vorgegebenen zu widersetzen und Selbstbehauptung gegen das vermeintliche Schicksal zu üben, droht es zu einer Spaltung der Wirklichkeit zu kommen. Die Unterwerfung wird als die einzige Form erlebt, in der Anerkennung und Liebe zu bekommen sind. Genau an dieser Stelle droht die Unterwerfung unbewusst zu werden. Sie wird nicht als notwendiger Akt vollzogen im Sinne der Annahme des Unveränderlichen, sondern sie droht die einzige Form zu werden, welche die Beziehungsmuster zu Gott und Mensch bestimmen. Wenn nun diese Beziehungsform durch ein religiöses Symbol und dessen masochistische Variante eine Aufwertung erfährt, ist der Weg vom äußeren zum inneren Masochismus nicht mehr weit. Ein rigides Gewissen sorgt dafür, dass alle Aggression gegen das eigene

30 Ebd. S. 286.

Selbst gerichtet wird, unabhängig von der äußeren Situation und ohne Prüfung der Realität.

Durch die Deutung des Kreuzestodes Jesu durch Anselm von Canterbury bekam diese masochistische Lesart ihre populäre Gestalt.[31] Danach stirbt Jesus nicht, weil sein Eintreten für die Entrechteten ihn in eine Situation trieb, die den Tod unausweichlich machte und der um dieses Zieles willen bewusst in Kauf genommen werden musste, sondern weil Gott-Vater dieses Opfer verlangte, um Genugtuung für die Beleidigung durch die Sünde im Paradies zu erlangen. Von der Seite Gottes her gesehen wird also hier das zur Sünde gemacht, was in unserer Lesart der jahwistischen Schöpfungsgeschichte gerade als die Voraussetzung für das Menschsein erschien, nämlich die Stufe der Differenziertheit als Mann und Frau und das Bewusstsein von der Gewissheit des eigenen Todes erlangt zu haben.

Man könnte dahinter eine Gottesprojektion vermuten, die von einem Elternbild geprägt ist, welches keine Trennung und Individuation zulässt, sondern die Entwicklung und Differenzierung des Kindes als schwere narzisstische Kränkung erlebt, die nur durch das Opfer des Kindes wieder gutgemacht werden kann. Damit wird die Unterwerfung des Sohnes geheiligt und die Position des Vaters bestätigt. Das Ich (Sohn) wird dem Über-Ich (Vater) geopfert. In der Identifikation mit dem Sohn kommt es für den Christen zur unbewussten Unterordnung unter das Über-Ich des Vaters. Der Einzelne kann jetzt nicht mehr nach situativen Gegebenheiten entscheiden, ob z. B. Einschränkung und Verzicht sinnvoll sind und gewollt werden, sondern er muss sich jetzt dem Über-Ich blind unterordnen. Damit hat das Ich seinen Handlungsspielraum und seine Freiheit verloren. Ein solchermaßen befangenes Ich ist nur in sehr geringem Maße im Stande, notwendige Beschränkungen, Verzicht und Leiden zu tolerieren. Vielmehr verharrt es im Wahn einer infantilen Leidfreiheit.

31 Die masochistische Zerrform des Erlösungsverständnisses entspricht weder dem biblischen Sühnegedanken noch der Aussageabsicht des Anselm von Canterbury selbst: Gesühnt werden soll nicht die persönliche Ehre Gottes, sondern die verletzte Schöpfungsordnung. Vgl. Werbick 1990, S. 242–248.

Was aber ist gemeint, wenn ein psychoanalytisches Konzept wie das des „Masochismus" auf christliche Praxis bezogen wird? Zunächst einmal muss daran erinnert werden, was denn Aufgabe einer psychoanalytischen Deutung christlicher Praxis sein kann. Es geht nicht um eine allgemeine tiefenpsychologische Deutung der Inhalte, sondern um eine kritisch-konstruktive Bearbeitung jener christlichen Praxis, die aus den „Symbolen der Befreiung" „Symptome des Zwangs und der Unfreiheit" gemacht hat bzw. macht.[32] Dahinter steht indirekt die Überzeugung, dass die Symbole des Christentums, näherhin das des Todes und des Kreuzes, lebenserweiternde Erfahrungen hervorrufen können. Sie sind aber mitunter zu Klischees oder lebenseinschränkenden Vorstellungen verkommen und können nur durch veränderte Praxis wieder zu befreienden Symbolen werden. Insofern leitet den Autor die Überzeugung, dass die hier behandelten Glaubenszeichen „wahr" sind und Heil enthalten, freilich nicht in einem verdinglichten, objektivierten Sinn. Ihre heilsame Wahrheit entfalten sie insofern, als sie sich als lebenserweiternd für den Einzelnen und die Gemeinschaft erweisen. Hier steht also ein Wahrheitsbegriff Pate, dem auch der Psychoanalytiker in seiner Arbeit verpflichtet ist: Seine Deutungen, eingebettet in seine psychoanalytischen Grundannahmen und seine eigene, durch Analyse reflektierte Lebenspraxis, sind nur insofern „wahr", als sie in der gemeinsamen, von Beziehung bestimmten Bemühung um Rekonstruktion der Lebensgeschichte des Analysanden auch von diesem angenommen werden können und sich in seinem Leben als lebenserweiternd erweisen.

In der psychotherapeutischen Arbeit mit christlich erzogenen Menschen begegnet mir immer wieder dieser Zusammenhang: die Bereitschaft zur „gehorsamen" Unterwerfung unter ein strenges Gewissen, das eine Menge unnötiger Lebenseinschränkungen abverlangt, und die Weigerung, einen bisweilen notwendigen, der Situation angemessenen Verzicht, auf sich zu nehmen.

Solche „christlich" geprägten Menschen sind in ihrer eigenen Strenge und ihrer Abhängigkeit vom Über-Ich nicht in der Lage, echte Schuld für ihr Leben anzuerkennen und

---

32 Vgl. Funke 1995, S. 122–152.

an ihr zu leiden. Sie bleiben in der Position des Opfers, welches sie auch tatsächlich einmal waren, und sind nicht fähig, die unangenehme Tatsache zu akzeptieren, dass sie, obwohl sie Opfer waren, jetzt Täter, d. h. Subjekt ihres Lebens sind. Die Anerkennung von Schuld ist ihnen nicht möglich, weil es keinen Menschen gab, der sie in ihrem Leiden gesehen und gehalten hat. Die Fixierung in der Opferrolle wird dadurch verstärkt, dass die masochistische Fantasie eine Entschädigung anbietet: Dadurch, dass ich Opfer bleibe und als Opfer leide, verwandle ich Hass in Liebe, Schmerz in Lust, Erniedrigung und Angst in (sexuelle) Erregung (im Fall des sexuellen Masochismus) und Hilflosigkeit in Macht.[33]

Genau diese Fantasie findet sich in der Interpretation des Todes Jesu. Seine Ohnmacht und Machtlosigkeit habe Gott in Stärke und Macht verwandelt, durch sein freiwilliges Sterben sei unser Hass in Liebe verwandelt worden, durch seinen Tod habe er uns vom Los des ewigen Todes befreit. Viele Beispiele aus der Frömmigkeitsgeschichte ließen sich hier anfügen, die sich um die masochistische Kernfantasie gruppieren. Diese Fantasien vermögen zwar für einen Moment zu trösten, sie führen jedoch letztlich in eine tiefe Entzweiung der Wirklichkeit. Anstatt zu versöhnen, „erlösen" sie um den Preis der Spaltung. Denn das, was in der Fantasie gewünscht wird, tritt in der Wirklichkeit eben nicht ein. Konflikte, Leiden, Schmerzen, Begrenzungen und der Tod bestehen weiterhin. Der Hass und die Aggression bleiben starke Mächte im Leben des Einzelnen. Die Ohnmacht und Hilflosigkeit werden nicht erlebt, sondern überspielt durch eine fantasierte Allmacht. Gerade diese narzisstischen Allmachtsfantasie sind nach dem Psychoanalytiker Leon Wurmser eine Form, mit der Hilflosigkeit vor dem äußeren Gott (der Unterwerfung und Opfer fordert) oder dem inneren Richter (Gewissen) fertig zu werden: „Teil dieser wichtigen Allmachtsfantasie ist die der Rettungsmission: um nicht mehr hilflos zu sein, zieht man es vor, sich selbst die Schuld an der Schreckenssituation zuzuschreiben und die Aufgabe in der Identität des Erlösers zu

33 Vgl. Wurmser 1993, S. 376–384.

suchen".[34] Indem das Individuum eine unbegründete Schuld auf sich zieht, entlastet es sich vom Leiden an seinem Zustand. Es fantasiert sich auf diese Weise mächtig, als sei es „Herr über Leben und Tod".

In einer Analysestunde zögerte der Patient, mir den Autor und Titel eines interessanten, von ihm gelesenen Buches zu nennen, weil es seiner Meinung nach ziemlich unorthodoxe Auffassungen im Hinblick auf den Glauben enthielte. Der Analysand assoziiert: „Es könnte sein, wenn ich Ihnen das Buch nenne und Sie es lesen, dass Sie es missverstehen und Ihren Studenten diese Meinung nahe bringen. Ich könnte daran schuld sein, dass Sie einen falschen Weg wählen und anderen eine Irrlehre beibringen. So könnte ich Sie alle in die Hölle schicken."

Dieser Zusammenhang von Schuld und Allmacht gedeiht gut im christlichen Kontext. Eine Analysandin berichtet, dass ihr in der Kindheit gesagt wurde, jede böse Tat sei ein weiterer Nagel, der Christus am Kreuz eingeschlagen werde. Damit werden die Taten des Einzelnen übermächtig und die Patientin fühlt sich tatsächlich für alles Leid in der Welt verantwortlich, kommt jedoch auf Grund einer sie über alle Maßen einschränkenden Zwangssymptomatik nicht dazu, auch nur irgendetwas zu tun. Stattdessen bestraft sie sich mit immer neuen „Erfindungen", wie sie ihr Leben einschränken kann.

Eine weitere Variante der masochistischen Fantasie ist die innere Gleichsetzung von Trennung mit Verbrechen, Mord und Tod.[35] Trennung, die ja für jeden Entwicklungsschritt notwendig ist, wird als ein zutiefst schuldig machendes Vergehen erlebt. Dem entspricht dann das Gefühl des hilflosen Ausgeliefertseins und der Ohnmacht. Da jede Selbstbehauptung so gefährlich und schuldbesetzt ist, schwindet das Selbstgefühl bis zum Nullpunkt. Es kommt zu einer tiefen Selbstverachtung und zur Scham.

Zusammenfassend lässt sich Folgendes sagen: Während die „Position Ödipus" (vgl. Kapitel 3) in der griechischen Tragödie und in der Psychoanalyse für die unvermeidbare

34 Ebd. S. 379.
35 Ebd. S. 381.

Schuldverstrickungen steht, die zugleich den Ausgangspunkt von Selbsteinsicht und Aufklärung markiert, konzen-
triert sich christliches Erlösungsdenken auf einen „guten"
Gott, der die Macht des Teufels (des „Bösen" schlechthin)
gebrochen hat. Damit wird „Böses" und „Gutes" in einen
Entweder-Oder-Gegensatz gebracht und Gott auf die Seite
des „Guten" gehoben. Eine gespaltene Sicht der Wirklichkeit ist die Folge. Der Graben zwischen dem „guten" Gott
auf der einen und dem sündhaften Menschen auf der anderen Seite wird noch einmal vertieft dadurch, dass Gott sich
selbst opfert, um den Mangel der Schöpfung auszugleichen.
Dies erzeugt im Gläubigen tiefe Schuldgefühle und führt
zur „Heiligung" der Unterwerfung. Diese Selbstentwertung schlägt nun um in eine metaphysische Siegesgewissheit, die die Gebrochenheit, Begrenztheit und Sterblichkeit
des Einzelnen als endgültig überwunden ansieht. Dies geschieht unter Zuhilfenahme platonischer Kategorien wie
„Ewiges Leben", „Jenseits", „Unsterblichkeit der Seele",
die als Wahrheit „an sich" unerbittlich eingefordert wird.
Die hier vorgetragene Sicht schreibt diese Spaltung der
Wirklichkeit einer Ausblendung jener Dimension des Menschen zu, die als das „Unbewusste" von Freud neuzeitlich
entdeckt wurde. Infolge dieser Reduktion gelang es den
gängigen theologischen Deutungen des Sündenfalls in der
jahwistischen Paradiesgeschichte nicht, die Paradoxie dieses
in metaphorischer Sprache verfassten Textes zu erfassen.
Gegenüber einer moralisierenden Sicht wurde hier versucht, den Sündenfall als notwendige Geburt des Menschen
im Sinne von Differenzbewusstsein zu verstehen: Der
Mensch „opfert" seine Gottgleichheit und seine geschlechtliche Undifferenziertheit zu Gunsten eines begrenzten
Menschseins als Mann oder Frau. Im Sündenfall liegt also
die rettende Tat der Erlösung, die nun ihrerseits das „normale" Unglück des Menschen zur Folge hat.

5. KAPITEL

Leben mit dem Schulddilemma

Wie kann man mit dem Schulddilemma leben? Ist das tragische Scheitern des Lebens unumgänglich und die Möglichkeit von Glück ausgeschlossen? Oder gibt es einen Weg aus der erbsündlichen Beschädigung der Natürlichkeit des Menschen? Eine positive Antwort auf diese Frage gibt das Christentum, allerdings mit der Einschränkung, dass die Folgen der Erbsünde weiterhin fortbestehen. Mit dieser Auffassung bietet das Christentum durchaus eine Perspektive, in der die Erlösung nicht so vollkommen und umfassend gedacht wird, dass sie zu einem unüberwindbaren Bruch von Botschaft und Erfahrung führt. Es wird der Tatsache Rechnung getragen, dass eine Erlösung aus dem Grunddilemma nicht möglich ist, außer um den Preis der Spaltung der Wirklichkeit. Dieser Weg einer gemäßigten und heilsamen Erlösungsvorstellung soll hier weiter verfolgt werden, nicht unter systematischen, sondern unter praktischen, d. h. das seelische Leben des Einzelnen prägenden Aspekten. Eine gemäßigte Erlösungsvorstellung bedeutet aber nicht, dass der Mensch zum tragischen Scheitern verurteilt ist. Vielmehr soll hier als dritter Weg zwischen Scheitern und Erlösung der Prozess der Versöhnung beschrieben werden.

Der im Folgenden verwendete Begriff „versöhntes Leben", der hier als Alternative zum heldenhaften Erlösungsdenken verwendet wird, ist natürlich nicht unproblematisch. Zu schnell kann er den Beigeschmack behäbiger Sicherheit und bürgerlicher Selbstzufriedenheit bekommen, die von nichts mehr zu erschüttern ist, die gegen nichts mehr protestiert und sich von keinem Unrecht mehr beunruhigen lässt. Die folgenden Ausführungen werden deutlich machen, dass Versöhnung und Zufriedenheit nichts mit

Selbstzufriedenheit und Suspendierung jener Wünsche und Hoffnungen zu tun haben, die eine Gesellschaft ebenso braucht wie der Einzelne, wenn seine Entwicklung nicht zum Stillstand kommen soll. Umgekehrt ist aber viel erreicht, wenn sich jemand mit den Grundbedingungen seines Daseins – dem Mangel der Schöpfung und dem normalen Unglücklichsein – ausgesöhnt hat in der Weise, dass er auf Rache und destruktive Inszenierung seiner enttäuschten Wünsche verzichten kann. Dieser notwendige Verzicht, der immer eine reife Ich-Leistung ist und nicht mit unbewusster Verdrängung verwechselt werden darf, wird im Opfer anschaulich. Indem ich also am Opferbegriff festhalte und ihn neu zu füllen versuche, möchte ich deutlich machen, dass hier kein christliches Lebensglück zum ermäßigten Preis vorgegaukelt wird.

In neuer Variante wird sofort der bekannte Vorwurf auftauchen, dass Versöhnung – vor allem, wenn sie auch psychologisch durchbuchstabiert wird – allzu sehr der Selbsterlösung das Wort rede und die eigentliche religiöse Dimension des Handelns Gottes am Menschen von außen vernachlässige. Letztendlich werde alles in die Hand des Menschen gegeben. Wenn der nur genügend Trauerarbeit leiste, werde sich die Versöhnung mit den Grenzen des Daseins schon einstellen.

Mit diesem Einwand ist erneut das Problem der Metaphysik der Objektivität aufgeworfen, welches den biblischen Gottesgedanken stark beeinflusst und so statisch gemacht hat. Eine Folge des objektivierenden metaphysischen Denkens ist, dass Diesseits und Jenseits, Mensch und Gott, innen und außen in ein antagonistisches Verhältnis gerieten. So kam es, dass die religiöse Aussage, das Gott den Menschen erlöst, in Gegensatz gebracht wurde zu den Bemühungen des Menschen, sich mit dem Mangel der Schöpfung auszusöhnen. Gerade die Symbole des Glaubens bedürfen aber der Umsetzung in psychische Arbeit, wenn sie in der Seele des Menschen wirken sollen. Insofern ist die Aussage, dass wir der Erlösung „extra nos" bedürfen, richtig und wahr. Die Symbole wirken als verobjektivierte Erfahrungen der Menschheit auf ihrem Weg durch die Geschichte „von außen". Aber sie sind eben verdichtete Erfahrungen – theologisch als „Offenbarung" qualifiziert, weil sich in ihnen das Geheimnis der Welt, Gott selbst, aussagt – und keine Botschaften einer objektiv vorgegebenen anderen Welt an uns. Die theologische Kategorie der Offenbarung beschreibt demnach den Weg von der Einzelerfahrung zu einer kollektiven Erfahrung, die wiederum zurückwirkt auf die Suche des Menschen nach symbolischer Orientierung. Insofern die Symbole ihre lebensfördernde Kraft entfalten, sind sie wahr und lassen sich religiös als Sprache und Mitteilung Gottes an die Menschheit qualifizieren. Mit einer solchen „symbolischen Sicht" des Glaubens ist jeder starre Offenbarungsobjektivismus[1] überwunden und gleichzeitig die Notwendigkeit der je neuen symbolischen Erfahrung betont, ohne in einen ungezügelten Subjektivismus zu verfallen.

Symbolik versöhnten Lebens

Leben braucht Symbole. Der Mangel der Schöpfung, die fehlende Instinktsicherheit und die Umweltoffenheit machen symbolische Orientierungen notwendig. Symbolische Welten prägen nicht nur unser Bewusstsein, sondern strukturieren die Tiefenschichten unserer Seele, das Unbewusste. Vor allem die Symbolsysteme der Religion nisten sich tief ein in die seelische Struktur des Menschen. Von zwei das Selbstbild prägenden symbolischen Vorstellungen des abendländisch-christlichen Menschen soll in diesem Kapitel die Rede sein: Vom Gottesbild und seinen Verkürzungen, die das Selbstbild des Menschen prägen, und vom Zentralsymbol christlicher Erlösungsvorstellung, dem Kreuz. Beide sind im Laufe der Geschichte vielfach pervertiert worden, sie sind für viele Menschen zum „Diabol" geworden, von dem sie sich in oft aggressiver Weise abwenden. Ich wende mich zunächst dem Kreuz zu und führe damit die Gedanken des letzten Kapitels zur Vorstellung einer Erlösung durch das Kreuz weiter. Welcher Sinngehalt verbirgt sich hinter dem Kreuz und von welchen Vorstellungen muss man Abschied nehmen, wenn dieses Heils-Zeichen

1 Vgl. Wahl 1994, S. 19–44.

nicht zu einer lebenseinschränkenden Instanz verkommen soll, die eher zur Heiligung der Unterwerfung als zu einem Leben in Freiheit führt.

Das Kreuz als Modell?
Versuch einer nicht-masochistischen Deutung des Todes Jesu

Es geht mir im Folgenden weder um eine theologische Abhandlung zur Erlösungslehre noch um eine tiefenpsychologische Deutung von Tod und Auferstehung Jesu, die im konkreten Geschehen des Todes Jesu einen Fall des allgemein Menschlichen und Typischen, eine Variante des allgemeinen Heldenepos erblickt. Stattdessen lege ich eine psychoanalytische Interpretation vor: Aufgezeigt werden soll die neurotische und lebenseinschränkende Auswirkung der Symbolerfahrung mit dem Zeichen des Kreuzes, die auf diese Weise zum Diabol wird. Darüber hinaus werden die bisher nicht gewussten, die zunächst fremd erscheinenden und deshalb lebenserweiternden Erfahrungen, die sich im Symbol „Kreuz" verbergen, benannt und als möglicher Erfahrungsraum angeboten.

In diesem psychoanalytischen Verfahren liegt das Wahrheitskriterium einer Deutung nicht außerhalb des Symbols, weder in einer psychologischen Anthropologie noch in einer objektiven metaphysischen Welt, sondern innerhalb des Wechselspiels von Symbol und Subjekt.[2] Anders gesagt: Wahr ist eine Deutung dann, wenn sie Unvorhergesehenes, Überraschendes, bisher nicht Gewusstes hervorruft und neugierig macht. Also liegt die Wahrheit in der lebenspraktischen Relevanz der symbolischen Erfahrung, in der möglichen Horizonterweiterung, die sie hervorruft und in der Fähigkeit, dem Leben mehr Raum und Entfaltung zu geben, also in der Fähigkeit, ein versöhntes Leben zu führen. Es wird zu zeigen sein, dass dies nicht einfach mit einer naiven Selbstverwirklichungsideologie verwechselt werden darf, sondern im Gegenteil viel zu tun hat mit der Fähigkeit, zu leiden, Abschied zu nehmen und zu trauern.

---

2 Diese doppelte und sich verschränkende Perspektive verfolgt auch die „Deutung" des Kreuzes als „Symbol-Zeichen" von Wahl 1997.

Mit der Deutung des gekreuzigten und auferstandenen Jesus als „Held" knüpft die christliche Tradition an eine Gestalt an, die in zahlreichen Mythen und Sagen den Weg der inneren Lebensverwirklichung beschreibt.[3] Der Held hat dabei das Lebenselixier, das „Wasser des Lebens" zu finden. Dieses lässt sich als Metapher für das wahre Selbst, die Identität des Menschen verstehen. Wenn man dieses Lebenselixier im christlichen Modell sucht, ist es ohne Zweifel jene Gabe, die der Sohn durch seinen Tod und seine Himmelfahrt den Seinen hinterlässt: der Heilige Geist. Gemeint ist damit jene neue Lebensform, die denen verheißen ist, die seinen Weg gehen. Wenn die Rede vom Heiligen Geist nicht abstrakt bleiben soll, bedarf sie der Konkretisierung. Welcher Gehalt kommt dem „Wasser des Lebens" im christlichen Kontext als der Frucht des Todes Jesu am Kreuz zu?

Im vorigen Kapitel wurde gesagt, dass die Verkürzung des Jesus-Geschehens auf Passion, Tod und Auferstehung ein Grund sein kann für die masochistische Lesart christlichen Erlösungsverständnisses. Dieser Verdacht verstärkt sich durch die Auffassung vieler Theologen, dass die neurotisierende Zerrform der Erlösungsvorstellung durch den Opferbegriff gefördert werde. Für sie ist „Opfer" identisch mit einer archaischen Fehlform der Lebensverwirklichung.[4] Ich möchte jedoch den Opfergedanken als einen hoch bedeutsamen Aspekt der Aufklärung und Lebensverwirklichung erhalten wissen. Ja, eine mit psychoanalytischer Optik gewonnene andere Lesart des Opfers bildet den Schlüssel zu einer lebenserweiternden Erlösungsvorstellung, wie sie im christlichen Kreuz-Zeichen ihren Ausdruck findet. Dies bedarf der Präzisierung.

---

3 Der Entwurf einer psychologischen Anthropologie auf einer interdisziplinären Basis, den der Biologe und Mythenforscher Norbert Bischof (1996) zur Ordnung des mythischen Materials vorgelegt hat, orientiert sich an der ontogenetischen Entwicklungslinie (das Individuum betreffend) und bringt diese in Bezug zum phylogenetischen Phasenablauf (die Gattung betreffend).
4 So etwa Baudler 1994.

Von „Opfer 1" zu „Opfer 2":
Tarnung und Entlarvung der Gewaltbereitschaft der Masse

Der bereits vorgestellte René Girard stellt den Zusammenhang von Opfer und Gewalt her. Er unterscheidet zwischen
der Gewaltinszenierung der Mythen („Opfer 1") und der
Lösung, wie sie in der jüdisch-christlichen Religion begegnet („Opfer 2"), sodass wir es mit zwei Opfervorstellungen
zu tun haben. Während in den Mythen der Einzelne zum
Sündenbock wird, an dem sich die Gewalt der Gemeinschaft austobt wie bei Ödipus, sieht Girard im Judentum
eine Tendenz am Werk, diese Rollen umzudrehen: Der
Einzelne (Hiob, die Propheten) erscheint hier als unschuldiges Opfer und die Gemeinschaft wird als schuldig entlarvt, eine Tendenz, die im Christentum durch den Tod
Jesu ihren Höhepunkt findet. Die Mythen täuschen insofern, als sie die Opfer als Sündenböcke ins Unrecht setzen
und ihnen alle möglichen Vergehen andichten. Die jüdisch-
christlichen Texte hingegen „rücken ein Verhältnis zurecht,
das in den Mythen – zwar umgekehrt – schon immer da ist:
das Verhältnis zwischen den isolierten, ohnmächtigen Opfern und den Gemeinschaften, die diese Opfer verfolgen.
Die jüdisch-christlichen Texte entschleiern also die Wahrheit, welche die Mythen verbergen".[5] Daraus resultiert die
Notwendigkeit, dass ein die reale Gewalt der Masse ver-
schleiernder Opferbegriff der Mythen zu unterscheiden ist
von einer aufklärenden jüdisch-christlichen Opferbedeu-
tung, die darin besteht, dass die Gewaltverhältnisse offen
gelegt werden, indem der Sündenbock gerechtfertigt und
die Verblendung der Masse durchschaubar gemacht wird.
Dies besorgt vor allem die jüdisch-christliche Religion,
wenn sie mit dem Opfergedanken die Gewalt ansichtig
macht. Dabei betont sie – im Gegensatz zu den Mythen –
die Unschuld des Opfers und stellt sich so dem Verdrän-
gungs- und Projektionsbedürfnis des Kollektivs entgegen.

5 Girard 1995, S. 19.

Opfer als innerseelisches Geschehen:
Die Beziehung von Ich und Selbst

Die letztgenannte Opfervorstellung (Opfer 2) bildet die Brücke zum innerseelischen Geschehen und zum Versuch einer selbstpsychologischen Interpretation des Opfertodes Jesu. Wenn das Konzept „Opfer 2" auf den innerseelischen Bereich übertragen wird, ist zu unterscheiden zwischen einer neurotischen Opfervorstellung und einer die seelische Reifung fördernden. Letztere hat dann wenig Chance, wenn die neuzeitlich-christliche Vorstellung vom Opfer durchsetzt bleibt von der Vorstellung des Todes Jesu als eines Sühneopfers, welches von einem sadistischen Gott gefordert und von einem masochistischen Sohn vollzogen wird.[6] Verständlich, dass viele Theologen den Abschied von einer solchen Sicht des Opfers fordern.

Zur Veranschaulichung einer entwicklungsfördernden Opfervorstellung greife ich die entscheidende biblische Umschlagstelle auf, die auch bei Girard eine Schlüsselposition einnimmt.[7] Es ist das Urteil Salomos in 1 Könige 3, 16–28. Den Streit zweier Frauen um ein Kind, das jede für sich beansprucht, beendet Salomo dadurch, dass er die Entzweiung des Kindes durch das Schwert vorschlägt und jeder Frau eine Hälfte geben will. Indem nun die wahre Mutter das Kind an die Rivalin abtritt, es also „opfert", indem sie auf die blutige Opferung verzichtet, durchbricht sie den Kreislauf von Rivalität und Gewalt. Indem sie ihre Rivalität opfert, entlarvt sie zugleich die Gewaltbereitschaft der falschen Mutter. Dadurch wird der Opferbegriff auf eine innerseelische Ebene gehoben. Er hat jetzt etwas zu tun mit Selbstbegrenzung, Trauer und Verzicht, wodurch dem Kind das Leben geschenkt wird und die wahre Mutter zu sich selbst findet. Dies ist auch der Kerngedanke des folgenden Interpretationsversuches des Todes Jesu als Opfer.

---

6 Masochismus ist der unbewusste Wunsch, Leiden, Schmerz, Demütigung und Erniedrigung zu suchen in der Hoffnung, auf diese Weise Liebe, Anerkennung und Zuwendung zu erhalten (vgl. L. Wurmser 1993, S. 38).
7 Vgl. Girard 1995, S. 25–27.

Die Unterscheidung der theologischen Rede vom irdischen Jesus einerseits und dem nachösterlichen Christus des Glaubens andererseits ist auch unter psychoanalytischem Aspekt bedeutsam. In dieser Perspektive steht der irdische Jesus für die Instanz unserer Persönlichkeit, die man das Ich nennt. Dieses Ich ist die Gesamtheit unserer Funktionen, beinhaltet unsere Grenzen und unsere Nichtidentität. Es wird sofort deutlich, dass dieses Ich nicht die ganze Person sein kann. Diese ist umfassender und beinhaltet auch die Aspekte, die nicht funktional zu fassen sind. Entwicklungspsychologisch bildet sich dieses Ich im Wechselspiel von Mutter und Kind bzw. Kind und Umwelt. Vor allem in den ersten beiden Lebensjahren entfaltet sich dieses Ich und erweitert seine Grenze.

Das Ich setzt des Weiteren die Triebansprüche des Es gegen die Ansprüche der Umwelt oder der verinnerlichten Repräsentanten der Umwelt (Über-Ich) nach Maßgabe der Realität durch. Das Ich ist also nicht identisch mit der ganzen Person. Um diese auch in ihren unbewussten und vorbewussten, das empirische Ich übersteigenden Aspekten zu erfassen, sprechen wir vom Selbst. Nun ist es äußerst schwierig, in den verschiedenen psychoanalytischen Schulrichtungen eine einigermaßen konsistente Bestimmung des Selbst auszumachen. Am gebräuchlichsten ist der Begriff des Selbst innerhalb der Psychoanalyse durch die Verwendung in der Selbstpsychologie von Heinz Kohut geworden. In seiner erweiterten Fassung versteht er unter dem Selbst den Mittelpunkt des psychologischen Universums des Individuums.[8]

8 Kohut (1979) hat die Narzissmustheorie der Psychoanalyse weiterentwickelt zu einer umfassenden Psychologie des Selbst. Kohut hat in seinem Entwurf eine eigene Entwicklungslinie des Selbst vorgesehen, auf deren Darstellung hier jedoch verzichtet werden kann außer auf den Hinweis, dass dieses Selbst nicht im Sinne einer „Substanz" ontologisiert werden darf. Es ist kein „Ding an sich" und keine Essenz, sondern eine rein psychologische Realität, die den Status einer Modellvorstellung hat. Dies muss man im Auge behalten, wenn vom Selbst gesprochen wird in der Form eines Substantivs.

Dieses Selbst ist also eine umfassende Instanz, die uns in unserem subjektiven Selbsterleben zugänglich ist. Auch wenn man das empirische Ich vom Selbst unterscheiden muss, darf es nicht in einen strikten Gegensatz zu ihm gebracht werden. Ich und Selbst sind eher die beiden Seiten einer Medaille. Dass diese beiden Größen immer wieder in einen Gegensatz gebracht worden sind liegt an einer gewissen Sperrigkeit des Ich, welches sich dem Glücksstreben immer wieder entgegenstellt. Dies führte in der Vergangenheit immer wieder zu einer Verachtung und Verteufelung des Ich, wie sie in der östlichen Philosophie und in manchen – letztlich von Augustinus beeinflussten – christlich-spirituellen Auffassungen begegnen. Diese sehen im Ich eher eine Instanz, die Ursache des menschlichen Leidens ist und die zu überwinden Erlösung bringt. Ich-Opferung bis hin zum Martyrium sind die Folgen einer mitunter lebensverachtenden Frömmigkeitsform. Ein solcher Ich-Verzicht ist desto erschreckender, je weniger ein reifes Ich entstanden ist, das aus durchaus echten Motiven geopfert werden kann. Die Bedeutung eines möglichen Ich-Opfers im Prozess der Selbstwerdung eines Menschen wird uns im weiteren noch beschäftigen, ja sie bildet den Kern der hier vorgeschlagenen Deutung des Todes Jesu.

Bleiben wir zunächst bei dem Verhältnis von Ich und Selbst. In der modernen Psychoanalyse wird dem Ich eine große Bedeutung zugeschrieben. Vom Beginn des Lebens bis zum Tod hat es eine Vielzahl komplexer Aufgaben zu erfüllen. Es ist zuständig für den Ausgleich zwischen den Bedürfnissen und Wünschen, die aus dem Inneren des Menschen kommen, und den Anforderungen und Einschränkungen der Umwelt, die in der kindlichen Entwicklung bald als Über-Ich zu einer inneren Instanz geworden sind. Es hat zu vermitteln und zu verhandeln, wenn Konflikte entstehen. Das Ich besorgt mit Hilfe von Gedächtnis, Sprach-, Denk-, und Bewusstseinsentwicklung, aber auch mit Hilfe motorischer Steuerung, dem Lernen an Modellen und durch Versuch und Irrtum unserem Selbst den größtmöglichen Realisierungsraum. Das Ich ist tatsächlich ein kleines Wunderwerk der Schöpfung und verdient es nicht, verteufelt zu werden. Dabei ist ein weiterer Gesichtspunkt wichtig: Auch das Ich haben wir selbst nicht geschaffen. Wir identifizieren uns zwar mit den Teilen unseres Selbst, denen das Ich zur Verwirklichung verhilft, und glauben so, wir selbst seien der Schöpfer unseres Ichs. Dabei erliegen wir jedoch einer Täuschung, denn unser Ich ist die Schöpfung eines Wechselspiels zwischen den uns angeborenen Funktionsbereitschaften und deren Förderung und Weckung durch unsere Umwelt.

Wenn wir uns die zentralen lebenserhaltenden und grenzerweiternden Aufgaben des Ich vor Augen halten, verbietet es sich jedenfalls, dieses Zentrum unseres psychischen Lebens zu verteufeln, abzutöten oder heldenhaft überwinden zu wollen. Eine oftmals religiös bedingte Entwertung des Ich ist das Ergebnis einer falschen Gegenüberstellung von Ich und Selbst. Dieser scharfen Trennung entspricht der Gegensatz zwischen Gott und Mensch, zwischen Himmel und Erde, zwischen „Gut" und „Böse". Er verdankt sich einem Gottesbild, welches abstrakt geworden und von der Erde in den Himmel entschwunden ist (vgl. dazu den Exkurs 1). Das Selbst als umfassende Gestalt unserer Psyche ist das innere, subjektive Korrelat Gottes. So wie unser Selbst beschaffen ist, so schaffen wir auch unseren Gott und umgekehrt: Die Art und Weise, in der wir Gott denken, von ihm sprechen und uns Bilder machen, hat prägenden Einfluss auf unser Selbst und unser Bild von uns selbst. In einem dualistischen Denk- und Weltmodell besteht die Neigung, den einen Teil zu entwerten und den anderen zu idealisieren.

Das Ich ist einerseits ein Teil des Selbst und das Selbst ein Teil des Ich, und doch kann das eine zum Gegenspieler des anderen werden. Das Ich kann sich z. B. klein, schuldig und lebensunwert fühlen, während sich das Selbst göttlich fühlen kann und das Ich ihm höhere, edlere, wertvollere Eigenschaften ansinnt, als es selbst besitzt. Eine Gottesvorstellung, die aus einem auf Gott übertragenen Ideal besteht, eignet sich natürlich vorzüglich zur Entwertung des Ich. Hier liegt in der Tat eines der tiefsten Probleme heutigen Gottesglaubens und der Gottesfrage überhaupt. Christliche Theologen tun sich ungemein schwer, dieses Gottesideal in Frage zu stellen. Es sieht oft so aus, als wären sie ständig damit beschäftigt, Gott zu ent-schuldigen und damit alles Böse, alle Schuld auf Grund der schöpfungsbedingten Schwäche des Menschen dem sündigen Ich zuzuschreiben.

Ein Prozess des Umdenkens und Abschiednehmens ist hier erforderlich. Ein herrscherliches Gottessubjekt, das so lange den Menschen klein gemacht und darin gleichzeitig bestimmte Macht- und Herrschaftskonstellationen unter Menschen begünstigt hat, kann man nicht durch eine reine „Denkbewegung" abschaffen oder verändern. Die Folge eines solchen idealen Gottes- und Selbstbildes ist die Entwertung des Ich bis hin zu seiner Verteufelung, wie sie bei Augustinus begegnet, der im Ich die „Konkupiszenz" (falsche Begierlichkeit) als Quelle des Bösen ansiedelt.

Die andere Form, das Ich an seinen schöpferischen Funktionen zu hindern, ist die, es mit dem allmächtig fanatisierten, idealisierten Selbstbild gleichzusetzen. Als Erfüllungsgehilfe hat das Ich Teil an der Großartigkeit des Selbst. Immer, wenn sich Menschen im missionarischen Eifer, oftmals unter Pochen auf ihre „Berufung" gesandt fühlen, können wir in der Regel eine Ideologisierung auf Grund eines falschen Selbst annehmen. Solche Menschen fühlen sich dann selbst großartig und bedeutsam, weil ihr oft als schwach erlebtes Ich Teil hat an ihrem Selbst-Ideal, das sich vorzugsweise von einer anderen, nicht hinterfragbaren göttlichen Autorität herleitet.

Das Ich kann also in zweifacher Weise darin gehindert werden, seine schöpferischen Aufgaben situationsgerecht zu erfüllen: durch Entwertung oder durch Teilhabe am Größenselbst.[9] Abgesehen von der hier angesprochen Pathologie der menschlichen Psyche, die im Einzelfall behandlungsbedürftig ist, kann man allgemein sagen, dass der Weg, unser Ich von diesen unnötigen Lasten zu befreien, darin besteht, dass wir selbst unsere Situation in dieser Welt und

9 „Größenselbst" und „idealisierte Elternimago" sind nach Kohut die beiden kindlichen Positionen, die im Laufe der Entwicklung umgewandelt werden in die Fähigkeit zur Selbstbehauptung und die Fähigkeit zu eignen Werten und realitätsbezogenen Idealen. Der narzisstisch Gestörte fällt auf die archaischen Positionen von Allmacht und Idealisierung zurück, die gepaart sind mit Ohnmacht und Entwertung.

im Rahmen der Schöpfung realistisch einschätzen: Wir sind Mängelwesen, nicht zu dauerhaftem „ewigen" Glück geschaffen, die aber im Rahmen dieser Grenzen Lebenserfüllung und Zufriedenheit erlangen können.

Die „kopernikanische Wende" in psychologischer Sicht: Das Opfer des Ich?

Der menschlichen Selbstüberschätzung sind durch Entdeckungen größerer Zusammenhänge immer wieder Grenzen gesetzt worden: Die Vorsokratiker lehrten, dass nicht die Götter die Natur bewegen, sondern physikalische Prozesse unser biologisches Dasein bestimmen. Kopernikus lehrte die Menschheit, dass nicht die Erde Mittelpunkt des Universums ist, Darwin bereitete der Menschheit die Kränkung, ein Zufallsprodukt der Evolution zu sein und Freud mutete den Abschied zu von der Illusion, dass „Ich" sei Herr im eigenen Hause und lehrte die Macht der unbewussten Triebe. Muss nun die Psyche die „kopernikanische Wende" im Inneren nachholen – wie viele Psychotherapeuten fordern – und das Ich seine Vormachtstellung aufgeben zu Gunsten transpersonaler Zusammenhänge? Hat sich das Ich tatsächlich allzu sehr aufgebläht, sodass es zum herrscherlichen Subjekt in dieser Welt wurde und rücksichtslos alles beseitigte, was seiner Vormachtstellung im Wege stand? Steht also eine Opferung des Ich an zu Gunsten der Geburt eines größeren, umfassenderen Selbst? Sind der oft beklagte Individualismus, die schwindende Beziehungsfähigkeit, soziale Verantwortung und Solidarität Früchte dieser falschen Ich-Aufblähung?

Es ist ein Grundgedanke der Opfervorstellung, dass in gewisser Weise das Ich geopfert werden muss, wenn es zur Geburt des „wahren Selbst" kommen soll. Der Neurobiologe, Psychiater und Psychoanalytiker Hinderk M. Emrich betrachtet in seinem Entwurf einer philosophischen Psychologie des Opfers dieses „als paradoxe Form der Rettung von Identität durch Hingabe von Identität".[10] Wenn man

10 Emrich 1995, S. 83.

die erste Form von Identität die ich-hafte nennt und die zweite mit Selbst bezeichnet, dann kann man folgende Analogie auf die erlösende Wirkung des Todes Jesu übertragen: Dem Ich entspricht der irdische Jesus und dem Selbst der nachösterliche Christus, der die Vollgestalt des Irdischen symbolisiert. Ich bin mir im Klaren darüber, dass ein solcher Versuch in mehrfacher Hinsicht „gefährlich" ist, weil er allzu schnell in die bekannte Verteufelung des Ich einmünden kann und so einer masochistischen Position Vorschub leistet. Darüber hinaus könnte ein solcher Versuch als eine unzulässige Psychologisierung abgetan werden, der an der eigentlichen metaphysischen Tiefe und der Tatsache der Erlösung von außen, durch Gott, vorbeigeht.

Dem letzten Einwand möchte ich durch den Hinweis begegnen, dass gerade die Verlegung des Erlösungsgeschehens in eine „andere" Welt zu einer tiefen Spaltung der Wirklichkeit führt und damit ein heilsames Verarbeiten des Mangels, der tatsächlich erlösungsbedürftigen Situation des Menschen verhindert. Positiv gesagt: es geht um ein erfahrungsnahes Verständnis von dem, was theologisch die Erlösung genannt wird. „Erfahrungsnah" bedeutet, dass ein religiöses Symbol wie das des Todes Jesu am Kreuz eine innere Resonanz hervorruft in der Weise, dass es neue Lebens- und Entwicklungsschritte induziert oder kritisch-konstruktiv bereits gelebtes Leben in einen umfassenden Deutungs- und Sinnhorizont hineinholt. Dabei freilich wird auf eine metaphysisch-religiöse Wahrheit „an sich" verzichtet, weil eine religiöse Wahrheit sich lebenspraktisch zu bewähren und zu bewahrheiten hat.

Was aber muss sterben und geopfert werden, damit das Leben schöpferisch gelebt werden kann und sich in ihm Auferstehung realisiert? Zunächst ist davon auszugehen, dass vor der „Opferung" des Ichs ein solches Ich erst einmal entstanden sein muss. Es braucht viel Wertschätzung und Aufmerksamkeit, ja es kann davon eigentlich nicht genug bekommen. In der Lebensgeschichte eines Menschen ist es vor allem die erste Lebenshälfte, und besonders die Jahre der frühen Kindheit, aber auch die Zeit der Pubertät, Adoleszenz und des frühen Erwachsenenalters, in denen das Ich seine Funktionen übernimmt. Im Laufe der Entwicklung ist das Ich aber auch mit Aufgaben betraut, die ihm eigentlich fremd sind: Es ist einmal die Identifikation des Ich mit dem „Größen-Selbst", die es überfordert. Opferung des Ich kann also in diesem Fall heißen, die Abhängigkeit von einem fordernden Ideal aufzugeben. In der Regel ist es für das Ich eine große Entlastung, wenn es sich von überfordernden Zuschreibungen durch das Selbst oder durch eine andere Autorität frei macht. Es ist dann nicht mehr bereit, sich Gehorsam verlangenden Instanzen zu unterwerfen und schon gar nicht, sich alle Schuld der Welt auf seine Schultern laden zu lassen.

„Depressive Identifikation" statt Gotteskomplex

Wenn wir nun den irdischen Jesus mit dem psychologischen Ich in Analogie bringen, entspricht die nachösterliche Christusgestalt dem übergeordneten Selbst. So wie Christus im Gegensatz zu Jesus keine historische Person beschreibt, ist das Selbst keine physikalische oder seinshafte Größe. Wenn man den Tod Jesu am Kreuz mit dem Schlüssel der Ich-Selbst-Beziehungsdynamik als heilsam auslegt, könnte man Folgendes sagen: Das Ich bzw. ein Teil von ihm muss sterben, damit aus dem Untergang von Teilen des Ichs das Selbst hervorgeht. Dieser Vorgang beschreibt eine rein psychologische Realität. Das Selbst steht also für die kontrafaktisch angenommene Gesamtheit der Persönlichkeit, die noch im Werden ist, und diese ist ohne die schmerzhafte Opferung von Ich-Anteilen nicht zu haben.[11] Man kann auch hier den Begriff Freiheit einführen. Ein freier Mensch im Sinne des umfassenden Selbst wird man dann, wenn die kindlichen Fantasien und das Wunschdenken nicht mehr das Handeln bestimmen, sondern eben diese kindlichen Fantasien geopfert worden sind. Es muss im wahrsten Sinn des Wortes etwas sterben und geopfert werden, damit etwas

---

11 Vgl. Emrich 1995, S. 87; Aus der Sicht der Jung'schen Tiefenpsychologie spricht der Analytiker Wolfgang Giegerich, z. T. an Girard anschließend, von „Tötungen zweiter Art" und meint Opferungen von Teilen der Identität, die zu Gewaltverhältnissen führen (Giegerich 1992, S. 228–233).

Neues geboren werden kann. In der Parabel von den beiden um ihr Kind streitenden Müttern opfert die wahre Mutter ihre Rivalität mit ihrer Konkurrentin, sie lässt ihre Besitzansprüche an das Kind los und ermöglicht so dessen Leben. Das Kind, das durch die Opferung der ichhaften Rivalität neu geboren wird, entspricht auf der innerpsychischen Ebene dem wahren Selbst.

Im Neuen Testament werden unterschiedliche Metaphern gewählt, um diesen Transformationsprozess zu beschreiben: das Bild vom Weizenkorn, welches sterben muss, um Frucht zu bringen (Joh 12, 24), ist sicher das prominenteste, aber auch das Wort Jesu, dass der, der sein Leben verliert und gering achtet, eben dieses Leben finden wird (Lk 14, 26). Auf diese Paradoxie verweist das Bild vom Tod Jesu jenseits seiner historischen Dimension. Wo jemand ängstlich klammernd und lebenshungrig festhält an seinem Ich, dort findet er nicht zu seinem Selbst. Dieses Ich freilich steht hier als Chiffre für all jene rückwärts gewandten und manchmal kindlichen Wünsche, die einer Reifung im Wege stehen. Dieses Opfer ist nicht im Sinne einer „Heiligung" der Unterwerfung zu verstehen, sondern muss im Dienste einer umfassenden Selbstwerdung vollzogen werden. Insofern scheint mir der Opfergedanke einen unaufgebbaren Aspekt zu beinhalten, der lebenserweiternde Erfahrungen ermöglicht.

Jeder Wachstums- und Entwicklungsschritt hinterlässt ein Schuldgefühl, weil er als Beraubung erlebt wird. Es ist der Wunsch des Kindes, so zu werden wie seine Beschützer, so wie der kannibalistische Frühmensch sich die Stärke des anderen durch aggressive Einverleibung anzueignen suchte. In der unbewussten Fantasie des Kindes wird z. B. der Vater durch die Aneignung seiner Macht mittels Identifikation verstümmelt, vernichtet. Die Fähigkeiten des Kindes erlebt es als unmittelbar von den Eltern genommen, es lebt sozusagen auf deren Kosten. Die verallgemeinernde Schlussfolgerung, die der Soziopsychoanalytiker Gerard Mendel (1972) aus dieser Beobachtung zieht, deckt sich mit unseren Ausführungen: Alles Leben und Wachsen wird als identifikatorischer und usurpatorischer, beraubender Akt erlebt, als Leben „auf Kosten" und damit als Leben „in Schuld". Im

Opfer wird jene Schuld zurückerstattet, die sich aus dem Akt der Identifikation und Beraubung ergibt. Diese opfernde Rückerstattung ist selber auch wieder eine Identifikation mit dem, der das Leben gibt, und beinhaltet die Anerkenntnis der Tatsache der eigenen Geschöpflichkeit.

„Depressive Identifikation" bedeutet also eine bestimmte Einstellung denen gegenüber, denen wir uns verdanken. Diese beinhaltet die notwendige Trauer, die sich einstellt, wenn wir den kindlichen Allmachtswahn aufgeben. Gegenüber dieser lebensförderlichen depressiven Identifikation gibt es auch die usurpative: Nicht mehr das Verdankt-Sein der eigenen Existenz bestimmt das Lebensgefühl, sondern der Wille, sich an die Stelle derer zu setzen, von denen die Lebensenergie einst bezogen wurde. Es ist eine Form, den so genannten ödipalen Konflikt zu lösen: Sich derer zu bemächtigen und diejenigen zu beherrschen, von denen sich der Einzelne als Kind einst abhängig fühlte. Die ödipale Schuld wird gleichsam verdrängt und dadurch bewältigt, dass andere jetzt „büßen" müssen und als Sündenböcke die Schuld zu bezahlen haben.

Im Opfer hingegen, zu dem der Usurpator nicht fähig ist, wird die „Schuld des Daseins" in schöpferischer Weise bewältigt. Weiter unten wird noch aufzuzeigen sein, dass die depressive Identifikation ein positiver, lebensfördernder Akt ist und keineswegs mit pathologischer Depression verwechselt werden darf.

Der Dogmatiker Jürgen Werbick hat die depressive Identifikation auf das Verständnis des Kreuzestodes Jesu als Opfer übertragen: Indem Gott selbst leidet, verzichtet er darauf, die Menschen zu Sündenböcken zu machen, denn die „Ehre Gottes ist der lebendige Mensch".[12] Dadurch werde die „Logik des Bezahlenmüssens" durchbrochen, die das traditionelle Sühnopfer-Denken beherrschte. Durch das „Mitgekreuzigt-Werden" mit Christus habe der Einzelne teil am göttlichen Lebensbereich. Auch Werbick sieht hier wiederum die Gefahr der masochistischen Fehlinterpretation, die zu Recht den Fluch Nietzsches auf das Christentum

---

12 Irenäus von Lyon, vgl. Werbick 1990, S. 253.

als einer Religion der Schwäche und Unterwerfung auf sich gezogen hat.

Insofern der Masochismus jedoch auch einen normalen Entwicklungsaspekt beschreibt, symbolisiert die Position des Mitgekreuzigt-Werdens die oft leidvolle Akzeptanz der Tatsache, dass der Mensch sich das vitale und psychische Leben nicht selber gegeben hat, sondern sich anderen verdankt. Auf ödipaler Ebene bedeutet die Identifikation mit Christus die Anerkenntnis der Tatsache, nicht „der Vater" zu sein, d. h. psychologisch die Position des Größenselbst in der usurpatorischen Identifikation aufgegeben zu haben. Eine lebenseinschränkende und letztlich inhumane Variante hingegen besteht in der Vermeidung von notwendiger Trauer, die zu einer Auflösung der ödipalen Rivalität und zur inneren Freiheit von den Eltern führen könnte. Wenn man mit Melanie Klein den Ödipuskomplex in das erste Lebensjahr zurückverlegt, dann besteht die Lösung, die das Mitgekreuzigt-Werden signalisiert, im Wechsel von der „schizoid-paranoiden" zur „depressiven" Position. In Ersterer wird das „böse", weil nicht genug Befriedigung gebende und dadurch Wut erzeugende Objekt verfolgt und zu zerstören gesucht. In der „depressiven Position" wird die Tatsache, dass das geliebte Mutterobjekt eine „gute" und eine „böse" Brust hat, durch angemessene Trauerarbeit akzeptiert und es kann zu einem Mutterbild kommen, welches sowohl gute als auch böse, d. h. befriedigende und versagende Teile in sich vereint. Es entsteht ein ambivalentes Mutterbild.

Die Fähigkeit zur Ambivalenz kennzeichnet einen heilsamen, nicht durch rigide Spaltungen gekennzeichneten Glauben. Ambivalenz zu erleben ist eine Furcht des „Opferns" und besteht im Loslassen kindlicher Allmachtsfantasien. Die „Welt" nicht verfolgen und (in der Fantasie) nicht zerstören zu müssen, weil sie nicht den idealen, reinen und großartigen Bildern entspricht, die im Größenselbst aufgehoben sind, ist eine Frucht der schöpferischen Trauer über den Verlust von glückseliger Ganzheit. Ob ein solcher Prozess des Loslassens, des Trauerns und Einverstandenseins mit einer begrenzten und unvollkommenen Welt im Subjekt einsetzen kann, darüber entscheidet mitunter die Gestalt des Gottesbildes.

Das christliche Gottesbild zeichnet sich dadurch aus, dass es weit gehend frei gehalten wird von solchen Ambivalenzen. Gott scheint nur gut zu sein, bei ihm gibt es nicht den Schatten des Bösen. Der Versuch, „Gut" und „Böse" mit Gott in Verbindung zu bringen und auf die gespaltene „Lösung" eines Teufels zu verzichten, der dann zum Träger des Bösen wird, stellt für den christlich geprägten Menschen eine ungeheuerliche Herausforderung dar. Die Vorstellung, dass Gott allgütig und allmächtig ist, scheint eine unanfechtbare Voraussetzung des monotheistischen Gottesglaubens schlechthin zu sein. Ist doch mit der Annahme eines nur guten und das Böse nicht wollenden Gottes zunächst eine Möglichkeit gefunden, mit der Erfahrung der endgültigen Vertreibung aus dem Paradies und dem Leben in der Welt der Ambivalenz und Polarität fertig zu werden und nicht zu verzweifeln. Das Bild vom allgütigen Gott begründet die Hoffnung, dass die Vertreibung aus der Welt narzisstischer Harmonie und die Wirklichkeit einer mangelhaften Schöpfung, in der es das Böse gibt, nicht eine endgültige Tatsache ist. Warum also die Rede von der Allgüte und Allmacht Gottes in Frage stellen?

Die erste Richtung einer Antwort können Erfahrungen aus der Psychotherapie liefern. Ich denke an Menschen, die von solchen Schuldängsten und Schamkonflikten geplagt sind, dass sie eine Zwangssymptomatik entwickeln, die ihren Lebensraum erheblich einschränkt. Dabei muss man sofort dem Verdacht begegnen, hierbei handele es sich ja um kranke Menschen, deren Wirklichkeitserfahrung nicht zum Maßstab genommen werden können. In der Psychoanalyse jedoch gilt ähnlich wie in der Seelsorge das so genannte „Neurotische" als ein gesteigertes „Normales". Der „Kranke" drückt nur aus, was der „Gesunde" auch empfindet. Letzterer entwickelt nur eben keine Neurose, sondern hat andere Formen der Verarbeitung gefunden. Im Bereich des religiösen Lebens etwa wendet er sich einfach ab von den Antworten der Religion, gibt den Glauben an Gott ganz auf und „bewältigt" seinen Konflikt mit den Widersprüchen des religiösen Lebens auf diese Weise.

Die Anamnese von Menschen mit schweren Schuld- und Schamgefühlen ergibt etwa folgendes Bild: Eine emotional kalte und uneinfühlsame Mutter und ein autoritärer, selbstunsicherer Vater lassen keine Zweifel an ihrer Person zu. Eine andere Variante ist die, dass die Eltern äußerlich gesehen liberal erlebt werden, sich aber bei genauerer Analyse als so schwach und ängstlich fühlen und dem Kind deshalb keine Grenzen setzen können. Es kommt somit nicht zu einem echten Kontakt, geschweige denn zu einer Auseinandersetzung. Kinder solcher Elternkonstellationen sind häufig gezwungen, sich selbst alle Unzulänglichkeit und Versagung zuzuschreiben und den eigenen Wünschen zu misstrauen. In der Folge bildet sich ein tiefes Schamgefühl den eigenen Gefühlen und dem eigenen Begehren gegenüber. Kritik oder gar Ärger und Wut gegen ihre eigenen Eltern können solche Patienten in der Regel nicht empfinden. Alles Unrecht, alle Strenge und Gewalt, die sie von ihnen erfahren haben, alle fehlende Beziehung und Wärme, können nicht dadurch bewältigt werden, dass sie Wut gegenüber diesen Eltern empfinden und diese Energie benutzen, um die notwendige Trennung und Ablösung in Gang zu setzen. Vielmehr richten Menschen mit solchen kindlichen Erfahrungen diese Aggression gegen sich selbst, indem sie ein strenges und rigides Über-Ich entwickeln. Damit haben sie ihre nie gelebte Aggression in fataler Weise „verwandelt": Sie behandeln sich nun selbst kalt und streng und verurteilen sich auf Grund ihre eigenen Wünsche, ja bereits auf Grund der Tatsache, dass sie überhaupt existieren.

Mischt sich diese psychische Entwicklung mit autoritär-religiöser Erziehung, kommt es bald zu einer Identifizierung dieses strengen Über-Ichs mit Gott. Er wird jetzt zum Verfolger aller Wünsche, ihm müssen nun Lebensfreude und Lust in einem fatalen Sinne geopfert werden, er gerät in die Position eines Tyrannen, der seinen Herrschaftsbereich nicht nur über ihre Taten, sondern auch über ihre inneren Fantasien und Wünsche ausbreitet. Allein der Gedanke, an seiner Autorität zu zweifeln, löst Ängste aus, die die Bereitschaft zur blinden Unterwerfung erneut verstärken.

Wenn wir dies bedenken, dann wird die Notwendigkeit

der Frage, ob das „Böse"[13] in unserer Gottesvorstellung einen Platz haben kann, deutlich: Je idealer Gott gedacht wird, desto nötiger wird es sein, die nicht mit diesem Ideal-Bild zusammenpassenden Erfahrungen auf sich selbst zurückzubeziehen. Das Ideal wird dadurch rein und eindeutig gehalten. Je makelloser sich die Eltern dem Kind gegenüber darstellen, desto notwendiger wird es für dieses sein, alle Versagung und jeden Mangel, alle Enttäuschung und jeden Ärger, den reale Eltern ihrem Kind notwendigerweise bereiten müssen, auf sich selbst zu beziehen. Schuldgefühle, Scham und Ekel, eine Entwertung oder eine übermäßige Aufblähung des eigenen Selbst sind die Folge. Eine andere Lösung ist die, die nicht mit dem idealen Eltern- oder Gottesbild zusammenpassenden Erfahrungen wie die des Bösen auf andere Objekte zu übertragen. Hierbei bedient sich das Kleinkind der Sündenbockprojektion, umso das geliebte Objekt vor der Aggression zu schützen, die durch Versagung seitens der Eltern hervorgerufen wird.

Auch die traditionelle Lösung der Theologie weist Ähnlichkeiten mit diesem Abwehrmechanismus auf, wenn sie den Teufel braucht, um mit der Erfahrung des Bösen fertig zu werden.[14] Auf diese Weise wird das ideale Bild „Gott ist Liebe" von jedem Verdacht befreit, für den Defekt der Schöpfung, der dem Menschen als das „Böse" entgegentritt, verantwortlich zu sein und eben dadurch Aggression, Ärger und Wut auf sich zu ziehen. Vor diesen unangenehmen Gefühlen muss offenbar das Gottes-Ideal geschützt werden. Schon hier sei vorwegnehmend angedeutet, dass aus psychoanalytischer Sicht der Mensch dadurch lieben gelernt hat, dass er Menschen um sich hatte, die seine (fantasierte) Aggression ausgehalten und überlebt haben.[15] Auf der zeitlichen Entwicklungslinie kommt die Aggression vor der Liebe. In der Liebesbeziehung zwischen Erwachsenen speist sich Liebe und Verbundenheit auch nicht nur aus positiven

13 „Böse" meint hier keine moralische Kategorie, sondern meint solche Aspekte im Gottesbild, die Versagung zumuten und deshalb Aggressionen auf sich ziehen.

14 So die theologische Studie von Claret (1997) zum Thema. Vgl. dazu die Auseinandersetzung mit diesem Ansatz in Funke 1998.

15 Vgl. Winnicott 1979, S. 101–110.

Erlebnissen, sondern zu einem großen Teil aus der Erfahrung, dass der Andere die eigene, zum Lebenserhalt notwendige Aggression ausgehalten und überlebt hat. Dadurch wird die Liebe geerdet und beständig. Der Gottesglaube könnte viel von seiner Vitalität zurückgewinnen, wenn dieser frühe Affekt in ihm Platz hätte.

Gegenüber einer gespaltenen Lösung (Gott/Teufel) ist an die alttestamentlich-deuteronomistische Vorstellung von Gott als dem „Einen und Einzigen" zu erinnern, die jeder Aufteilung in einen Gott des Guten und einen von ihm getrennten Gott des Bösen zuwiderläuft. „Solche Zuteilungen und Kompetenzverteilungen", schreibt der Alttestamentler Manfred Görg, „sind manchmal einfacher zu verstehen, als dem ‚Einen und Einzigen' die Wirksamkeit in allen Bereichen zuzugestehen. Mit dem Monotheismus beginnt das ‚Elend' der Theologie" und deren größte Herausforderung.[16]

Dieses „Elend der Theologie" manifestiert sich darin, dass die Kompetenzverteilung zur Vorstellung von einem nur guten Gott und seinem Gegenspieler, dem Teufel, geführt hat. Die Folge dieser Spaltung besteht in der scheinbar unaufgebbaren Position christlichen Glaubens, dass Gott allgütig und allmächtig ist. Dennoch ist spätestens seit Auschwitz das Ende der traditionellen Gottesbilder gekommen, sodass der Zweifel an einem allmächtigen und allgütigen Gott auch von jüdischen und christlichen Theologen unabweisbar gemacht worden ist. Die Antworten und theologischen Rettungsversuche auf diese Herausforderung kreisen dabei um das Bemühen, Gott selbst aus seiner Position der Unveränderlichkeit, in die er infolge der griechischen Philosophie geraten ist (Gott als unbewegter Beweger), zu entlassen und ihn zum leidenden, ohnmächtigen, schwachen Gott zu machen, der seinerseits mit-leidet im Leiden der Menschen und der so zum solidarischen Gott wird, der auf Seiten der Opfer von Gewalt und Unrecht steht. Aus diesen Positionen entwickelte sich bei Johann Baptist Metz, Jürgen Moltmann und Dorothee Sölle die „politische Theologie", die die Theodizee-Frage nicht

16 Görg 1995, S. 160.

mehr theoretisch, sondern nur noch praktisch durch gelebte Solidarität und Parteilichkeit für die Opfer beantworten will.

Neben dieser praktischen Lösung der Theodizee-Frage bereitet die Rede vom allmächtigen und allgütigen Gott aber auch intellektuelle Probleme und stellt eine ständige Herausforderung dar, auf die verschiedene Theologen reagieren. So weisen z. B. die Alttestamentler Walter Dietrich (1997) und Manfred Görg (1995) die Dominanz der traditionellen Attribute Gottes zurück. Mit der provokanten Formulierung „Abschied vom allmächtigen Gott" hat auch Günther Schiwy (1995) auf die Notwendigkeit eines anderen Gottesbildes aufmerksam gemacht und Widerspruch hervorgerufen, auf den noch einzugehen sein wird. Wenn man die Gottesfrage unter dem Gesichtspunkt der Frage nach dem Ursprung des Bösen von einem psychoanalytischen Standpunkt anschaut, lassen sich einige Aspekte gewinnen, die in der rein philosophisch-theologisch geführten Auseinandersetzung weit gehend unberücksichtigt bleiben. Denn nach dem Ende eines metaphysischen Weltbildes kann man nicht mehr von Gott reden, ohne die soziale und psychische Basis dieser Rede mit zu reflektieren.[17]

Es bedarf also einer Vergewisserung über die Sprache, die wir verwenden, wenn wir von Gott reden. Diese Sprache und die ihr innewohnende Logik soll im folgenden Exkurs thematisiert werden, bevor ich mich dann der psychischen Basis der Gottesrede zuwende.

Exkurs 3: In welcher Sprache sprechen wir von Gott?[18]

„Manchmal hasse ich Gott, weil er böse ist. Aber trotzdem glaube ich, dass er gut ist und mich liebt." Diese Äußerung einer Analysandin darf nicht im Sinne einer objektivierenden Wesensaussage über Gott – nach Art der traditionellen Meta-

---

17 Vgl. Funke 1995, S. 28–35.
18 Die folgenden Gedanken zum Sprechen von Gott verstehen sich als Weiterführung der Reflexionen des 1. Exkurses zur Frage der theologischen Vernunft.

physik – verstanden werden. Wenn die Rede vom Bösen in Gott als objektive, eindeutige und festlegende Aussage ‚über' Gott, gleichsam als ontologische Wesensaussage, gemacht wird, dann sind wir in der Sackgasse dieses metaphysischen Modells von Wirklichkeit angelangt. Ein Ausweg besteht meines Erachtens darin, anders als metaphysisch-objektivierend von Gott zu sprechen. Dann können wir sagen, dass in Gott Gutes und Böses ist und dass er doch ganz gut ist. Dieser Satz ist paradox. Er erfüllt nicht die Qualität logisch widerspruchsfreien Sprechens von Gott, wie ihn die Theologie fordert. Um jedoch Gott nicht ins enge Gehäuse der Logik einzusperren, brauchen wir eine andere Sprache, die nicht festlegend und objektivierend ist, sondern metaphorisch, paradox und in gewisser Weise skandalös. Dazu einige Hinweise.

Metaphorisches und paradoxes Sprechen statt objektivierender Rede

Die „Frage nach Gott" entspringt im kognitiven Bereich den ungelösten und unlösbaren Rätseln des Woher? Wohin? Wozu? unserer Existenz, im emotionalen Bereich den Erfahrungen des drohenden Chaos, des Verlustes des Paradieses, des Bösen, der Schuld und des Todes. Es gehört zu den großen Missverständnissen religiöser Rede von Gott, diese Fragen mit eindeutigen Antworten aufzulösen. Die Übernahme griechischen Denkens, genauer des Platonismus und Neuplatonismus in frühchristliche Theologie, führte dazu, die Gottesvorstellungen auf Wesensaussagen „über" Gott zu reduzieren und ihn so zu objektivieren. Sie bediente sich zunehmend einer streng deduktiven Sprache, die Wahrheiten aus gültigen Prämissen ableitet. Es ist die „Metaphysik der Objektivität"[19], die bis heute die Gottes-Rede vieler Theologen prägt. Aussagen „über" werden dann als „eindeutige" Zuschreibungen verstanden: Gott ist allmächtig, allwissend, allgütig usw. Gegenüber dieser Weise von Gott zu sprechen, äußert der italienische Philosoph Gianni Vattimo den Verdacht, „dass das Bedürfnis nach ‚klaren und deutlichen Ideen' noch ein metaphysischer und objektivistischer

19 Vattimo 1997, S. 40.

Restbestand unserer Mentalität ist".[20] Latent erzeuge ein solches „eindeutiges" theologisches Reden von Gott Gewalt, da mit der Anerkennung von Wesensaussagen Moralität zusammenfalle. Wer sich diesen Aussagen nicht anschließe, werde verfolgt oder ausgegrenzt. Es ist die Bereitschaft zur Gewalt, zumindest aber eine paranoide Tendenz, die der „Metaphysik der Objektivität" innewohne.[21]

Für Vattimo liegt der Gewinn, den das Christentum aus der Begegnung mit dem spätmodernen Denken nach Nietzsche und Heidegger ziehen kann, darin, dass es zu einem „schwachen Denken" zurückkehrt, welches die objektivistischen Gottesvorstellungen überwindet und zu einem paradoxen und skandalösen Sprechen von Gott zurückfindet: „Das einzige große Paradox, das einzige Skandalon der christlichen Offenbarung ist eben die Menschwerdung Gottes, die kenosis, und d. h. die Aussetzung aller transzendenten, unverständlichen, geheimnisvollen und auch, wie ich meine, bizarren Züge, die freilich den Theoretikern des Glaubensprunges so sehr am Herzen liegen".[22] Besonders im Hinblick auf die Frage, ob Böses in Gott Platz haben kann, ist diese paradoxe und in gewisser Weise skandalöse Rede unumgänglich. Der Verzicht auf Totalitätsaussagen[23] erweist sich bei näherem Hinsehen als sich beschei-

---

20 Ebd. S. 43.
21 R. Girard zeigt in seiner kulturanthropologischen Studie „Das Heilige und die Gewalt", auf die sich auch Vattimo beruft, den Zusammenhang zwischen Gewalt und einer natürlichen Religion auf, der Vattimo auch ein metaphysisches Gottesbild zurechnet. Diese Gewaltsamkeit der Metaphysik der Objektivität durchzieht die Geschichte des christlichen Glaubens und zeigt sich in der Bereitschaft, die „Wahrheit" durch „Heilige Herrschaft", d. h. mit Gewalt durchzusetzen.
22 Vattimo 1997, S. 56.
23 Dieser Verzicht bedeutet keineswegs, Sätze wie „Gott ist die Liebe" (1 Joh 4,8) oder „Gott ist Licht" (1 Joh 1,5) zu vermeiden. Er verhindert aber, eine biblische Aussage so zu objektivieren, dass sie eine Totalaussage wird, neben der andere Aspekte keinen Bestand mehr haben und möglicherweise verfolgt werden müssen. Ein Beispiel für diese Tendenz zur Verfolgung dessen, was einem eindeutigen Ideal nicht entspricht, findet sich in der Geheimen Offenbarung des Johannes. Die psychoanalytische Interpretation Raguses (1993, S. 143–209), wie ich sie im 4. Kapitel referiert habe, macht exemplarisch diese destruktive Dynamik deutlich.

dendes Grenzbewusstsein und darin als die dem an Objektivität orientierten theologischen Denken verloren gegangene Weisheit.[24]

Von der an der Metaphysik der Objektivität geprägten Gottesrede, in der das Widersprüchliche, Paradoxe und Skandalöse wenig Platz hat, ist die metaphorische Sprache zu unterscheiden. Der Kulturphilosoph Ernesto Grassi (1979, 1992) hat unter Rückgriff auf die rhetorische Tradition des neapolitanischen Philosophen Giambattista Vico (1688–1744) die Bedeutung metaphorischen Sprechens insofern radikalisiert, als für ihn die Umwelt des Menschen immer eine metaphorische Realität ist.[25] Denn aus der Außenwelt wurde für den archaischen Menschen erst dadurch eine Umwelt, dass er diese durch den Bezug zu seinen vitalen Bedürfnissen, wie Nahrungsaufnahme und Arterhaltung, wahrnahm. Er übertrug auf die Außenwelt eine Bedeutung, und dadurch entstand „seine" Lebenswelt, die Kultur. In ihr herrscht die metaphorisch-bedeutungsübertragende Sprachform vor, die über die logisch-ableitende und begründende Rede der positiven Wissenschaften hinausgeht. Die Weise des wissenschaftlichen Denkens hingegen ist die logisch-ableitende Form des syllogistischen Schließens. Aus Vordersätzen oder Prämissen werden Schlusssätze abgeleitet, denen ein begründender und beweisender Charakter zukommt. Der streng deduktive Charakter dieser logifizierenden Rede muss sich von Metaphern freihalten, weil dadurch Vieldeutigkeit eingeführt würde, wo doch Eindeutigkeit gewünscht ist.

Von dieser Sprachform grenzt Grassi die metaphorische Rede ab: in ihr kommen die ursprünglichen, unableitbaren Prämissen der rationalen Rede zum Ausdruck. Metaphorische Rede hat Evidenzcharakter und zielt ab auf unmittelbare Einsichtigkeit.[26] Während also die logisch-rationale Rede Gültigkeit intendiert, geht es in der metaphorischen, Zeichen setzenden Rede um Ursprünglichkeit. Es ist unbestritten, dass die religiöse Rede von

---

24 Vgl. dazu ausführlich Fürst 1986, S. 417–537.
25 Die Bedeutung metaphorischen Sprechens in der Psychoanalyse arbeiten heraus: M. Pohlen/M.Bautz-Holzherr (1991). Die klassischen Arbeiten zur Metapherntheorie vereinigt der Sammelband von A. Haverkamp (Hg.) (1996).
26 Grassi 1979, S. 169–174.

Gott in der biblischen Überlieferung dem Typ metaphorischen Sprechens zuzuordnen ist.[27]

Das wichtigste Kennzeichen metaphorischer Rede ist, dass sie sich analogisierend vollzieht. Nach Ernsto Grassi bezeichnet im Griechischen der Ausdruck „Metapher" ursprünglich das konkrete Tragen eines Gegenstandes von einem Ort zu einem anderen: Die Überführung des Leichnams, das letzte Übertragen vom Leben zum Tod.[28] Die übertragene Bedeutung ist ein Weg vom Sinnlichen zum Un-Sinnlichen, Abstrakten. Das richtige Übertragen wird in dem Vermögen gesehen, das Entfernteste durch Ähnlichmachen mit dem Naheliegenden zu verknüpfen. Diese analogisierende ähnlich machende Praxis von Unähnlichem ist der Kern metaphorischen Redens.[29] Bei der Metapher „Zeit ist Geld" weiß jeder, dass Zeit – objektivierend gesehen – nicht Geld ist. Nur auf Grund der Übereinstimmung bestimmter Merkmale, wie z. B. Knappheit, kann eine Ähnlichkeit hergestellt werden. Auch die Fragestellung „Kann Gutes und Böses in Gott Platz haben?" ist metaphorisch gemeint. Gott als gut oder böse zu bezeichnen ist keine logifizierende und objektivierende Rede, sondern ein In-Beziehung-setzen von menschlicher Lebensarbeit, psychoanalytischer Reflexion und theologischem Nachdenken. Deshalb kann analogisierendes, metaphorisches Reden nicht zur Wahrheit im Sinne des

27 Darum wurde sie aus dem Wissenschaftskanon der Moderne ausgeschlossen. Diese Weichenstellung besorgte der scholastische Franziskaner-Theologe Willhelm von Ockham (1289–1349) mit seiner Lösung des so genannten Universalienstreits des Mittelalters. Indem er den Begriffs-Realismus des Platon für die Theologie als geeignete Erkenntnisform empfiehlt, hält er diesen Weg für die Erkenntnis der natürlichen Welt für nicht geeignet. Der Nominalismus des Aristoteles und dessen Logik, in die sich die scholastische Theologie gründlich eingeübt hatte, bildet für Wilhelm von Ockham die geeignete Erkenntnisform für die natürlichen Wissenschaften. Die Bedeutung der Metapher für eine theologische und psychoanalytische Symboltheorie findet sich ausführlich herausgearbeitet bei Wahl 1994, S. 298–348.

28 Grassi 1992, S. 52 f.

29 Die Metapherntheorie der kognitiven Linguistik hat gezeigt, wie hoch der Anteil metaphorischer Rede an der Sprache ist und welche zentrale Strategie die Metapher zur Lebensbewältigung und Horizonterweiterung darstellt. Einen einführenden Überblick gibt M. B. Buchholz (Hg.) 1993, S. 7–14.

objektivierenden, metaphysischen Denkens führen, sondern immer nur zur Gewissheit.

Metapher und Körper

Ursprungsort der analogisierenden Erkenntnisweise ist der Körper. Ursprünglich dachten die Menschen mit ihren Körpern und fassten die Welt als Übertragung ihres Körpers auf. In Analogie zum Körper und seiner Paarung bildet sich eine Anschauung von Welt als Übertragung dieser Paarung: Uranos und Gaia als der sich ewig vereinigende Kosmos.[30] Giambattista Vico[31] nimmt an, dass alle Metaphern in Analogie zum menschlichen Körper entstanden sind, was übrigens der Freud'schen Auffassung sehr nahe kommt, dass im Unbewussten alle Erhebungen Übertragungen des männlichen Phallus und alle Öffnungen und Rundungen Metaphern für die weiblichen Genitalien darstellen. Durch die körperbestimmte Metaphorik wird auch die Natur beseelt: Flüsse haben Mündungen, das Land besitzt Zungen und Hälse, das Meer formt sich zum Busen, das Berginnere hat Adern von Mineralien, die Erde besitzt Spalten und der Boden ist von Furchen durchzogen. Auch zwischenmenschliche Beziehungen werden analog zur Körpererfahrung benannt: Ein Kontakt ist herzlich, eine Äußerung hat weder Hand noch Fuß usw. So ist auch der biblische Schöpfungsvorgang als „Benennen" qualifiziert, welches sich als metaphorisch-analogisierende Praxis verstehen lässt.

Gottesbezeichnungen als Metaphern

Ebenso haben die Bezeichnungen, die wir dem Wort „Gott" hinzufügen, metaphorischen Charakter: Es ist der Weg vom Sinnlichen und Körpernahen zum Abstrakten und Geistigen, den wir gehen, wenn wir Gott als „Vater und Mutter", als „Mann und Frau", als „stark und mächtig", als „gut und böse" bezeichnen. Dieser metaphorische, Gott uns ähnlich machen-

30 Vgl. Pohlen/Bautz-Holzherr 1991, S. 311–319.
31 Vico 1981, S. 66–73.

de Weg, ist ein Versuch, die Herausforderung des Monotheismus, die Einheit und Unsichtbarkeit Gottes mit der phänomenalen und vielfältigen Welt zusammenzubringen, einzulösen. Man gerät in immer neue Sackgassen gerade auch mit den modernen Naturwissenschaften, wenn man das Wort „Gott" selbst dem Typ der objektivierend-ableitenden Sprache zuordnet. Das Wort „Gott" und die mit ihm gemeinte Vorstellung begründet nicht, sondern schafft den Rahmen für Begründungen und für Fragen.

In der jüdisch-christlichen Tradition hat das mit „Gott" Bezeichnete eine konkret-inhaltliche Füllung bekommen: „Gott" ist nicht mehr nur eine gedachte Größe, sondern steht als Name für bestimmte Erfahrungen, die das Volk Israel in der Geschichte und die Menschen des Neuen Testaments im Umgang mit Jesus von Nazareth gemacht haben. Diese Erfahrungen lassen sich näherhin als Befreiung qualifizieren, denn das Auftauchen des Gottesnamens Jahwe ist gebunden an den Befreiungsprozess des Volkes Israel aus Ägypten, wie er im Buch Exodus erzählt wird. Geschichtliche Erfahrungen führen somit zu neuen, gültigen (als Offenbarung qualifizierten) Metaphern.

Die folgenden Aussagen sind also streng metaphorisch und analog zu verstehen. Durchaus in Einklang mit der scholastischen Seinsmetaphysik[32] sagen sie mehr aus, wer Gott nicht ist, als dass sie sagen, wer Gott ist. Weil sie sich auf eine begründende Wirklichkeit beziehen und die geheimnisvollen Rätsel dieser Welt betreffen, sind sie auch nicht widerspruchsfrei im Sinne der aristotelischen Logik, sondern polar und paradoxal zu verstehen. In diesem Sinn kann gesagt werden, dass in Gott das „Gute" und das „Böse" Platz haben.

---

32 Die Differenz von Sein und Seiendem bleibt in der Analogie gewahrt. Die Prädikationen über Gott, dem Bereich des Seienden zugeordnet, sind deshalb keine Wesensaussagen, die das Wesen Gottes adäquat erschließen. Sie sind vielmehr analoge Benennungen. Vgl. Art. „Analogie" in: LThK[3] I, 1993, S. 578–582.

Die Spaltung im Gottesbild oder wie es kommt,
dass sich Gott von der Wirklichkeit entfernt.

Wie kommt es, dass die vorfindliche Wirklichkeit mit ihren erfüllenden und befriedigenden, also den „guten" und mit ihren versagenden und enttäuschenden, also den „bösen" Aspekten im Gottesbild keinen oder wenig Raum gefunden haben? Es brauchte offenbar eines Teufels, um beide Aspekte in einem jetzt gespaltenen „jenseitigen" Bereich unterzubringen, denn auch der Teufel gehörte ja ursprünglich der einen göttlichen Welt an.

Könnte man sich nicht auch einen Gottesglauben vorstellen, der das „Böse" in sich aufnimmt? Gehört zu einem die Spaltung überwindenden Glauben nicht auch die Akzeptanz der Tatsache, dass Gott nicht nur „lieb", sondern auch versagend ist, und könnten beide Aspekte nicht (wieder?) ins Gottesbild integriert werden? Oder braucht es ein Gottesbild, welches jenseits aller Ambivalenzen steht und Gott als reine Güte und absolute Liebe präsentiert? Wenn ja, wie aber gehen wir dann mit den Einwänden der psychoanalytischen Religionskritik um, die sich um Stichworte wie Illusionbildung und infantile Wunscherfüllung drehen?[33] Um diese Fragen geht es im Folgenden.

Unsere Selbstbilder begründen, beeinflussen und verzerren die überlieferten Gottesbilder. Umgekehrt wirken die Gottesvorstellungen zurück auf die Entwürfe unserer eigenen Identität. Dem gespaltenen Selbstbild des modernen Menschen nähere ich mich zunächst von der Seite eines gespaltenen Gottesbildes. Zuvor muss jedoch der Mechanismus der Spaltung selbst noch einmal skizziert werden.

Die inneren Bilder, die wir in den ersten Lebensjahren von den wichtigsten Bezugspersonen aufbauen, fügen sich nicht konfliktfrei und harmonisch in unser eigenes Selbstbild ein. Im Gegenteil, die Mutter wird im ersten Lebensjahr nicht nur als „gut", d. h. als befriedigend und nährend erlebt, sondern auch als abweisend und versagend und damit als „böse". Das Kind steht vor der schwierigen Aufgabe,

---

33 Vgl. dazu die Studie zur psychoanalytische Religionskritik von H. Henseler 1995, S. 59–70.

beide Aspekte der Mutter in ein Gesamtbild von ihr zu integrieren, welches die befriedigenden und die enttäuschenden Anteile enthält. Wir sprechen von der fundamentalen Aufgabe, Ambivalenz zu tolerieren, um später zur Objektkonstanz zu gelangen. Dies bedeutet, Menschen, mit denen wir in Beziehung stehen, nicht einzuteilen in die Kategorien „gut" *oder* „böse", sondern sie als ambivalent akzeptieren zu können.

Durch eine notwendige Trauerreaktion über die Tatsache, dass die Mutter eben nicht nur gut ist im Sinne der Bedürfnisbefriedigung, kann solche Ambivalenz erreicht werden. Dies geschieht mit dem Erreichen der sog. „depressiven Position".[34] Für das Kleinkind ist es jedoch höchst bedrohlich zu erleben, dass die Mutter eben auch versagend ist. Die Bedrohlichkeit dieser Erfahrung steigert sich in dem Maße, in dem Erinnerungsspuren an frühe Befriedigungserlebnisse ausbleiben. Damit nun der gute Teil der Mutter geschützt wird vor Bedrohung oder Zerstörung durch den bösen Teil, bedient sich das Kind der Spaltung. Die Spaltung schützt somit das Ich vor der fundamentalen Angst vor Verlust des geliebten, guten Objekts. Dadurch wird auch die Aggression, die der versagende Teil der Mutter im Kind hervorruft, abgekoppelt vom guten Teil des Objekts, und dies wird so vor der fanatisierten Zerstörung bewahrt. Wenn sich dieser Spaltungsmechanismus nicht allmählich auflöst durch die Fähigkeit zum Ertragen von Ambivalenz, wird sich eine Persönlichkeit entwickeln, die geradezu zwanghaft widersprüchliche Gefühle auseinander halten muss. Es entsteht ein gespaltenes Selbstbild, dessen Träger sich dann als nur gut oder als nur böse erlebt und beide Seiten nicht zu vereinen vermag. Unrealistische Selbstüberschätzung wechseln rasch mit depressiver Selbstentwertung.

Was also am Anfang des Lebens ein notwendiger Aufbaumechanismus der Psyche ist und inneres Wachstum ermöglicht, kann aber auch in den Dienst der Konfliktvermeidung gestellt werden. Aus dem Aufbaumechanismus ist ein Abwehrmechanismus geworden. Es bildet sich ein flaches, eindimensionales Selbstbild, und sein Träger muss ständig zwi-

---

34 Vgl. Klein 1983, S. 131–163.

schen den nicht zusammengewachsenen Teilen seines Selbst hin- und her schwanken, sodass Otto Kernberg vom „Syndrom der Identitätsdiffusion" spricht.[35] Die Spaltungsleistung von Menschen, die in dieser Weise gestört sind, ist also ein aktiver Schutzmechanismus, um das schwache, in seiner Autonomie behinderte Ich in bedrohlichen Situationen zu schützen und vor weiterem Verfall zu bewahren.

Auch für eine Analyse des Gottesbildes in seiner subjektiven Gestalt erweist sich die Kenntnis des Spaltungsmechanismus als hilfreich. Ist nämlich die Doppelgesichtigkeit im Gottesbild aufgelöst, was den psychischen „Vorteil" hat, dass um Gott nicht mehr „getrauert" werden muss, dann entwickelt sich aus der Gottesidee bald ein abstraktes Ideal. Die Folge ist, dass das gängige Gottesbild vieler Menschen auf einen im wahrsten Sinn des Wortes halbierten Gott schließen lässt. Ein solchermaßen gespaltener Gott kann bestenfalls wie eine Antiquität aufbewahrt werden, die man mit dem Museumsblick distanziert anschauen kann, die aber keine tiefere Berührung, geschweige denn ein Erschrecken auslöst. Die modernen Leiden wie innerer Leere, Sinnlosigkeitsgefühle, Beziehungs- und Arbeitsstörungen sind in engster Verbindung zu sehen mit dem Schicksal des Gottesbildes in der abendländischen Geistesgeschichte.

Die Entstehung des Ideal-Gottes als Spaltungsprodukt

Die zentrale These meiner Ausführungen heißt: Am Beginn der Entstehung des Monotheismus in Altisrael wird die sinnlich-wahrnehmbare, wilde und auch aggressive Seite aus dem Gottesbild getilgt mit der Folge, dass Gott zum unanschaubaren Buchstaben-Gott auf dem Berg Sinai wird, der eindeutig definierbar und später metaphysisch objektivierbar ist.[36]

35 Kernberg 1988, S. 27 f.
36 Den psychologischen Aspekt der Problematik des Gottesbildes habe ich in meinem Buch „Der halbierte Gott" (1993) anhand der Erzählung vom so genannten „Goldenen Kalb" in Exodus 32 aufzuzeigen versucht. Den zentralen Gedanken werde ich hier noch einmal rekapitulieren. Dabei ist das Aufspüren der Spaltung im Gottesbild ein

Auf dem Weg der Befreiung aus Ägypten, dem Sklavenhaus, kommt das Volk zum Berg Sinai. Mose besteigt den Berg, um dort die Gesetzestafeln in Empfang zu nehmen. Das Volk macht aus seinem Schmuck im Tal, am Fuß des Berges, ein goldenes Kalb. Ekstatisch wird dieses Tier umtanzt, was den Zorn des Mose entbrennen lässt. Er packt das Kalb und zerstampft es im Feuer zu Staub. Jeder, der nicht für den Herrn ist, soll durch das Schwert getötet werden.[37]

Entgegen der traditionellen volkstümlichen Auffassung handelt es sich beim „Goldenen Kalb" nicht um einen fremden Götzen, sondern um einen Teil Jahwes selbst. Jahwe und der Jungstier waren kein Gegensatz. Der Gottesname Jahwe wurde ja mit El bzw. im Plural Elohim verbunden. El bedeutet aber auch Stier und geht auf den obersten Weltgott der altsemitischen Welt zurück. Jahwe wird gelegentlich mit gewaltsamen, blutrünstigen, stierhaften Zügen gezeichnet.[38] Beim „Goldenen Kalb" handelt es sich also nicht um einen fremden Gott, sondern um den stierhaften Teil Jahwes selbst.

Der Spaltungsmechanismus kann uns ein tieferes Verständnis dieses Vorgangs liefern.[39] Die Zerstörung des „Goldenen Kalbes" durch Mose lässt sich psychoanalytisch verstehen als Reinigung des Gottesbildes von seinem Trieb- und Instinktcharakter und von allem Erdhaft-Sinnlichen. Der im Tieraspekt aufgehobene sinnlich-materielle Teil Jahwes wird getrennt von seiner geistigen Seite. Gott wird

Versuch, einen neuen Zugang zu bekommen zu den Fragen und Problemen, die der christliche Monotheismus hervorgebracht hat. Fragen, die um das Nur-gut-sein Gottes und die Realität des Bösen kreisen, um seine Unanschaubarkeit, Abstraktheit und Erfahrungslosigkeit, aber auch um die von ihm ausgehende Gewaltbereitschaft. Das sind die Probleme, die zu den klassischen Positionen der europäischen Religionskritik der Aufklärung und zum modernen Atheismus geführt haben.

37 Zur Exegese vgl. die Monographie von J. Hahn, Das „goldene Kalb", Frankfurt/M. 1981.

38 Etwa in Ex 4,24 f und Jes 63, 2 ff. Auch im Kult wird Jahwe im Stierbild dargestellt (1 Kön 12,28 f).

39 Wesentliche Anregungen zum psychoanalytischen Verständnis dieser Stelle verdanke ich der Arbeit des analytischen Psychologen W. Giegerich, 1988, vor allem S. 282–299.

zum „gereinigten" Gott, unanschaubar und unberührbar. Aus dem Bild-Gott wurde ein Buchstaben-Gott, der nicht mehr gesehen, sondern nur noch gehört werden kann. Er entzieht sich gleichsam der Nahwahrnehmung durch Sehen und Fühlen und wählt als Weg zum Menschen die Fernwahrnehmung durch Sprache. Das bedeutet auch, dass alle natürlich-vitalen Anteile im Gottesbild geopfert werden und künftig dem Bilderverbot unterliegen.[40]

Gott wandelt sich im Feuer, welches das „Goldene Kalb" auffrisst, zu einem Buchstaben-Gott, einseitig dem Bewusstsein des Menschen zugeordnet. Dabei erleidet er einen gewissen Substanzverlust. Seine natürlich-bildhafte, seine leiblich-sinnliche Seite geht verloren, noch schlimmer, sie wird zum Götzen degradiert und wird im wahrsten Sinn des Wortes später zum Teufel oder zur Hexe. Auch die aggressiv-wilde Seite im Gottesbild wird vom eigentlichen Gott abgetrennt. Gott wird nur gut, und der Weg ist nicht mehr weit, bis aus dem ganzen Gott der sprichwörtlich bedeutungslose „liebe Gott" geworden ist.[41] In der Trennung Gottes von seiner Stierseite lässt sich an den Ursprüngen jüdisch-christlicher Gotteserfahrung ein Ur-Bild jener Spaltung erkennen, die quer durch die Seele des neuzeitli-

40 Diese Trennung des Erdhaften-Sinnlichen, welches unten im Tal – erdnah – seinen Ort hat, vom Abstrakt-Geistigen, welches sich auf dem Berg abspielt, liest sich auch als eine Variante einer zunehmenden Vermännlichung des jüdischen Gottesbildes. So liefert es den umfassenden Hintergrund, auf dem sich das geschichtliche Selbstbewusstsein der abendländischen Menschheit konstituiert. Insofern kann man im Verlust der natürlichen Anschaubarkeit Gottes jenen Sündenfall entdecken, der den Menschen entfremdet von der Natur und dem sinnlichen Gott und der eine Spaltung im Selbstbild in Gang setzt. Das Ich hebt sich vom Es ab, das Bewusstsein trennt sich vom Unbewussten, widersprüchliche Strebungen werden auf diese Weise auseinander gehalten.

41 Ein ähnliches Schicksal erleidet das Selbstbild der abendländischen Menschheit. Mit der Emanzipation aus dem Paradies der Natur hat die Menschheit auf den ersten Blick eine fortschrittlichere Entwicklungsstufe erreicht. Der ordnende und erobernde Zugriff auf die Welt ermöglicht eine neue Freiheit von alten gewachsenen Bindungen und markiert einen Zuwachs an Autonomie und Ich-Bewusstsein. Der Preis dieses Fortschritts besteht im Verlust der Verbindung mit den natürlichen Grundlagen des Lebens.

chen Menschen geht, die ihn entfremdet von sich selbst, von Natur und Umwelt und die seinen Gottesglauben so abstrakt und fleischlos macht.

Dieser hochbedeutsame Spaltungsvorgang darf jedoch nicht einseitig als Unglücksfall interpretiert werden, wie es der Jungianer Wolfgang Giegerich in seiner interessanten Studie „Die Atombombe als seelische Wirklichkeit" tut, sondern muss als ein ambivalentes Phänomen gesehen werden. Einerseits ermöglicht nämlich die Unsichtbarwerdung Jahwes auf dem Berg Sinai einen ungeheuren Zuwachs an Ich-Bewusstsein und Autonomie, ein Freisetzen des Ichs aus den Mächten des Unbewussten, eine ethische Wendung der Religion, vielleicht bildet er überhaupt erst die Voraussetzung, die Geschichte und die soziale Lebenswelt zu beseelen und in gewisser Weise zu vergöttlichen. Andererseits entlässt diese Spaltung den Menschen aus seinen natürlichen Bindungen und lässt ihn sich selbst zum Herrn über die Natur machen. Die Zerstörung des „Goldenen Kalbes" konstituiert somit auch Herrschaft unter den Menschen, die sich nun selbst durch die Identifizierung mit dem abstrakten Gott zum Herrn der Geschichte machen. In der Tat, wo „Es" war, ist „Ich" geworden und es stellt sich die Frage, ob nicht wieder mehr „Es" werden müsste, wo sich das „Ich" grandios aufgebläht hat.

Der Ideal-Gott als eine frühe narzisstische Wunscherfüllung

Psychoanalytisch lässt sich das Bedürfnis nach einem Ideal-Gott, der ganz gut und allmächtig ist, verstehen aus den primärnarzisstischen Wünschen nach vollkommener Sicherheit und Geborgenheit. Angesichts dieser drängenden Hoffnung auf eine gute Welt, die das narzisstische Gleichgewicht aufrecht erhält, ist die Frage nach der realen Beschaffenheit des Objekts von untergeordneter Bedeutung. Je ferner die Objekte dieser Wünsche sind, desto besser eignen sie sich, Träger dieser Idealisierung zu werden. Insofern ist der in die Ferne gerückte, unanschaubare Gott gut geeignet, alle Paradieseswünsche ungefiltert auf sich zu ziehen. In seiner religionskritischen Studie formuliert der Psychoanalytiker Heinz Henseler dies so: „Vielleicht ist das Glaubenkönnen viel bedeutsamer als das Fürwahrhalten. Vielleicht sind die Überzeugungen, insbesondere die mit anderen geteilten Überzeugungen, und seien sie illusionär, das eigentlich Wichtige und die Erhaltung einer primärnarzisstischen Beziehung das Zentrale. Dem entspräche ja, dass in einer narzisstischen Objektbeziehung die Realität des Objektes von untergeordneter, um nicht zu sagen von zu vernachlässigender Bedeutung ist. *Es muss nur da sein, und sei es als Idee, als Hoffnung, gar als Utopie*"(Hervorhebung D.F.).[42] Ergänzend muss man hinzufügen: Dieses Objekt muss „außen" sein, weil nur so Hoffnung besteht.

Der Mensch ist von Natur aus nicht so gut gestellt, dass er auf ein solches Objekt verzichten kann. Die Frage ist jedoch, ob dieses gute Objekt ganz und gar von seinen „bösen", d. h. sinnlich-aggressiven Teilen getrennt werden muss, um als Gott existieren zu können. Damit hat die Theologie ihre liebe Not. Die Allmacht und Allgüte Gottes scheinen ein unaufgebbares Bollwerk des Monotheismus zu sein – gegen seine Infragestellung durch die Erfahrung des Bösen.[43] Dies wird der erbsündlichen Verfallenheit des Menschen zugeschrieben, wobei der Teufel der letzte Initiator der Sünde ist. In Ihm ist das Böse personifiziert. Unabhängig davon, dass eine solche Lösung intellektuell wenig überzeugt, besteht ihre Gefährlichkeit darin, dass das tatsächliche Böse, der Hass, die Gewaltbereitschaft und dämonische anmutende Mächte nach außen verlagert werden in ein „Reich des Bösen", dem dann eine vom Menschen unabhängige Realität zugeschrieben wird. Die Tatsache, dass das Böse aus dem Inneren des Menschen kommt, wird verkannt zu Gunsten einer Neigung, es auf andere zu projizieren. Ein gespaltenes Gottesbild wirkt so zurück auf die Wirklichkeitswahrnehmung und begünstigt die Entstehung eines zerrissenen Selbstbildes des Menschen. Daher ist es verständlich, wenn Günter Schiwy vehement den Abschied von einem allmächtigen und allgütigen Gott fordert. Ich meine hingegen, dass dies ähnlich rigide werden kann wie

---

42 Henseler 1995, S. 143.
43 Vgl. Claret 1997, S. 313–316 und 1998, S. 52–61.

---

das Beharren auf dem nur „guten" Gott. Stattdessen scheint mir eine paradoxe Antwort auf die Gottesfrage angezeigt.

Diese könnte etwa so lauten: Gott ist allmächtig und allgütig *und* er ist ohnmächtig und und in seiner Liebe begrenzt. Im Bereich einer auf die Rationalität des Bewusstseins bezogenen Logik ist eine solche Aussage widersprüchlich und bedarf der Überführung in ein klares Entweder-Oder. Da wir uns jedoch im Bereich des Psychischen und Religiösen und deshalb im Bereich metaphorischer Sprache befinden, gilt eine andere Logik, die diesem Bereich angemessen ist (vgl. Exkurs 3). Von Carl Gustav Jung stammt sinngemäß die Aussage, dass Sätze über unser psychisches Leben nur dann wahr genannt werden können, wenn auch ihr Gegenteil wahr ist. Der Satz „Ich liebe dich" ist nur dann wahr, wenn auch sein polarer Gegen-Satz „Ich hasse dich" mitgedacht werden kann. Dies hängt zusammen mit der Ambivalenz psychischen Lebens, in dem scheinbare Gegensätze als aufeinander bezogene Polaritäten zu verstehen sind.[44] Könnte die paradoxe und in gewisser Weise skandalöse Sprachform nicht auch für die christliche Gottesvorstellung angemessener sein als die Sprache der Objektivität und Eindeutigkeit? Ich meine, man müsste diese Frage bejahen, wenn man bedenkt, dass sich die christliche Gottesvorstellung doch auf das oft paradoxe und skandalöse Handeln Jesu als ihre vorrangige Quelle bezieht.

Ein ambivalentes und paradoxes Gottesbild wurzelt in der frühen Mutter-Kind-Beziehung

Was in der Geschichte des Volkes Israel und in der Verkündigung Jesu als Vorstellung von Gott erscheint („Offenbarung"), wird vom einzelnen Gläubigen nach dem Modell der verinnerlichten Elternbilder zu einem individuellen Gottesbild zusammengefügt. Die zweite Quelle der Gottesvorstellung neben der biblischen Offenbarung ist im ersten Kapitel als Dynamik der frühen Mutter-Kind-Beziehung beschrieben worden.

---

44 Vgl. Trauth 1997, S. 66–90.

Fassen wir diese noch einmal zusammen: Nach dem Verlust der vollkommenen Sicherheit infolge der biologischen Geburt sucht das Kind sein narzisstisches Gleichgewicht dadurch zu bewahren, dass es sich eine Mutter „schafft", die ideale Züge trägt. Diese Idealisierung ist jedoch nur möglich, wenn die reale Mutter auch zur Verfügung steht und die Aggressionen auffängt, die entstehen, weil sie als begrenzter Mensch ihrem Kind Kränkung und Enttäuschung zumuten muss. Beide „Mütter", die reale und die idealisierte, verschmelzen zu einer Person. Wenn die reale Mutter jedoch keine zuverlässige Gelegenheit zur Wiedergutmachung für die der idealisierten Mutter zugefügten Verletzungen bietet, geht die Fähigkeit zur Besorgnis verloren. An ihre Stelle treten primitive Abwehrformen wie Spaltung und Desintegration.

Sind Zwei-Mütter-in-Einer nun eine dualistische Aufspaltung der einen Wirklichkeit „Mutter"? Wohl kaum, die Mutter bleibt „eine", obwohl sie für den Säugling zwei sind (oder ist). Die Grammatik unserer Sprache versagt hier beinahe, wenn es darum geht, diesen paradoxen Sachverhalt zu beschreiben. Machen wir uns noch einmal die Bedeutung dieser „Schöpfung" des Säuglings bewusst. Der Ideal-Mutter gelten die Aggressionen, die Real-Mutter überlebt diese und hilft so dem Kind, das Bild einer guten, d. h. befriedigenden Welt aufrechtzuerhalten und begründet im Kind die Fähigkeit zur Hoffnung. Es ist eine begründete Illusion, die sich das Kind schafft, um mit der Situation der Ohnmacht und Hilflosigkeit fertig zu werden. Die Anwesenheit der Real-Mutter sorgt dafür, dass sich die Illusion nicht als Un-Sinn erweist.

Für den zweiten Aspekt der Mutter-Kind-Dynamik, der für die psychischen Grundlagen der Gottesvorstellung bedeutsamen ist, verweise ich noch einmal auf die bereits bekannte „depressive" Position, die dadurch erreicht wird, dass der Säugling die Tatsache akzeptiert, dass das geliebte Mutterobjekt eine „gute" und eine „böse" Brust hat. Dadurch wird die Einheit der Mutter gewahrt und deren Aufspaltung in eine „gute" und „böse" überwunden. Diese Integration gelingt durch angemessene Trauer (daher depressiv) darüber, dass die Mutter eben nicht nur gut, weil nährend und daher befriedigend ist, sondern auch böse, weil versagend und grenzsetzend. So entsteht ein Mutterbild, in welches sowohl „gute" als auch „böse" Teile integriert worden sind. Es ist Ambivalenz erreicht durch die Überwindung von archaischen Spaltungsmechanismen.

Übertragen auf die Gottesfrage heißt dies: der Mensch braucht tatsächlich einen Gott, der insofern stark und mächtig ist, als der Mensch gegen ihn protestieren und ihn anklagen kann. Die Klage gegen Gott ist eine wichtige Weise zu verhindern, sich selbst alle Schuld für den Mangel der Schöpfung und damit auch für das Böse zuzuschreiben. Wenn Gott allmächtig ist, dann ist er auch verantwortlich für das Böse in der Welt. Dies wiederum bedeutet, dass Gott in irgendeiner Weise auch „böse" ist, wenn man ihn nicht aufspalten will wie das Kind die Mutter in der paranoidschizoiden Position.

Die Herausforderung solcher Rede liegt darin, ob man das „Böse" in Gott hineindenken kann und darf. Für ein auf Eindeutigkeit ausgerichtetes theologisches Denken ist dies wohl eine Unmöglichkeit. Wenn man die Kategorie des Bösen jedoch nicht moralisch auffasst, sondern im Sinne eines eines Mangels[45], dann wird bald deutlich, dass Gott sich als versagend zeigt, weil er dem Menschen keinen vollkommenen Ausgleich für das verlorene Paradies geschaffen hat. Das bedeutet aber nicht, dass man daraus eine metaphysische Wesensaussage über Gott machen soll. Vielmehr geht es darum, die vorfindliche Welt so mit Gott in Beziehung zu bringen, dass die Einzelphänomene dieser Welt in gewisser Weise beseelt werden und nicht gespalten werden müssen.

Für den Bereich des seelischen Lebens bedeutet dies, dass Gott mit den beiden zentralen Grundkräften, Liebe und Hass, verbunden ist. So wie reale Eltern lieben und hassen, gut und böse sind, und dennoch in der Fantasie des Kindes in der Regel als allmächtig, d. h. jenseits dieser Polarität fan-

---

45 Bei Augustinus und Thomas von Aquin wird das Böse als „privatio boni" verstanden, also als ein Mangel an Gutem und damit als ein Mangel an Sein. Im Denken der Metaphysik freilich kann das Böse nicht mit Gott in eine innere Verbindung gebracht werden, da Gott dann einen Mangel an Sein aufweisen würde.

tasiert werden, so ist Gott beides: ein Gott, der liebt und hasst und den man deswegen selbst lieben und hassen kann, der aber eben auch und zugleich jenseits dieser Strebungen als ganz gut und allmächtig gedacht werden kann und muss. Hier kommt die paradoxe und um Ambivalenz wissende Redeweise ins Spiel. Manchmal brauchen wir einen ohnmächtigen und manchmal einen allmächtigen Gott, und man sollte in Bezug auf die Frage, wie Gott denn nun „wirklich" ist, nicht zu schnell intellektuelle Eindeutigkeit fordern. Das bedeutet nicht, dass wir nicht eine emotional geerdete Gewissheit im Hinblick auf Gottes Güte erlangen können. Der Weg dahin aber führt durch die „depressive Position" und ist begleitet von Trauer auch über Gott und seine Schöpfung. Durch diese Art von Leiden, die keinesfalls mit pathologischer Depression verwechselt werden darf, wird das Bedürfnis nach Projektion des Bösen in einen außerhalb unserer Selbst existierenden „Bösen" überflüssig.

Von Gott paradox zu sprechen ist also auch ein Versuch, ihn wieder vom Kopf in den Seelengrund zu holen. Infolge des objektivierenden Denkens ist Gott auf ein abstraktes Wesen reduziert worden, welches eher ideologische Funktion als religiöse Relevanz besitzt. Ein eindeutiger, abstrakter Gott hat sicher einen gewissen Erklärungswert für offene Fragen. Aber soll der Glaube an Gott etwas erklären? Stellt er nach biblischer Überlieferung nicht vielmehr stets neue Fragen? Will und kann der Gottesglaube die vielfältige und geheimnisvolle Welt in eindeutige Antworten auflösen?

Es scheint mir eine wichtige Aufgabe heutigen Gottesglaubens zu sein, ihn aus dem starren Denkgerüst einer Rationalität zu befreien, die ausschließlich auf das Bewusstsein bezogen ist und andere Aspekte der Wirklichkeit des Menschen, wie etwa das Psychisch-Unbewusste, außer Acht lässt. Nur so kann Gott wieder mit der Vielfalt der Erscheinungen unserer Welt und unseres seelischen Lebens in Verbindung gebracht werden. Es geht also, metaphorisch gesprochen, darum, die Spaltung aufzuheben, deren Opfer Gott am Fuße des Berges Sinai geworden ist und die dazu geführt hat, dass sich ein lichter Gipfel-Gott vom dunklen Tal-Gott getrennt hat. Judentum und Christentum sind sich einig darin, dass Gott in den geschichtliche Prozessen dieser

Welt erfahren wird und nicht in zeitlosen mythischen Bildern oder metaphysischen Kategorien. Diese von Theologen immer wieder geforderte Erfahrbarkeit setzt allerdings voraus, dass Gott trotz seiner Andersartigkeit auch zusammenpasst mit unseren seelischen Ambivalenzen und Konflikten. Wird Gott davon getrennt, hat unsere Seele kein Bild mehr von dem, was alles zu ihr gehört. Zu groß ist die Gefahr, dass sie sich nur mit dem Gipfel-Gott identifiziert, welches so leicht zu einer Siegermentalität führt, die all das verfolgen muss, was dem lichten Bewusstsein und dem Ideal des „reinen" Gottes nicht entspricht. Darin besteht die Tragik des Monotheismus und seine – wie der Alttestamentler Manfred Görg sagt – größte Herausforderung!

Exkurs 4: Zur Kritik eines idealen, ambivalenzfreien und eindeutigen Gottesbildes

Die Theologie tut sich – von Ausnahmen abgesehen – schwer damit, an der Idealität Gottes zu zweifeln. Claret bescheinigt der traditionellen Theologie, dass man ihr einen Vorwurf nicht machen dürfe: „ sie habe Gott mit dem Bösen ‚belastet', d. h. sie habe das Gottesbild verdunkelt".[46] Genau darin besteht aber das Problem! Ein idealistisches Menschenbild folgt auf dem Fuß, wenn an der Idealität Gottes („ Gott ist Licht") keinen Zweifel aufkommen darf. So wird von Claret in seiner Arbeit über das „ Geheimnis des Bösen" im Kapitel über den Teufel als Person der Mensch als eine „ wahrhaft außergewöhnliche Schöpfung"[47] vorgestellt. Bei dieser idealisierenden Sicht des Menschen kommt freilich nicht in den Blick, dass der Mensch wohl nur auf Grund günstiger Umstände in der Evolution überlebt hat, geschweige denn, dass er infolge seiner mangelnden Instinktsicherung und seiner ausgeprägten Hirnstruktur ständig im Konflikt leben muss zwischen Natur und Kultur. Claret bemüht sich – wie viele Theologen – den Gottesglauben vor dem Forum der Vernunft zu verantworten. Aus diesem Grund pocht er auf Eindeutigkeit: „ Gott ist Licht, und keine Finsternis ist in ihm" (1 Joh 1,5).

46 Claret 1997, S. 313.
47 Ebd. S. 359.

Von psychoanalytischer und philosophischer Seite stellt sich erneut die Frage, welcher Vernunftbegriff hier Pate steht. Ist vernünftig, was der Logik nicht widerspricht, oder erkennt der Dogmatiker an, dass es eine andere Vernunft gibt, welche der Rede von Gott als dem letzten Geheimnis womöglich adäquater ist? Kann man philosophisch heute noch das Modell der Metaphysik zur Grundlage der Begründung der Gottesrede machen? Die philosophische Kritik an der Objektivität des Seins zielt ab auf die Einbeziehung des Subjekts in die Konstruktion dessen, was wir Wirklichkeit nennen. Auch die Gottesrede lässt sich heute nur noch unter Einbeziehung des Subjekts und der Wissenschaften von ihm redlich betreiben. Wenn also von psychoanalytischer Seite diese Verbindung zwischen dem mit Gott gemeinten letzten Geheimnis unserer Welt und dem Seelengrund aufgezeigt wird, dann erweist sich die Kategorie „Eindeutigkeit" als unpassend für eine seelisch geerdete Gottesrede. Ja, hinter dem Wunsch nach Eindeutigkeit verbirgt sich mitunter die Unfähigkeit, Ambivalenz ertragen zu können. Letztere auszuhalten und fruchtbar werden zu lassen ist womöglich der religiös-christlichen Erfahrung zuträglicher als die Befriedigung eines logisch-rationalen Bedürfnisses. Überhaupt scheint mir, dass sich das dogmatische Sprechen von Gott eines bestimmten Vernunfttyps bedient, welcher aber für ein umfassendes, die leib-seelische Dimension einschließendes Sprechen von Gott keinen Raum bietet. Wenn wir von Gott als dem alles umfassenden Geheimnis reden, dann muss doch auch das Irrationale und Skandalöse Platz darin haben.

Dieses Postulat kann sich bei der Frage nach dem Ursprung des Bösen dadurch bewähren, dass auf die Lehre vom Teufel verzichtet werden kann. Warum benötigt die Theologie, um nicht in Monismus und Dualismus zu verfallen, die Lehre vom Teufel? Wenn man freilich ein Gottesbild der Metaphysik der Objektivität vertritt, ist diese Lösung plausibel. Deshalb habe ich immer wieder auf die philosophischen und erkenntnistheoretischen Voraussetzungen der Gottesrede hingewiesen und für eine theologische Vernunft plädiert, in der das Irrationale, Widersprüchliche und Ambivalente Platz haben. Besonders die psychoanalytische Kategorie von der Ambivalenz kann weiterhelfen, die Frage zu beantworten, warum es eines Teufels als eines von Gott radikal geschiedenen Wesens bedarf, der Träger des Bösen ist. Wenn der Gottesgedanke selbst ein dem Menschen entspringender Gedanke ist, warum soll er dann an Leuchtkraft verlieren, wenn er dieses grundlegende Prinzip des psychischen Lebens in sich aufnimmt? Weil dem dogmatischen Denken offenbar das Wissen um das Andere der Vernunft fremd geworden, vermag es mit der Erfahrung des Irrationalen, Paradoxen und Ambivalenten kaum umzugehen. Natürlich ist die Erfahrung des Bösen mit dem freien Willen des Menschen nicht in Einklang zu bringen. Anstatt aber die andere Dimension, das, was Freud das Unbewusste nannte, in die Gottesrede einzubeziehen, postuliert man einen Teufel, ohne den die Rückfragen direkt an Gott gehen würden. Genau das wäre aber vonnöten, wenn der Gottesglaube wieder Anschluss finden will an die Erfahrungen der Menschen im Umgang mit Liebe und Hass. Das freilich bedeutet, dass man nicht nur den freien Willen, das Denken und das Bewusstsein zur einzigen Grundlage der theologischen Gotteslehre machen sollte, sondern auch eine das Irrationale und Widersprüchliche einschließende psychische Dimension.

Wenn man die irrational-unbewusste Dimension des Menschen, von der die Psychoanalyse eine wissenschaftliche Theorie zu sein beansprucht, in den Diskurs über den Ursprung des Bösen mit einbezieht, könnte man allzu schnellen Ontologisierungen des Bösen entgehen. Die dogmatische Rede vom wirklich Bösen als dem „eminent Bösen"[48] will jeder Verharmlosung dieses Phänomens wehren. Dabei wird aber leicht übersehen, das Böse etwas ist, was aus dem Menschen selbst kommt. Die Beispiele, mit denen Claret das satanisch Böse belegt, werden als das schlechthin Sinnlose qualifiziert. Da Gott aber absoluter Sinn ist, kann schlechthinnige Sinnlosigkeit in ihm keinen Platz haben. Auch hier wird deutlich, dass die Kategorie „Sinn" nicht weit genug reicht, um Gott als Geheimnis dieser Welt zu entziffern. Sie bleibt einem bestimmten Rationalitätstyp verhaftet.

Unter dem Gesichtspunkt des Unbewussten freilich hat auch das einen „Sinn", was der Vernunft zunächst sinnlos erscheint. Der in den Armen seiner Mutter von der Pistole eines Angetrunkenen erschossene Säugling – um dieses von Claret[49] ge-

48 Ebd. S. 236–251.
49 Ebd. S. 238 f.

nannte Beispiel aus Dostojewskis „Die Brüder Karamasoff" auf-
zugreifen – offenbart in der Tat ein satanisches Verbrechen.
Psychoanalytisches Bemühen versucht dieses Verhalten trotz
der Absurdität der Tat aufzuklären. Dabei werden unbewusste,
neurotische „Sinn"-Strukturen sichtbar, die eine solche Tat ver-
stehbar machen, was keineswegs heißt, sie zu billigen oder gar
Einverständnis zu signalisieren. Die Psychoanalyse weigert sich
aber, solche Zerrformen menschlichen Handelns dadurch zu
ontologisieren, dass deren Ursprung in einem Prinzip des Bösen außerhalb des Menschen angesiedelt wird. Positiv gesagt
könnte es darum gehen, das Sinnlose, das Absurde und Abnor-
me, wieder in die Gottesbilder hineinzuholen. Dann würde freilich ein siegreicher Glaube, der „eindeutig" und sich seiner Sache sicher ist, abgelöst durch einen „schwachen" und „gereinigten" Glauben[50], der fähig ist, um Gott zu trauern, statt alles
mit dem Ideal unvereinbare nach außen zu verlagern und dort
zu bekämpfen. Die Rede vom Teufel vermag nur dann gefährliche Spaltungen, die von einem Gottesideal ausgehen (müssen), zu verhindern, wenn sie in Erinnerung bringt, dass das
Böse seinen Ursprung im Menschen hat. Alles Sinnlose, was
den Bereich menschlichen Handelns übersteigt (etwa Naturka-
tastrophen), kann m. E. nur durch eine Trauerreaktion über den
Defekt der Schöpfung bewältigt werden. Trauer im Sinne der
„depressiven Position" ist dann auch die passende Haltung, mit
der man dem Verlust der metaphysischen Gottesrede, die ja
immerhin Sicherheit und Macht gewährte, bewältigen kann.
Aus solcher Trauer könnte eine neue Kreativität erwachsen, die
geheimnisvollen Spuren Gottes im Widersprüchlichen, Paradoxen und Ambivalenten zu entdecken.

Die Psychoanalyse klärt darüber auf, wie gefährlich es ist,
wenn sich das Ich des Menschen mit einem Ideal oder einer
archetypischen Vorstellung identifiziert. Horst Eberhard Richter
(1986) hat die Identifizierung des menschlichen Subjekts mit
einem als allmächtig gedachten Gott unter der These vom Gotteskomplex zusammengefasst.[51] Nicht die Tatsache, dass der
Mensch an einen allmächtigen Gott glaube, sondern dass er

50 Vattimo 1997, S. 40; 44.
51 Zur theologischen Auseinandersetzung vgl. W. H. Ritter/R. Feld-
   meier/W. Schoberth/G. Altner 1997.

sich an seine Stelle gesetzt habe, setzt eine destruktive Dynamik frei.

Parallel zur Entstehung eines siegreichen, durch die Metaphysik der Objektivität abgestützten Gottesbildes, hat sich auch in den Wissenschaften, welche zunächst von diesem illusionären Glauben befreien wollten, eine ähnliche Konstellation ergeben: Die tiefenpsychologischen Schulen Freuds und Jungs haben unter der Hand ebenfalls Idealbilder hervorgebracht, welche sich etwa unter Leitworten von Ganzheitlichkeit, Identität, genitaler Reife usw. ausdrücken.[52] Im spätmodernen Bewusstsein hat sich ein Ganzheitsideal entwickelt, welches durchaus Parallelen aufweist zum religiösen Glauben an die Idealität Gottes. Das Ideal der Ganzheitlichkeit ist zwar zu verstehen aus dem dualistischen Erbe der europäischen Geistesgeschichte, zeigt jedoch heute Folgen, die zerstörerische Wirkung haben. Unrealistische und perfektionistische Gesundheitsideale z. B. zwingen Menschen in rigider Weise unter die Herrschaft eines solchen idealen Lebensmodells. Sie nähren Erlösungsfantasien, die sich oft mit technokratischem Denken verbinden.

Das ideale Leitbild von Ganzheitlichkeit, Autonomie und Grenzenlosigkeit hängt zusammen mit dem Gottesbild, nach dem Gott als souveräner Herr allmächtig die Welt regiert, die er aus dem Nichts geschaffen hat. Ein solches Ideal lässt andere menschliche Fähigkeiten, wie Abhängigkeit, Beziehung und Bezogenheit, verkümmern. Viele Menschen praktizieren unbewusst diesen Rückzug auf die Position des allmächtigen und grandiosen Selbst, um einer noch größeren Gefahr als der der Einsamkeit vorzubeugen, nämlich dem psychotischen Zerfall des Ich. Möglicherweise lässt sich die Vorstellung eines allmächtigen Gottes ebenfalls als ein solcher Rettungsversuch der Psyche begreifen. Wer sich grandios über die Welt stellt z. B. durch Identifikation mit dem Allmächtigen, ist von all den „gefährlichen" Emotionen befreit, die denen zugemutet werden, die sich dem Leben in dieser begrenzten Welt aussetzen: nämlich Hass zu erleben und Trauer, Aggression und Schuldgefühle, Ohnmacht und Verzweiflung und letztlich die sichere Tatsache des Todes.

52 Vgl. Lesmeister 1992.

Ein Gott, in dem Gut und Böse Platz haben
und der doch ganz gut ist!

Ein Ambivalenz freies und eindeutiges Reden von Gott – so das Ergebnis des letzten Exkurses – eignet sich nicht, um die Herausforderung des Monotheismus anzunehmen. Heutiger Gottesglaube bewährt sich nicht dadurch, dass er die großen Rätsel unserer Existenz, die um das „Woher", „Wohin" und „Wozu" kreisen, in kognitive, widerspruchsfreie und somit logische Antworten auflöst. Vielleicht muss man sogar eine Gottesrede, die zuerst Fragen beantworten und Rätsel lösen soll, als ideologisch verdächtigen. „Lösungen" und klare Antworten ziehen bisweilen zu Recht den Vorwurf auf sich, die Bereitschaft des Einzelnen zu verstärken, die Grundfragen des Lebens in ihrer Offenheit und Unbeantwortbarkeit nicht aushalten und sich in eine illusionäre Welt kindlicher Wunscherfüllung zurückziehen zu wollen. Es ist der Paradieses-Gott, der hier zum Erfüllungshilfen der narzisstischen Sehnsüchte nach Harmonie, Geborgenheit und Eindeutigkeit wird. Insofern ist die Forderung Günther Schiwys, endgültig vom allmächtigen Gott Abschied zu nehmen, ein Schritt in die richtige Richtung. Die Frage ist nur, ob der ohnmächtige und mit-leidende Gott, wie Schiwy ihn fordert, die einzige Gottesvorstellung ist, die den Allmächtigen und Allgütigen beerbt. Es stellt sich nämlich die Frage, was geschieht, wenn jetzt ein ohnmächtiger Gott, der mitleidet, an seine Stelle tritt?

Auch hier ist ein psychologisches Argument wichtig, das Theologen wie Karl Rahner und in abgewandelter Form sein Schüler Johann Baptist Metz formuliert haben: Hilft es einem leidenden Mensch wirklich, wenn er die Auskunft bekommt: „Gott leidet mit dir"? Besteht nicht die Gefahr einer Mystifizierung des Leidens, einer Verdopplung menschlicher Ohnmacht, wenn der Protest gegen Gott im Namen des Leidens dadurch unterlaufen wird, dass Gott selbst als leidend vorgestellt wird?[53] Gegen einen leidenden Gott kann man nicht protestieren! Die psychologische Bedeutung dieses Argumentes ist nicht von der Hand zu weisen.

53 Vgl. Metz 1990, S. 116 f.

Machen wir uns noch einmal die Unterscheidung von Real-Mutter und Ideal-Mutter bewusst, die der Säugling beide braucht. Er ist angewiesen auf eine Mutter, die außen *und* innen existiert. Auch in der späteren Entwicklung ist es wichtig, dass das Kind – und auch der Erwachsene – Menschen zur Verfügung hat, die er so „allmächtig" fantasiert, dass sie seine Aggressionen aushalten, d. h. überleben. In der Psychotherapie ist dieser Aspekt des Überlebens für solche Patienten wichtig, die ihre Aggression bisher gegen sich gerichtet haben. Ist der Therapeut „schwach", richten sie ihre Aggressionen gegen sich, um das gebrauchte und geliebte Objekt zu schützen. „Ich muss Sie vor mir schützen", sagt eine Analysandin, die Angst hat, ihre Aggression könnte mich, das für sie bedeutsame und „geliebte" Analytiker-Objekt zerstören. Wichtig ist hier, dass der Analytiker „außen", unabhängig von den Fantasien der Analysandin existiert und deshalb die Aggressionen überlebt. Solche Menschen haben in der Regel auf eine „Umwelt-Mutter" verzichten müssen, weil die reale Mutter zu schwach oder selbst gestört war, um mit den vitalen Strebungen des Kindes umzugehen. Wenn die aggressiven Impulse nicht am Objekt untergebracht werden, fühlt sich das Kind bald schuldig wegen dieser Strebungen. Es wird alles tun, um das geliebte Objekt zu ent-schuldigen. In der Psychotherapie fällt es immer wieder auf, wie sehr Menschen mit teilweise schwerer Traumatisierung gegen den Menschen, der sie ihnen zugefügt hat, keinen Hass empfinden können. Sie sprechen ihn durch ihre eigene Symptomatik frei von aller Schuld.

Genau davon kann der Gottesglaube entlasten, wenn er so weit und offen ist, dass der Mensch diesen Gott verehren *und* anklagen, lieben *und* hassen kann. „Wegen uns Menschen", wie es im Glaubensbekenntnis heißt, brauchen wir einen Gott, der allmächtig *und* ohnmächtig ist, der allgütig *und* mitleidend ist. Um dieses lebenserlaubende *Sowohl – Als Auch,* um das Paradoxe und Ambivalente, welches alles andere als unverbindlich und beliebig ist, geht es im theologischen Ausblick zur Gottesfrage.

Dabei denke ich an einen Analysanden, der sich mit seinem Gottesbild auseinander setzt und nach einem „guten" lebenserlaubenden Gott sucht. Nach intensivem Ringen um die Gottesvorstellung – die in der analytischen Situation als ein Ringen um die Beziehung zwischen uns aufgefasst werden musste – gelang es, ein paradoxes Sprachspiel zu verwenden. Den Kampf des Analysanden um einen Gott, der reine Liebe ist, konnten wir beide verstehen als seine Suche nach einer „Umwelt-Mutter", die seine Aggressionen aushält und überlebt. Im Übertragungsgeschehen war es immer wieder wichtig, dass er seinen Ärger und manchmal auch Zorn auf mich richten konnte und dass ich – wie die Umwelt-Mutter – dies ohne Beschädigung und ohne moralische Wertung „überlebte". Ich konnte meinerseits verstehen, dass er mit einem ohnmächtigen Gott nicht viel anfangen konnte. Diesem hätte er seine Aggressionen nicht zumuten können. Es bedurfte eines Gottes „außerhalb", der stark genug ist, seine Wut auszuhalten und der es deshalb wert ist, geliebt zu werden. Im Zuge des allmählichen Zusammenwachsens von Liebe und Hass reifte in ihm die Fähigkeit, Inhalte des psychischen und auch religiösen Lebens nicht konkretistisch-objektivierend, sondern metaphorisch-symbolisch zu verstehen. Mit einer gewissen Freude und einer verhaltenen, aber doch schon zu spürenden Lust am Formulieren schufen wir beide den paradoxen Satz: „Gott ist gut und er ist manchmal böse und er ist doch ganz gut."

Mit dieser Formulierung ist meines Erachtens eine Form gefunden, die einerseits nicht zu ständigen Spaltungen und Verleugnungen führt, ohne ihrerseits die menschliche Ambivalenz selbst zu ontologisieren. Würden wir die Ambivalenz selbst zur letzten Wahrheit machen, begingen wir eben den Fehler, den wir der metaphysischen Gottesvorstellung vorwerfen. Um eines gedeihlichen Glaubenslebens willen, welches unser Seelenleben nicht ständig überspringt oder verbiegt, sollte eine solche paradoxe Formulierung nicht in eine logische und eindeutige umgewandelt werden.[54]

54 Die Vorstellung, dass in Gott Gutes und Böses, Lichtes und Dunkles Platz haben darf, lässt sich durchaus mit der Vorstellung von Augustinus und Thomas von Aquin verbinden, welche das Böse als „privatio boni" bezeichnen. Claret betont zu Recht, dass dieser Gedanke, dass das Böse nichts substantiell Eigenständiges ist, sondern ein Mangel an Gutem, ein gewisser Defekt des Seins, für die Theologie un-

Im Ersten Testament begegnet die Vorstellung eines ambivalenten Gottes ganz eindrucksvoll bei Deuterojesaja;

> *„Ich bin der Herr und sonst niemand.*
> *Ich erschaffe das Licht und mache das Dunkel,*
> *ich bewirke das Heil und erschaffe das Unheil.*
> *Ich bin der Herr, der das alles vollbringt"* *(Jes 45,6b–7.)*

Die dunkle Seite Gottes, seine Rätselhaftigkeit, wird nicht geleugnet. Es ist die eine ungeteilte Wirklichkeit, die hier begegnet. Entscheidend ist, dass im Namen Jahwes diese eine, ungeteilte, ambivalente Wirklichkeit in ihren lichten und dunklen Seiten zur Sprache kommt. Gott selbst wird hier nicht als des Rätsels Lösung gesehen, sondern wird in seiner Fremdhaftigkeit bestätigt.

Auch die Gottesrede Jesu wurzelt im jüdischen Gottesbild, zu dem auch die Anrede Gottes als liebender und barmherziger Vater gehört. Die Gefahr ist jedoch, die befremdlichen Gottesbilder der jüdischen Bibel als durch Jesus überholt anzusehen. Was dabei herauskommt, ist ein harmloser, blutleerer Gott einer bürgerlichen Religion, ein Gott, der nicht mehr erschreckt und deshalb auch nicht mehr trösten kann. Man darf den Gott des Ersten Testamentes – so Manfred Görg – nicht so verkürzen, dass er zum Götzen wird, „dem nur das eignet, was der christliche verbrämte Mensch wünscht. Denn das wäre purer Götzendienst, eben jenen Gott mit dem Charakter und den Zügen eines liebenden Wesens zu versehen, das so liebt, wie sich Menschen Liebe ersehnen oder erträumen".[55]

Gerade dem religionskritischen Vorwurf, es handele sich beim Gottesglauben ohnehin „nur" um primärnarzisstische Fantasien und Wünsche, kann durch ein ambivalentes Gottesbild begegnet werden. Es ist insofern reif, als es den Man-

aufgebbar ist (Claret 1997, 333). Ich kann Claret jedoch nicht folgen, wenn er den Teufel zum Ursprung und Träger des Bösen erklärt, gesteht er dem Bösen dadurch doch eine substantielle und personale Eigenständigkeit zu. Wenn das Böse jedoch mit dem Mangel der Schöpfung in Verbindung gebracht wird, muss es auch nicht von Gott getrennt gehalten werden.
55 Görg 1995, S. 185 f.

gel der Schöpfung nicht durch illusorische Wunscherfül-
lung leugnet, sondern ihn anerkennt und an ihm leidet.
Diese Bereitschaft kommt wohl in jenem 22. Psalm zum
Ausdruck, der aus Jesu Mund in der Stunde der höchsten
Bedrängnis zu hören ist. Im Ruf

> *„Mein Gott, mein Gott – warum hast du mich verlassen?"*
> *(Ps 22,2)*

kommt die grenzenlose Distanz zum Ausdruck. Im Aushalten dieser Distanz kann dann auch der Gott der Errettung
erfahren werden:

> *„Deine Treue preise ich in großer Gemeinde . . ."* *(Ps 22,26).*

Die ganze zerrissene Wirklichkeit spiegelt sich hier wieder,
und sie wird nicht aus Gott herausgehalten. Solch einen
Gott brauchen wir, der beide Welten kennt, die des Todes
und der Finsternis und die des Lichtes und des Lebens. Das
wussten die Götter der biblischen Umwelt, denn sie hatten
Teil an Leben und Tod: Baal und Osiris steigen in die To-
deswelt hinab, sie kennen die Sphären der Finsternis aus
eigener „Biografie", um ihr immer wieder zu entwachsen.
Manfred Görg fragt zu Recht, ob „es möglich ist, die in
uralte Bildsprache gehüllte Vorstellung vom Gott, der über
Leben und Tod steht, weil er beide Welten kennt, in unser
gespaltenes Bewusstsein hinüberzuretten?"[56]

Ein solcher Gott, der uns gut und böse erscheint und den
wir auf Grund seiner eignen Menschwerdung nicht „eindeutig" machen müssen, könnte uns helfen, den Riss, der
durch unsere Welt und durch unsere Seelen geht, nicht
leugnen zu müssen. Es wäre ein Schritt, die Herausforderung unserer Zeit an den monotheistischen Gottesglauben
anzunehmen.

---

56 Ebd., S. 189.

Durch die vorangegangene Interpretation von zwei zentralen Symbolen christlichen Glaubens – dem Kreuz mit der
Botschaft, dass durch das Opfer Jesu Erlösung stattfinde und
dem Gottesbild – sollte eine Möglichkeit aufgezeigt werden, mit dem Schulddilemma, dem Mangel der Schöpfung,
so zu leben, dass es weder zu einer illusionären Leugnung
im Sinne einer durch die Erfahrung des brüchigen Lebens
nicht abgedeckten Siegesgewissheit kommt noch zu einer
Heiligung der Unterwerfung im Sinne eines christlichen
Masochismus. Der Hinweis auf ein Gottesbild, welches die
Ambivalenz der geschöpflichen Welt wieder in sich aufnimmt und so vom Druck der Spaltung entlastet, bildete
den Abschluss der versuchten nachmetaphysischen Symbol-
aneignung.

Jetzt geht es darum, einige praktische Aspekte zu nennen,
die zu einem versöhnten Leben führen können. Der Begriff
der Versöhnung, der hier der „Erlösung" vorgezogen wird,
soll deutlich machen, dass eine christliche Praxis dann plausibel erscheint, wenn sie nicht zu einer erneuten Spaltung
der Wirklichkeit führt. Der Begriff der Erlösung führt allzu
schnell in die Un-erfahrbarkeit, er begünstigt die Entzweiung der einen Lebenswirklichkeit und steht somit in der
Gefahr, von einem Sym-bol zu einem Dia-bol zu werden.[57]

Abschied von unheilvollen Lebensentwürfen

Das biblische Wort für eine neue, versöhnte Lebenspraxis
steht am Beginn des öffentlichen Wirkens Jesu und heißt
„Umkehr". Dieser Ruf nach Umkehr (wörtlich übersetzt:
den Geist umwenden) steht nicht im Dienste einer ängstli-
chen Lebensvermeidung, sondern soll garantieren, dass das
Leben eines Menschen auch zur Entfaltung kommt angesichts der erwartbaren Hindernisse auf Grund des Mangels

---

57 Das Sym-bol fügt zusammen, ohne Differenz aufzulösen, es integriert
und erhält die Polarität. Das Dia-bol wirft auseinander, spaltet, verdinglicht und löst die Polarität auf. Vgl. Stenger (1985) 105–129.

der Schöpfung. Um die angekündigte Lebensfülle zu erlangen, muss jedoch manches aufgegeben werden. Leben und Predigt des Jesus von Nazareth lehren dieses Paradox: Wer das Leben gewinnen will, soll das Leben gering achten. Vieles Liebgewordene, aber Blockierende, will geopfert werden. Trennung von überkommenen Lebensmustern und nicht mehr lebbaren Modellen ist die Aufgabe.

In der Psychotherapie dauert es oft lange, manchmal Jahre, bis jemand bereit ist, nicht mehr die Anderen, die Umwelt und die eigene Ursprungsfamilie für das eigene Unglück verantwortlich zu machen. Man muss die bequeme Projektion „opfern", um die eigene Verstricktheit in die verfahrene Situation zu erkennen. Dieser Erkenntnisprozess, der sich keineswegs nur im Kopf, sondern auch im Gefühl abspielt, ist die Voraussetzung, eigenes Verhalten zu ändern. Frucht der Umkehr ist eine Neuausrichtung des eigenen Lebens. Alte, auf Grund von Angst, Zwang und Abwehrmaßnahmen aufrechterhaltene Lebensorientierungen werden – oft gegen die Erwartungen der Umwelt – aufgegeben werden müssen. Manchmal ist es um dieses Glaubens willen notwendig, den alten, übernommenen Glauben selbst über Bord zu werfen, um aus dem Machtbereich der „Sünde", d. h. des entfremdeten Lebens zu entkommen. Besonders für religiös erzogene Menschen ist eine Befreiung von der Last eines auferlegten Glaubens- und Normensystems die Voraussetzung, um den Zustand der „Freiheit der Kinder Gottes" wenigstens ansatzweise zu erfahren. Massive Ängste sind dabei zu überwinden, denn das alte Gefängnis mit seinen einschränkenden Gitterstäben hat doch immerhin Sicherheit geboten. Ein Leben jenseits dieser Sicherheiten kann manchmal gar nicht gedacht werden und der Therapeut hat vorübergehend die Aufgabe zu erfüllen, die Vorstellung eines anderen, freieren Lebens für seinen Klienten geradezu kontrafaktisch als Hoffnung aufrecht zu erhalten.

Erfahrungsnah bedeutet die „Teilhabe am Opfer Jesu" dann, genau von dem Abschied zu nehmen, was sich infolge der Einkleidung in ein religiösen Gewand als wahre Kreuzesnachfolge getarnt hat. In Wirklichkeit handelt es sich um lebenseinschränkende, zwanghafte Abwehrformen, die der

Begegnung mit dem lebendigen Gott im Wege stehen. In der psychotherapeutischen Begleitung christlich erzogener und oft in kirchlichen Lebensformen arbeitender Menschen denke ich oft an das Wort des Mystikers Johannes vom Kreuz, dass man nur dann den lebendigen Gott finden kann, wenn man sich vom Gott seiner Kindheit trennt.

Diese Trennung wird oft mit erheblichen Schuldgefühlen und Ängsten begleitet, als Untreue erlebt und von Straffantasien begleitet. Es ist dann immer wieder die analytische Einsicht in diese Mechanismen notwendig, um auf dem Weg in die Freiheit nicht stehen zu bleiben. Theologisch gesprochen verlässt jedoch ein Mensch auf diese Weise den Machtbereich der Sünde, die die Geburt des eigenen Selbst, die Geburt Gottes in der Seele des Menschen, wie es die Mystiker immer wieder betonen, verhindert hat.[58] Viele Menschen leben und glauben „über ihre Verhältnisse", in gewisser Weise ist ihr Glaube „sündhaft", weil er zu wenig oder gar nicht angebunden ist an das innere Leben und das eigene Selbst. Dieser Mangel darf nicht nur dem Einzelnen angelastet werden, vielmehr zeigt sich in der Symptomatik einzelner die Engführung eines allgemein-christlichen Erlösungsverständnisses, das erfahrungslos und rein metaphysisch gedacht wird und so die tatsächlichen Verhältnisse illusionär überspringt. Es kommt dann eben nicht zu einer Versöhnung mit der kränkenden Tatsache, dass Leben begrenzt, die Schöpfung mangelhaft und Gott offenbar nicht nur ganz gut ist. Ein versöhntes Leben hingegen, welches von einer Er-lösung von diesen Daseinsbedingungen absieht, wird möglich durch die Fähigkeit, an der Schöpfung leiden zu lernen und so zu einer Aussöhnung mit der Wirklichkeit zu finden. „Erlösung" ist dann eine reife und in Verbundenheit mit anderen Menschen praktizierte Form, mit der tatsächlichen Unerlöstheit des Lebens umzugehen.

58 Vgl. Kochanek 1998a, S. 20 f.

Es ist eine tiefe Kränkung für den Menschen, nicht sein eigener Schöpfer zu sein. Dies gilt nicht nur für das biologische Leben, sondern auch für unsere psychische Existenz. Wir sind in den Grundstrukturen unserer Seele geprägt von anderen, in der Regel von den Eltern bzw. der uns umgebenen Familiengruppe. Wenn wir von dieser Fremdprägung ein Bewusstsein erlangen, haben wir dieses Wissen auch zu verarbeiten. Das gestaltet sich deshalb so kompliziert, weil wir den Menschen, die den größten Einfluss auf unsere Erziehung ausübten, keineswegs nur freundliche Gefühle entgegenbringen. Wir erleben sie als ambivalent. Weil unsere Bedürfnisse und Wünsche stärker und mächtiger sind als die Möglichkeiten der Befriedigung, die auch noch so gute Eltern uns bieten können, hegen wir auch Hassgefühle ihnen gegenüber. Das macht es so schwer, sich mit der Prägung durch die zwiespältig erlebten Eltern auszusöhnen.

Regelmäßig begegnen in Psychotherapien die beiden bevorzugten Möglichkeiten der „Bewältigung" des kindlichen „normalen" Unglücks: Sich entweder als ohnmächtiges Opfer zu fühlen oder sich allmächtig über die prägenden Kräfte zu erheben. Die erste Lösung wird durch ein christliches Menschenbild verstärkt, welches die Unterordnung unter die göttliche Autorität fordert. Sie wird begünstigt durch das traditionelle christliche Erlösungsmodell, das heftige Schuldgefühle begünstigt, die der selbstlose Tod des Gottessohnes bewirkt. Sich ein Leben lang als Opfer fühlen gegenüber den eigenen Eltern ist eine letztlich destruktive Form, die Wut und Enttäuschung über die Prägung durch sie zu „bewältigen". Bis zum Suizid kann sich die Opfermentalität auswachsen, wobei die Fantasie, dass die eigenen Eltern die am meisten Gestraften und Betroffenen sind, eine gewisse Genugtuung auslöst. Eine andere Weise, die Opferrolle auszuleben, ist die erfolglose eigene Lebensführung. Ständiges unbewusst herbeigeführtes Scheitern (im Beruf, in der Partnerschaft, im sozialen Leben) wird als „Beweis" erlebt, dass die Eltern eine tiefe Schuld trifft. So kann das eigene Leben als eine Art Rache verstanden werden für die erlittenen Kränkungen und Verletzungen.

Die andere Variante ist der Allmachtswahn: Weil die Kränkung über die Grenzen der eigenen Prägung nicht verarbeitet wird, erhebt sich der Gedemütigte durch unrealistische Größenfantasien über die eigenen Verhältnisse. Er scheitert oftmals in der Lebensmitte an seiner eigenen Maßlosigkeit, die es ihm nicht erlaubt, Grenzen realistisch einzuschätzen und entsprechend zu handeln. Weil er seine eigenen Grenzen nicht kennt und so über seine eigenen Verhältnisse lebt, führt er das Scheitern unbewusst herbei. Eigentlich wollte er doch durch sein Leben Distanz gewinnen zu den einengenden Bedingungen seiner Familie und ein ganz anderes Leben führen. In tragischer Weise unterliegt er dem unbewussten Wiederholungsbedürfnis und bleibt im Kreislauf von Verletzung, Kränkung, Wut und Rache gefangen.

Der Weg in die Freiheit führt in beiden Fällen über die Verwandlung von Wut und Hass, die durch die kränkenden Bedingungen von Kindheit und Jugend ausgelöst werden, in Trauer. Dieser Weg in der depressiven Verarbeitung ermöglicht eine neue, realistische Sicht auf die eigne Prägung und eröffnet Möglichkeiten realitätsbezogener Grenzerweiterung. In Psychotherapien ist es immer wieder beeindruckend zu erleben, wie ein Mensch neue Chancen in dem Augenblick entdeckt, in dem er die Verletzungen und Kränkungen durchlebt, bearbeitet und überwindet. Es bestätigt sich dann immer wieder, dass Trauer der kreativste Affekt ist, dessen der Mensch fähig ist. Ein Indikator für einen gelungenen Trauerprozess ist regelmäßig die Versöhnung mit den eigenen Eltern. Dies zeigt sich darin, dass diese aus der Elternrolle entlassen werden, was bedeutet, an sie keine Ansprüche auf Entschädigung und Verständnis mehr zu haben, aber auch die Rache- und Vergeltungsbedürfnisse aufgegeben zu haben. Dies setzt eine erneute Trennung von ihnen voraus. Das biblische Gebot, die Eltern zu achten und zu ehren, bekommt von hierher einen neuen Sinn. Es setzt nämlich den Abschied von ihnen voraus, d. h. die Entlassung der Eltern aus der Elternrolle. Dies zeigt sich daran, dass auf Rache oder Wiedergutmachung verzichtet werden kann. Insofern steht die Aussöhnung mit den Eltern für die Versöhnung mit den Grenzen, die die eigene Prägung durch sie errichtet hat. Ein Mensch lebt dann in Übereinstimmung mit sich und vermag seinen eigenen Eltern gegenüber freundliche und dankbare Gefühle zu entwickeln.

„Pathische Kompetenz":
Leiden lernen als schöpferischer Akt

Wenn in diesem Abschnitt oft von Trauerarbeit und pathischer Kompetenz die Rede ist, dann ist damit keineswegs die andere Seite geleugnet: Freude, Lust, Glück und Erfüllung sind gleichsam die Früchte dieser Enttäuschungsverarbeitung. Ohne den Kontrast einer mangelhaften Schöpfung, in der Glück die Ausnahme bildet, kann eben dieses Glück überhaupt nicht empfunden werden.

In kirchlichen Kreisen wird oft gesagt, Christsein müsse Freude machen und es gehöre zu den Aufgaben des Christen, etwas von der Freude über die Erlösung sichtbar zu machen. Oftmals beruft man sich dabei in Predigt und Verkündigung auf das bekannte Wort Nietzsches, wonach die Christen erlöster aussehen müssten, um an ihren Gott glauben zu können. Infolge solcher Appelle schleicht sich eine unnatürlich und oft kitschig anmutende Freundlichkeit in kirchliche Kreise ein, die einen Menschen, der etwas vom Leben versteht, eher abstößt als einlädt. Ich bezweifele inzwischen, ob es überhaupt Aufgabe der Christen oder überhaupt einer Religion sein kann, Freude zu machen, zumindest dann nicht, wenn Freude als Gegensatz von Trauer und Leiden verstanden wird, und nicht als deren polare Ergänzung. Je freudiger sich manche Christen geben, desto schwerer tun sie sich mit der Erfahrung des Leids, die als kränkende Zumutung für einen solchen „freudigen" Glauben erlebt wird. Vor allem dann, wenn die Fassade nicht mehr aufrechterhalten werden kann, zeigt sich, dass ein gedeihlicher Umgang mit begrenzenden und kränkenden Leiderfahrungen kaum eingeübt worden ist. Dann bricht für sie eine Welt zusammen.

Stattdessen möchte ich im Rahmen meiner Überlegungen für die Förderung und Entwicklung einer Fähigkeit unserer Psyche plädieren, die sich nicht nur keiner öffentlichen Beliebtheit erfreut, sondern manchmal offen abgelehnt und vermieden wird: die Trauer. Im Gegensatz zur krankhaften Depression ist die Trauer eine Aktivität und ein Affekt unseres psychischen Lebens, welcher uns im wahrsten Sinne des Wortes am Leben hält und sich als schöpferischer Akt erweist, der Entwicklung, Wachstum und Veränderung ermöglicht. Das hängt zusammen sowohl mit der Beschaffenheit unserer psychischen Natur als auch mit dem So-Sein unserer je eigenen Umwelt. Konstitutionell haben wir zu leiden am Überschuss unserer Wünsche, denen gegenüber wir die Umwelt in der Regel als versagend erleben. Vereinfacht gesagt wollen wir immer mehr haben und sind nicht leicht zufrieden zu stellen.

Schauen wir noch einmal auf die entwicklungspsychologischen Voraussetzungen der Fähigkeit, die Erfahrung der frustrierenden Grenzen schöpferisch zu verarbeiten. Bei aller Befriedigung, die ein Säugling von der Umwelt, welche ja zunächst durch die pflegende und versorgende Mutter repräsentiert wird, erfährt, ist er doch bald gezwungen, mit der Tatsache des Nicht-Befriedigt-Werdens umzugehen. Dies Umgehen haben wir mit Melanie Klein beschrieben als Wechsel von der „schizoid-paranoiden" in die „depressive" Position. Dies bezeichnet die Art und Weise, wie das Kleinkind mit der Enttäuschung umgeht, die ihm eine nicht perfekte, also „normale" Mutter bereitet. Es kann die Enttäuschung über den versagenden Teil der Mutter in der Weise „bewältigen", dass es diesen Teil aggressiv verfolgt und ihn als nicht zur guten Mutter gehörig erklärt. Der „Vorteil" dieser schizoiden Lösung ist der Schutz vor der unangenehmen und Schmerz verursachenden Tatsache, dass die nachgeburtliche Mutter nicht mit der vorgeburtlichen, absoluten Schutz und Sicherheit gewährenden Person identisch ist. Kommt es nicht zu einer Integration dieser beiden Mütter, bleibt ein früh gespaltenes Selbstbild bestehen. Menschen, die in der schizoiden Position fixiert sind, neigen dazu, alles Begrenzende und Frustration Bereitende nach außen zu verlagern, um es dort zu verfolgen. Eine Form der „Bewältigung" der Tatsache, dass die Welt und andere Menschen immer auch enttäuschen, ist die unnachgiebige Verfolgung all dessen, was nicht dem Ideal einer reinen und guten Welt entspringt. Für die Johannes-Apokalypse haben wir diese destruktive Wirkung des Ideals der Reinheit aufgezeigt. Politische und religiöse Ideologien, aber auch andere Formen „idealer" Lebensentwürfe neigen dazu, mit oft unnachgiebiger Härte alles zu verfolgen, zu bekämpfen und auszurotten, was dem gehüteten Ideal zuwiderläuft.

Die adäquate Form des Umgang mit einer immer auch enttäuschenden Welt ist die Trauer. Der Säugling hat dann die „depressive Position" erreicht, wenn er darüber trauert, dass die Mutter eben nicht nur befriedigend, sondern auch versagend ist. Diese Ambivalenz ist deshalb ein zentrales Merkmal einer passenden gefühlsmäßigen und verstandesmäßigen Einstellung zur Wirklichkeit, weil diese eben nicht mehr das verlorene Paradies darstellt, sondern uns ihren nachparadiesischen Mangel zumutet. In der ambivalenten Einstellung wird deshalb ein Opfer gebracht, nämlich das Opfer des Verzichtes auf eine gewünschte ganz gute und heile Welt, die frei ist vom Bösen, von Hass und Gewalt, von Begrenztheit, Leiden und Tod. Diese Art von Opfer freilich ist an die Fähigkeit des Individuums gebunden, zu leiden und das Leiden als eine Grunddimension des Menschseins zu akzeptieren. Der dazugehörige Affekt ist die Trauer. Nur wer trauert, kann den nächsten Schritt tun. Deshalb ist Trauern eine entwicklungsfördernde Fähigkeit des Menschen, weil sie hilft, in Abschiede einzuwilligen und zu neuen Erfahrungen bereit zu sein.

Von Horst-Eberhard Richter stammt der bemerkenswerte Satz, der auch zugleich der Titel eines seiner Bücher ist: „Wer nicht leiden will, muss hassen." Die Unfähigkeit zum Leid führt eher zu Angst, Hass und Wut, zu Erstarrung, Rigidität und Spaltung. Pathische Kompetenz ist deshalb eine Voraussetzung von Humanität, weil sie den entscheidenden Schritt beschreibt, der herausführt aus dem Teufelskreis von Hass und Gewalt. Die Fähigkeit, leiden zu können ist im Kontext unserer Frage nach Schuldbewältigung eine wichtige Voraussetzung, um der ewigen Macht der erbsündlichen Beschränktheit zwar nicht zu entkommen, aber doch menschlich mit diesem bleibenden Mangel zu leben.

„Erlösung" stellt sich also dar als Akt der Aussöhnung mit diesem Mangel, der uns als Versagung begegnet und Schmerz und Leiden zufügt.

„Obwohl er Sohn war, hat er durch Leiden den Gehorsam gelernt" wird von Jesus im Hebräerbrief (5, 8) gesagt. Wenn man „Gehorsam" nicht als Heiligung der Unterwerfung versteht, gepaart mit einem schwächlichen Verzicht auf Selbstbestimmung, dann kann die eigentliche Tiefendimension eines solchen Wortes deutlich werden. „Leiden lernen" meint dann den Akt der Versöhnung mit einem Gott, der eine unvollkommene Welt geschaffen hat, jedenfalls verglichen mit den maßlosen Wünschen, die wir unserer Triebnatur verdanken. Die Gehorsamsbereitschaft liest sich dann wie die Anerkennung dieser Tatsache, als Einwilligen und Verarbeiten der Enttäuschung, die die Schöpfung uns bereitet. Sie markiert die Überwindung der Position des „Größenselbst", die Jesus, „obwohl er Sohn war", vollzogen hat und durch dieses Opfer zu seiner wahren Identität gefunden hat.

Wer zu solcher Aussöhnung fähig ist, wird weniger dazu neigen, die Kränkung einer nicht idealen Welt durch Wut und Hass zu bewältigen. Er wird auch achtsam sein und nein sagen, wenn andere, die dann als Sündenbock herhalten müssen, für diesen Mangel verantwortlich gemacht werden. Man könnte auch sagen, durch Trauer im Sinne der Enttäuschungsverarbeitung wird die Welt zu einer humanen Welt. Dazu freilich bedarf es auch eines Gottesbildes, das selbst diese Ambivalenz in sich aufzunehmen vermag. Und es braucht Bilder von Erlösung, die das Opfer unseres Größenselbst einfordern als notwendige Voraussetzung zu einem versöhnten, erfüllten Leben. Dafür steht die Vorstellung von „Opfer 2", wie wir sie bei Girard gefunden und auf die innerseelischen Vorgänge übertragen haben. Ein solches Modell gelungener Trauer und Leidbewältigung begegnet im Bild vom gekreuzigten Jesus, der sich im Tod zum auferstandenen Christus wandelt. Letzterer ist somit ein Symbol des wahren und vollendeten Selbst, das immer auch das Ergebnis eines inneren „opfernden" Wandlungsprozesses ist.

Es wäre viel gewonnen, wenn die christliche Rede von der Erlösung diese Dimension eines durch pathische Kompetenz erworbenen versöhnten Lebens deutlich machen könnte. Dies hätte den „Vorteil", dass das christliche Zentralsymbol mit einem lebensfördernden Inhalt verbunden werden könnte, der innerseelisch und sozial erfahrbar ist. Theologische Sprache würde somit wieder angebunden an die inneren Prozesse des Menschen, Reden von Erlösung hätte eine konkrete und erfahrungsnahe Dimension und müsste sich nicht auf eine Wirksamkeit in einer metaphysischen Sonderwelt zurückziehen. Eine solche jenseitig wirkende Erlösung hat nicht nur wenig Chance, „geglaubt" zu werden, sondern kann oftmals geradezu schädlich wirken, wenn sie zu einer Spaltung der Wirklichkeit führt und dann nicht mehr zu einer schöpferisch-versöhnenden Bewältigung der konstitutionellen Schwäche der Stellung des Menschen in der Schöpfung beiträgt.

Schuldgefühle als Ersatz für echtes Schulderleben

Eine Gemeinsamkeit religiöser und nicht-religiöser, z. B. psychoanalytischer Bewältigung von Schuld besteht darin, mit dem schöpfungsbedingten Mangel menschlicher Existenz umzugehen. Dabei erwies sich das traditionelle christliche Erlösungsverständnis als eine Form, den tatsächlichen Mangel nicht spüren zu müssen. Diese Form der Schuldverarbeitung gelingt jedoch nur um den Preis, dass eine neue Schuld geschaffen wird: Der durch den Tod des Gottessohnes Erlöste steht nun selbst in einer tiefen Schuld vor seinem Gott. Auch das Gottesbild des „Allmächtigen" neigt dazu, die Leiden an der Begrenztheit zu ersetzen durch eine Identifizierung mit der göttlichen Allmacht. Die eigene Ohnmacht angesichts der Grenzen ist damit durch die Abwehrmaßnahme der Identifizierung mit einer idealen Autorität „bewältigt".

Auch die Erbsünde, eigentlich eine passende Symbolisierung dessen, was die Schöpfung dem Menschen schuldig bleibt, wird bei Augustinus dem Ich angelastet und seiner Begierlichkeit. Man kann auch sagen, die ursprüngliche, existentielle Schuld, wird umgewandelt in eine moralische Schuld. Es ist die nach innen genommene Verantwortung für diesen Mangel, die den Schöpfer entschuldigt und als reinen, nur guten Gott da stehen lässt und stattdessen dem Geschöpf und seiner Schlechtigkeit die Schuld zuschreibt.

Wirksam ist hier der von der Psychoanalyse beschriebene Mechanismus der Ent-schuldung dessen, der als Täter einen anderen Menschen verletzt hat. Das Opfer neigt eher dazu, sich selbst schuldig zu fühlen als den Täter anzuklagen. Bei Kindern, die Opfer sexuellen Missbrauchs wurden, findet man immer wieder diese Form, den erwachsenen Täter und seine Tat durch Introjektion nach innen zu nehmen, sich auf diese Weise ihm zu unterwerfen und so selbst zum Subjekt des Schulderlebens zu werden.[59] Die Befreiung vom Schuldgefühl setzt immer eine Trennung vom Introjekt voraus, was von Verlustängsten und Schamgefühlen begleitet wird.

Wenn man diesen Mechanismus zu Hilfe nimmt vor dem Hintergrund der Unterscheidung von realer Schuld und Schuldgefühl, dann könnte man sagen, dass das Christentum durch die Tötung des Gottessohnes das Fantasma eines durch nichts aufzuhebenden Schuldgefühls erzeugt hat. Entscheidend ist dabei, dass nicht eine reale böse Tat, sondern das moralische Schuldigsein durch bloßes Existieren das ambivalente Lebensgefühl des Christenmenschen hervorruft. Durch seine bösen Taten bringt er Christus immer wieder ans Kreuz, wie es in der vierten Strophe des bekannten Passionsliedes von Paul Gerhardt von 1656 heißt:

> „*Was du o Herr erduldet, ist alles meine Last; ich, ich hab es verschuldet, was du getragen hast. Schau her, hier steh ich Armer, der Zorn verdienet hat; gib mir o mein Erbarmer, den Anblick deiner Gnad.*"

Damit wird das Gedächtnis des Todes Jesu aus einem religiös-rituellen und damit streng vormoralischen Zusammenhang herausgelöst und auf eine moralische Sicht verkürzt, die im Gläubigen ein moralisches Schuldgefühl hinterlässt.

Die andere Form der Befreiung von diesem quälenden Schuldgefühl ist die Projektion nach außen, wie sie im etwa

59 Vgl. Hirsch 1997, S. 310–320.

Antisemitismus begegnet, dessen religiöser Kern in der Vorstellung von den Juden als Gottesmördern besteht. Die so gefundenen Opfer bewirken dann eine Entlastung von den quälenden Schuldgefühlen, die jener Tod des Gottessohnes verursacht, der eigentlich von der Schuld erlösen will.[60] Auf diese Weise erzeugt das Christentum ein Schuldgefühl, welches wie ein böses Introjekt nur dadurch überwunden werden kann, dass eine Trennung von jenem Gott erfolgt, der durch seine Selbstlosigkeit und Opferbereitschaft seine Gläubigen in Scham und Schuldgefühlen gefangen hält. Solchermaßen sündenempfindliche Menschen können dann nur in geringem Maße die tatsächliche Schuld bewusst erleben, die Menschen auf sich laden, sei es, dass diese Taten durch freie Entscheidung zu Stande kommen oder bewirkt sind durch verinnerlichte traumatisierende Objekterfahrungen. Zu einem echten Schuldbewusstsein kommt es dann oft nicht, stattdessen herrschen kindliche Bewältigungsformen vor, die sich etwa in den Warum-Fragen äußern: Warum lässt Gott das zu? Warum straft Gott gerade mich?

Das Erleben und Durcharbeiten von Schuld – sowohl durch unsere Existenz bedingt als auch durch bestimmte Einzeltaten – setzt reife und entwickelte Fähigkeiten unseres Ichs voraus. Dazu gehören die Bereitschaft, Einsicht gewinnen zu wollen in die eigene Verstricktheit in das Böse, welche wiederum mit Kränkung verbunden ist. Diese Einsicht besteht nämlich zunächst in der Akzeptanz der Tatsache, dass unser reales Ich nicht übereinstimmt mit unserem idealen Ich. Eine solche Einsicht – die Eltern des Ödipus waren dazu nicht in der Lage und gaben so ihre Schuld weiter an den Sohn, der sie dramatisch-tragisch abarbeitet – führt dazu, die persönliche Identität neu zu bestimmen und das eigene Verhalten neu auszurichten. Einsicht und Änderung nennt man im christlichen Kontext Reue und Umkehr. Einsicht in eigene Schuld ist also ein Vorgang, der eine humane Gesellschaft erst begründet.

Vielfach gelingt diese Schuldverarbeitung jedoch nicht, denn sie ist schmerzhaft, weil sie mit einer empfindlichen Kränkung unseres idealen Selbst-Bildes zusammenhängt.

60 Vgl. v. Braun/Heid 1990, S. 149–213.

Die „weltliche" Variante zu der oben aufgezeigten christlichen Form der Schuldersetzung durch Schuldgefühle, welche eine schöpferische Schuldverarbeitung verhindert, besteht im modernen „Behagen in der Schuld".[61] Anstatt eine Schuld anzuerkennen, macht sich der Einzelne selbst zum Subjekt des eigenen Schuldgefühls. Ein solches auszusprechen ist gegenüber dem Eingeständnis echter Schuld das kleinere Übel, ja es bringt sogar gewisse Vorteile mit sich. In psychotherapeutischen Gruppen z. B. gilt es manchmal als ein Zeichen besonderer Ich-Stärke, wenn man ein Schuldgefühl zugibt und sich gleichzeitig davon distanziert: „Ich lasse mir von dir keine Schuldgefühle machen!"

Natürlich muss man unterscheiden zwischen einem in der Sache unbegründeten und letztlich aggressiven Schuldgefühle-Machen und einem realen Schuldig-Werden in der zwischenmenschlichen Beziehung. Diese reale Schuld kann schnell in ein Schuldgefühl umgedeutet werden, wodurch das echte Schulderleben abgewehrt wird. Vor allem in der Eltern-Kind-Beziehung wirkt dieser Abwehrmechanismus. Anstatt dass Eltern ihr gelegentliches Versagen den Kindern gegenüber eingestehen und ihnen somit das Gefühl einer echten partnerschaftlichen Beziehung geben, in der sich keiner unbegründet schuldig fühlen muss, verweigern sie oft dieses Eingeständnis von Schuld. Sie behaupten sich und lassen sich von ihrem Kind „kein Schuldgefühl machen" und übersehen dabei, dass sie dem Kind immer etwas schuldig bleiben. Die uneingestandene Schuld der Eltern wirkt dann im Kind als ein verinnerlichtes Objekt weiter, das in ihm Schuldgefühle erzeugt.[62]

Auch in Partnerschaften kann die Verwechslung von Schuld und Schuldgefühl großen Schaden anrichten. Aus Schuldgefühl, z. B. durch ein strenges Über-Ich verursacht, verhält sich A gegenüber B in überangepasster Weise. A glaubt sonst, die Zuwendung von B zu verlieren. Wenn B aber ein bestimmtes Verhalten von A nicht akzeptiert und Kritik übt, wird er plötzlich zum gefährlichen Aggressor, der bekämpft werden muss. A versteht nicht, warum B ihm

---

61 Vgl. Braun 1997.
62 Vgl. Hirsch 1997, S. 307–309.

Vorwürfe machen kann, er also real schuldig wird, weil er sowieso „ständig Schuldgefühle habe" wegen B. Der Psychoanalytiker Mathias Hirsch deutet diese Interaktion folgendermaßen: „Als ob um alles in der Welt eine Anerkennung sowohl des anderen als Kritiker als auch des Subjekts als real Verantwortlichem beziehungsweise Schuldigem vermieden werden müsste, weil das eine unerträgliche *Trennung* bedeuten würde. Was erhalten bleiben muss, ist das internalisierte Schuldgefühlsystem, sodass reale Schuld, realistische Verantwortung, keinen Platz haben".[63] Die Unfähigkeit zum Schulderleben wird natürlich unterstützt in einer Kultur, in der Schuldgefühle leichter akzeptiert werden als das Leiden an echter Schuld.

Die aufgehobene und vergebene Schuld

Die Vorstellung einer aufgehobenen Schuld weist nun klar in den Bereich der Religion. Psychotherapie kann niemals Schuld aufheben. Aus dem im letzten Abschnitt Gesagten ergibt sich aber auch die Problematik der religiösen Aufhebung der Schuld, wie sie etwa in der Beichte praktiziert wird. Der Theologe und Psychoanalytiker Klaus Winkler stellt hierzu fest: „Religiöse Schuldverarbeitung schlägt immer dann gehäuft in *Ideologie* um, wenn sie von ihren Vertretern mit der ‚eigentlichen' oder sogar einzigen humanen Haltung mit dieser Welt gleichgesetzt wird".[64]

Es gibt eine humane und kreative Schuldverarbeitung mit und ohne Religion. Der religiöse Weg kann einer Flucht vor der Auseinandersetzung mit der Schuld gleichkommen, aber er kann sich auch als authentischer Ausdruck einer reifen Schuldverarbeitung erweisen. Als Beispiel für religiöse Abwehr von den tieferen Problemen, die dem Bedürfnis nach Vergebung und Aufhebung von Schuld zu Grunde liegen können, soll folgende Szene aus der Psychotherapie dienen. Eine Frau eröffnet die Sitzung, indem sie über unerträgliche Schuldgefühle klagt, die beim Tod ihrer

63 Ebd. S. 306.
64 Winkler 1997, S. 115.

Mutter entstanden seien. Sie sei letztlich Schuld an deren Tod infolge kleiner Unachtsamkeiten während der Pflege, die sie ausführlich schildert, die aber kein ernsthaftes Versagen erkennen lassen. Nach meinem Hinweis, sie fühle sich leichter schuldig als dass sie in den Abschied von ihrer Mutter einwillige, was ja auch bedeute, die Seiten ihrer Mutter anzuschauen, die ihr Ärger und Enttäuschung bereitet haben, antwortet sie mir entrüstet: „Ich fühle mich nicht schuldig, ich bin schuldig!" Die weitere Klärung der Realität lässt aber keine echte Schuld erkennen. Es fällt dieser Frau leichter, das verinnerlichte Schuldsystem aufrechtzuerhalten als die innere Trennung von ihrer Mutter zu vollziehen. Infolge dessen bringen auch die von ihr praktizierten häufigen Beichten keine Erleichterung. Diese hat sie inzwischen aufgegeben, weil ihr mancher Beichtvater zu verstehen gab, dass hier nichts zu beichten sei. Die Gefahr ist also groß, das nach innen genommene Schuldsystem zu objektivieren und es für eine reale Schuld zu halten. Auch hier wirkt im Unbewussten das Erlösungs-Schuld-Modell des Christentums, welches es dem Einzelnen leichter macht, sich klein und schuldig zu fühlen und die Aggression gegen sich zu richten als sie in den Dienst der Abgrenzung und des eigenen Freiheitsstrebens zu stellen.

Wo jedoch ein Mensch sein Dasein in einen religiösen Kontext stellt, kann eine Erlebnisdimension erreicht werden, die aufklärende Wirkung hat. Der religiöse Ritus einer zugesprochenen Vergebung der als solcher erkannten Schuld kann den Einzelnen mutiger und bereiter machen, die persönliche Schuld bei der eigenen Lebensverwirklichung wahrzunehmen und anzunehmen. Die Vergebung von außen kann im echten Sinne trösten (und nicht vertrösten) und zu einer Versöhnung mit sich selbst und dem eigenen Gewordensein führen. Echte Vergebung bewahrt auch vor der Versuchung, dem Fantasma des eigenen Reinseins im paradiesischen Zustand zu erliegen. Sie ist verbunden mit Selbsteinsicht und realisierter Freiheit.

Der Grundtenor dieses Buches mag manchem zu pessimistisch erscheinen, vielleicht sogar in einigen Teilen gott-los, weil das Dilemma am Ende bestehen bleibt. Zu sehr hat sich der christlich erzogene Mensch an die Vorstellung gewöhnt, dass die Erlösung dieses Dilemma aufhebe und – in der christlich-bürgerlichen Variante – Religion eben doch glücklich mache oder zumindest den Traum vom ewigen Glück nicht als Illusion erscheinen lasse. Tatsächlich nehmen die vorliegenden Gedanken zur Grundsituation des Menschen die Tatsache der Gebrochenheit und des normalen Unglücks ernst. Dies jedoch nicht aus einer pessimistischen Lebenseinstellung, die die Hoffnung des Glaubens nicht so recht aufkommen lassen will, sondern aus der Überzeugung, dass der Glaube trotz seiner Andersartigkeit der Welt gegenüber den Einzelnen nicht dazu verführen sollte, über seine Verhältnisse zu leben und die seelischen Grundlagen zu überspringen. Es stimmt nachdenklich, dass sich im Christentum einerseits ein tiefes Schuldgefühl eingenistet hat, welches manche neurotische Fehlentwicklung im individuellen und kulturellen Bereich begünstigte, andererseits die Hoffnung und die Freude gepredigt wurde, ohne dass beides recht aufkommen wollte. Sollte vielleicht das Schuldgefühl und seine Auswirkungen auf diese Weise überwunden werden?

Demgegenüber ging es mir darum aufzuzeigen, dass die christliche Form der Lebensbewältigung die anthropologischen Vorgaben nicht ignorieren sollte, weil sie dadurch zur Spaltung der Wirklichkeit beitragen würde. Es ist heute sicher attraktiver, Heil, Erlösung, Ganzheit und Glück in Aussicht zu stellen – sowohl für die Religion als auch für die Psychotherapie. In beiden Bereichen mangelt es nicht an Gurus, welche jene Ziele für erreichbar halten. Hier sind „positives Denken" und „lösungsorientierte" Ansätze gefragt, die erst gar keinen Zweifel aufkommen lassen an Ambivalenz oder gar negativen Gefühlen und Gedanken wie

Trauer, Ärger, Zweifel und Zurückhaltung. Demgegenüber klingt es ernüchternd, wenn hier behauptet wird, dass es weder Aufgabe der Psychotherapie noch der Seelsorge ist, dem Menschen Glück zu bringen. Wohl aber können beide dabei helfen, dass Menschen zu einem versöhnten Leben finden können.

Die Seelsorge hätte hierbei mäßigend zu wirken auf die oft heftigen Wünsche nach Erlösung, Heil und Ganzheit. Indem sie Gebrochenheit als unaufhebbar ansieht, könnte sie den Menschen die innere Erlaubnis geben, den Zustand von Ganzheit und Heil auch gar nicht erreichen zu müssen. Sie könnte sich dabei auf ihren Glauben selbst berufen, auf das Zeugnis vom Handeln Gottes im Tod des Jesu von Nazareth, das sie Auferweckung nennt. Ein solcher Glaube kann entlastend wirken, wenn er den Menschen frei setzt vom Zwang der Ganzwerdung, vom inneren Stress, der entsteht, wenn das „Leben als letzte Gelegenheit" verstanden wird.[65]

Die moderne Psychotherapie beerbt in vielerlei Hinsicht die traditionelle Religion. Sie steht deshalb auch in der Gefahr, sich darin zu überschätzen, wenn sie mit dem Glücks- und Heilsverlangen von Menschen konfrontiert wird, die bei ihr Hilfe suchen. Die religiöse Aufladung von Therapie bildet vor allem dann eine Gefahr, wenn ihre Theorien und Menschenbilder allzu optimistisch sind und von einem ursprünglichen Zustand der Ganzheit, von einem „eigentlich" heilen Selbst ausgehen, das durch Erziehung und Umwelt verletzt und beschädigt worden ist. Die Wiederherstellung dieses ursprünglich als ganz und heil gedachten Selbst wird dann zur Aufgabe der Psychotherapie, welche die „Heilung des Selbst" übernimmt.[66] Das „Selbst" kann dadurch den Status einer höheren Wirklichkeit annehmen, es kann eine geradezu metaphysisch anmutende Qualität bekommen, obwohl es doch nur eine psychologische Modellvorstellung ist. Psychotherapie dient dann diesem „Selbst" und „erlöst" es aus dem Zustand der „sündhaften" Entstellung. Sie besorgt die Wiederherstellung der ursprünglich heilen Ord-

65 Gronemeyer 1993.
66 Kohut 1979.

nung. Mit dieser Ontologisierung funktionaler Begriffe steigt auch die Gefahr für die Psychotherapie, zum Sinn- und Heilslieferanten zu werden, wenn ihr nicht die Grenze ihres Tuns und die Reichweite ihrer Konzepte und Begriffe bewusst ist. Freud hat deshalb immer davor gewarnt, der Psychotherapie anzusinnen, sie könne mehr als „hysterisches Leid" in „gemeines Unglück" zu verwandeln.[67] Die Einsicht in das unausweichliche Schulddilemma könnte helfen, den Zustand des „gemeinen Unglücks" als wertvoll und lebenswert anzuerkennen. Dazu wollte dieses Buch etwas beitragen.

67 Freud, in: Freud/Breuer 1895, S. 312.

Literaturverzeichnis

AUCHTER, TH., Von der Unschuld zur Verantwortung. Ein Beitrag zum Diskurs zwischen Psychoanalyse und Theologie, in: Schlageck, M. (Hg.), Theologie und Psychologie im Dialog über die Schuld, Paderborn 1996, S. 41–138.

BAST, H., Der Körper als Maschine. Das Verhältnis von Descartes' Methode zu seinem Begriff des Körpers, in: List, E. Fiala, E. (Hg.), Leib Maschine Bild. Körperdiskurse der Moderne und Postmoderne, Wien, 1997, S. 19–29.

BAUDLER, G., Töten oder Lieben. Gewalt und Gewaltlosigkeit in Religion und Christentum, München 1994.

BAURIEDL, TH., Beziehungsanalyse. Das dialektisch-emanzipatorische Prinzip der Psychoanalyse und seine Konsequenzen für die psychoanalytische Familientherapie, Frankfurt/M. 1980.

DIES., Leben in Beziehungen. Von der Notwendigkeit, Grenzen zu finden, Freiburg/Br. 1996.

BÖHME, H./BÖHME, G., Das Andere der Vernunft. Zur Entwicklung von Rationalitätsstrukturen am Beispiel Kants, Frankfurt/M. 1985.

BISCHOF, N., Das Rätsel Ödipus. Die biologischen Wurzeln des Urkonflikts von Intimität und Autonomie, München 1989.

DERS., Das Kraftfeld der Mythen. Signale aus der Zeit, in der wir die Welt erschaffen haben, München 1996.

BÖCKLE, F. (zusammen mit G. Condrau), Schuld und Sünde, in: Christlicher Glaube in moderner Gesellschaft 12, Freiburg-Basel-Wien, 1981 S. 90–135.

VON BRAUN, CHR., Das Behagen in der Schuld, in: Gast, L./Körner, J. (Hg.), Psychoanalytische Anthropologie I. Über die verbogenen anthropologischen Entwürfe der Psychoanalyse, Tübingen, 1997, S. 61–94.

VON BRAUN, CHR./HEID, L. (Hg.), Der ewige Judenhass, Stuttgart-Bonn 1990.

BUCHHOLZ, M. B. (Hg.), Metaphernanalyse, Göttingen 1993.

BUDZIK, S., Perversa imitatio Dei. Zum Begriff der Erbsünde bei Augustinus und Schwager, in: Niewiadomski, J./Palaver, W.

(Hg.), Vom Fluch und Segen der Sündenböcke. Raymund Schwager zum 60. Geburtstag, Thaur, 1995, S. 93–109.

BUSCH, H.-J., Subjektgeschichte als Sozialisationsgeschichte. Notizen zur Genese der „Institution" Individuum und ihre Psychoanalyse, in: Belgrad, J. u. a. (Hg.) Zur Idee einer psychoanalytischen Sozialforschung. Dimensionen szenischen Verstehens, Frankfurt/M. 1987, S. 103–117.

CHASSEGUET-SMIRGEL, J., Zwei Bäume im Garten. Zur psychischen Bedeutung der Vater- und Mutterbilder, München 1988.

CLARET, B. J., Geheimnis des Bösen. Zur Diskussion um den Teufel, Innsbruck-Wien 1997.

DERS., Systematisch-theologische Klärungen in der Frage nach dem Ursprung des Bösen, in: Schlagheck, M. (Hg.), 1998, S. 15–61.

CONDRAU, G. (zusammen mit F. Böckle), Schuld und Sünde, in Christlicher Glaube in moderner Gesellschaft 12, Freiburg-Basel-Wien, 1981, S. 90–135.

DIERGARTEN, F., Kulturpsychoanalyse. Möglichkeiten der Vermittlung zwischen Psychoanalyse und Kulturwissenschaften. Z. f. Psa. Psychotherapie 14 (1992), Heft 1/2.

DIETRICH, W./LINK, CHR., Die dunklen Seiten Gottes. Willkür und Gewalt, 2., erg. Aufl. 1997.

DORNES, M., Die frühe Kindheit. Entwicklungspsychologie der ersten Lebensjahre, Frankfurt/M. 1997.

EIBACH, U., Seelische Krankheit und christlicher Glaube. Theologische, humanwissenschaftliche und seelsorgerliche Aspekte, Neukirchen-Vluyn 1992.

EMRICH, H. M., Zur philosophischen Psychologie des Opfers, in: Schenk, R. (Hg.) 1995, S. 67–101.

FOUCAULT, M., Mikrophysik der Macht. Über Strafjustiz, Psychiatrie und Medizin, Berlin 1976.

DERS., Sexualität und Wissen, Frankfurt/M. 1977.

DERS., Der Gebrauch der Lüste. (Sexualität und Wahrheit 2), Die Sorge um sich. (Sexualität und Wahrheit 3), beide Frankfurt/M. 1989.

FREUD, S., Psychische Behandlung (Seelenbehandlung) (1890), in: GW V, S. 287–315.

DERS., Briefe an Wilhelm Fließ (1897–1940), hg. von J. M. Masson, Frankfurt/M. 1986

DERS., Totem und Tabu (1912/13), GW IX.

DERS., Mitteilungen eines der psychoanalytischen Theorie widersprechenden Falles von Paranoia (1915), in: GW X, S. 234–246.

DERS., Vorlesungen zur Einführung in die Psychoanalyse (1917), GW XI.

DERS., Jenseits des Lustprinzips (1920), in: GW XIII, S. 1–69.

DERS., Das Ich und das Es (1923), in: GW XIII, S. 237–289.

DERS., Die Frage der Laienanalyse (1926), in: GW 14, S. 207–286.

DERS., Das Unbehagen in der Kultur (1930), in: GW XIV, S. 419–506.

DERS., Neue Folge zu Vorlesungen zur Einführung in die Psychoanalyse (1933), GW XV.

DERS./BREUER, J., Studien über Hysterie (1895), in. GW I, S. 75–312.

DERS./PFISTER, O., Briefe 1909–1939, Frankfurt/M. 1963.

FÜRST, W., Praktisch-theologische Urteilskraft. Auf dem Weg zu einer symbolisch-kritischen Methode der Praktischen Theologie, Zürich-Einsiedeln-Köln1986.

FUNKE, D., Im Glauben erwachsen werden. Psychische Voraussetzungen der religiösen Reifung, München 1986.

DERS., Gott und das Unbewusste. Glaube und Tiefenpsychologie, München 1995.

DERS., Der Platz des Bösen in Gott. Psychoanalytische und theologische Erwägungen zum halbierten Bild vom „guten Gott", in: Schlagheck, M. (Hg.) 1998, S. 93–144.

DERS., Jenseits von Heilung: Ersatzreligion Psychotherapie? in: Kochanek, H. (Hg.), Ich habe meine eigene Religion. Sinnsuche jenseits der Kirchen, Zürich-Düsseldorf 1999, S. 42–78.

GAST, L., Libido und Narzissmus. Vom Verlust des Sexuellen im psychoanalytischen Diskurs, Tübingen 1992.

GEHLEN, A., Der Mensch. Seine Natur und seine Stellung in der Welt. Wiesbaden [13]1997.

GIEGERICH, W., Die Atombombe als seelische Wirklichkeit.Versuch über den Geist des christlichen Abendlandes, Zürich 1988.

DERS., Tötungen. Über Gewalt aus der Seele, in: Pflüger, P. M. (Hg.), Gewalt – warum? Der Mensch: Zerstörer und Gestalter, Olten 1992, S. 184–233.

GIRARD, R., Das Heilige und die Gewalt, Zürich 1987.

DERS., Mimetische Theorie und Theologie, in: Niewiadomski, J./Palaver, W. (Hg.), Vom Fluch und Segen der Sündenböcke, Thaur-Wien-München, 1995, S. 15–29.

GOODMAN, N., Weisen der Welterzeugung, Frankfurt/M. 1984.

GÖRG, M., Der un-heile Gott. Die Bibel im Bann der Gewalt, Düsseldorf 1995.

GÖRRES, A./RAHNER, K., Das Böse. Wege zu seiner Bewältigung in Psychotherapie und Christentum, Freiburg/Br. 1982.

GRASSI, E., Macht des Bildes. Ohnmacht der rationalen Sprache, München 1979.

DERS., Die Macht der Phantasie. Zur Geschichte abendländischen Denkens, Frankfurt/M. 1992.

GREISCH, J., Homo Mimeticus. Kritische Überlegungen zu den anthropologischen Voraussetzungen von Rene Girards Opferbegriff, in: Schenk, R. (Hg.) 1995, S. 27–63.

GRONEMEYER, M., Das Leben als letzte Gelegenheit. Sicherheitsbedürfnisse und Zeitknappheit, Darmstadt 1993.

GRÖZINGER, A., Das Heilige in der Erlebnisgesellschaft. Eine protestantische Deutung. Reihe Wechsel-Wirkungen. Traktate zur Praktischen Theologie und ihren Grundlagen, Heft 18, Waltrop 1996.

HAAG, H., Abschied vom Teufel, Einsiedeln 1969.

HAAS, E., Gewalt-Opfer-Sündenbock. Einführung in die Kulturanthropologie Rene Girards, in: WzM 49, (1997), S. 485–500.

HABERMAS, J., Erkenntnis und Interesse, Frankfurt/M. 1968.

HAVERKAMP, A. (Hg.), Theorie der Metapher, 2., erg. Aufl. Darmstadt 1996.

HEIM, R., Die Rationalität der Psychoanalyse. Eine handlungstheoretische Grundlegung psychoanalytischer Hermeneutik, Frankfurt/M. 1993.

HENSELER, H., Religion – Illusion? Eine psychoanalytische Deutung, Göttingen 1995.

HESSING, J., Der Fluch des Propheten. Drei Abhandlungen zu Sigmund Freud, Rheda-Wiedenbrück 1989.

HEGEL C. W. F., Phänomenologie des Geistes, Werke, Bd. 3, Frankfurt/M. 1970.

HIRSCH, M., Schuld und Schuldgefühl. Zur Psychoanalyse von Trauma und Introjekt, Göttingen 1997.

HUBBERTZ, K.-P., Schuld und Verantwortung. Eine Grenzbeschreitung zwischen Tiefenpsychologie, Ethik und Existenzphilosophie, Münster/Hamburg 1992.

JACOBY, R., Soziale Amnesie. Eine Kritik der konformistischen Psychologie von Adler bis Laing, Suhrkamp Frankfurt/M. 1975.

JOHANNES PAUL II, Fides et Ratio. Über das Verhältnis von Glaube und Vernunft, Bonn 1998.

JUNG, C. G., Heros und Mutterarchetyp (Symbole der Wandlung 2), Grundwerk Bd. 8, Olten und Freiburg 1985.

KERNBERG, O., Schwere Persönlichkeitsstörungen. Theorie, Diagnose, Behandlungsstrategien, Stuttgart 1988.

KLEIN, M., Frühstadien des Ödipuskonfliktes (1928), in: Gesammelte Schriften, Bd. I, Teil 1, Stuttgart/Bad Cannstatt 1995, S. 291–305.

DIES., Das Seelenleben des Kleinkindes und andere Beiträge zur Psychoanalyse, Stuttgart 1983.

KOCHANEK, H., Spurwechsel. Die Erlebnisgesellschaft als Herausforderung für Christentum und Kirche, Frankfurt/M. 1998.

DERS. (Hg.), Die Botschaft der Mystik in den Religionen der Welt, München 1998a.

KOHUT, H., Die Heilung des Selbst, Frankfurt/M. 1979.

KRISCHKE, W., Auch Hexenjäger waren nicht dumm, in: FAZ 12. 08. (1998), S. N6.

KÜENZLEN, G., Der Neue Mensch. Zur säkularen Religionsgeschichte der Moderne, München 1994.

LESMEISTER, R., Der zerrissene Gott. Eine tiefenpsychologische Kritik am Ganzheitsideal, Zürich 1992.

LORENZER, A., Intimität und soziales Leid. Archäologie der Psychoanalyse, Frankfurt/M. 1984.

LUTHER, H., Religion und Alltag. Bausteine zu einer Praktischen Theologie des Subjekts, Stuttgart 1992.

MENDEL, G., Die Revolte gegen den Vater, Frankfurt/M. 1972.

METZ, J. B., Gotteskrise. Versuch zur „geistigen Situation der Zeit", in: Ders. u. a., Diagnosen zur Zeit, Düsseldorf 1994, S. 76–92.

DERS., Theologie als Theodizee? , in: Oelmüller, W. (Hg.), Theodizee – Gott vor Gericht? München 1990.

MARQUARD, O., Glück im Unglück. Philosophische Überlegungen, München 1995.

MERTENS, W., Ödipuskomplex, in: Ders. (Hg.), Schlüsselbegriffe der Psychoanalyse, Stuttgart 1993 S. 209–223.

METTE, N., Voraussetzungen christlicher Elementarerziehung. Vorbereitende Studien zu einer Religionspädagogik des Kleinkindalters, Düsseldorf 1983.

DERS./STEINKAMP, H., Sozialwissenschaften und Praktische Theologie, Düsseldorf 1983.

NITZSCHKE, B., Aufbruch nach Inner-Afrika. Essays über Sigmund Freud und die Wurzeln der Psychoanalyse, Göttingen 1998.

PASSET, P., Die Wiederkehr des Religiösen in der Psychoanalyse: Freuds kritische Analyse der Religion als Darstellung der latenten Struktur seines wissenschaftlichen Denkens, in: Schneider, P. u. a. (Hg.), Freud-Deutung, Tübingen 1994, S. 243–295.

PAUS, R., Das Rätsel der Sphinx. Die Frage nach der Geschlechterdifferenz, in: Reader der Arbeitsgruppe „Frauen und Psychoanalyse" hrsg. als Manuskript im psychoanalytischen Seminar Düsseldorf 1996, S. 1–16.

PLESSNER, H., Die Stufen des Organischen und der Mensch. Einleitung in die philosophische Anthropologie, Berlin-New York 1975.

POHLEN, M./BAUTZ-HOLZHERR, M., Eine andere Aufklärung. Das Freudsche Subjekt in der Analyse, Frankfurt/M. 1991.

RAGUSE, H., Psychoanalyse und biblische Interpretation. Eine Auseinandersetzung mit Eugen Drewermanns Auslegung der Johannes-Apokalypse, Stuttgart, Berlin, Köln, 1993.

RAHNER, K., Schriften zur Theologie II, Einsiedeln, Zürich, Köln 1964.

DERS., Schriften zur Theologie IX, Einsiedeln, Zürich, Köln 1970.

REIK, T., Dogma und Zwangsidee. Eine psychoanalytische Studie zur Entwicklung der Religion, Kohlhammer Stuttgart/Berlin/Köln/Mainz 1973.

REMMLER, H., Das Geheimnis des Sphinx. Archetyp für Mann und Frau, Göttingen 1995.

REUTER, W., Welche Therapie können Sie denn, Herr Pfarrer? Über die unbewusste Tendenz zur „Kastration" der Seelsorge, in: Zeit, T./Klieser, E. (Hg.), Seelsorge als Therapie – Therapie als Seelsorge, Gelsenkirchen 1998, S. 13–23.

RICHTER H..-E., Der Gotteskomplex. Die Geburt und die Krise des Glaubens an die Allmacht des Menschen, Hamburg 1986.

RITTER, M., Die Freiheit der Frau, zu sein wie der Mann, in: Barkhaus, A. u. a. (Hg.), Identität – Leiblichkeit – Normativität. Neue Horizonte anthropologischen Denkens, Frankfurt/M. 1996, S. 404–422.

RITTER, W. H./FELDMEIER, R./SCHOBERTH, W./ALTNER, G., Der Allmächtige. Annäherung an ein umstrittenes Gottesprädikat, Göttingen 1997.

ROHDE-DACHSER, C., Das Borderline-Syndrom, Bern-Stuttgart-Wien ³1983

SAFRANSKI, R., Das Böse oder das Drama der Freiheit, München-Wien 1997.

SATINOVER, J., Der Mythos vom Tode des Helden: Die Jungsche Psychologie der Männlichkeit, in: Friedman, R. M./Lerner, L. (Hg.), Zur Psychoanalyse des Mannes, Berlin/Heidelberg/New York 1991, S. 147–158.

SCHADEWALDT, W. (Hg.), Sophokles König Ödipus. Kommentierte Ausgabe, Frankfurt/M. 1973.

SCHARFENBERG, J., Religion zwischen Wahn und Wirklichkeit.

Gesammelte Beiträge zur Korrelation von Theologie und Psychoanalyse, Hamburg 1972.

DERS., Einführung in die Pastoralpsychologie, Göttingen 1985.

SCHENK, R. (Hg.), Zur Theorie des Opfers. Ein interdisziplinäres Gespräch, Stuttgart/Bad Cannstatt 1995.

SCHIWY, G., Abschied vom allmächtigen Gott, München 1995.

SCHLAGHECK, M. (Hg.), Theologie und Psychologie im Dialog über das Böse, Paderborn 1998.

SCHWAGER, R., Brauchen wir einen Sündenbock? Gewalt und Erlösung in den biblischen Schriften, München 1978.

DERS., Erbsünde und Heilsdrama: Im Kontext von Evolution, Gentechnologie und Apokalyptik, Münster-Thaur 1997.

SEIDLER, G. H., Der Blick des Anderen. Eine Analyse der Scham. Mit einem Geleitwort von Leon Wurmser, Stuttgart 1995.

SIES, C., Urszene und Generationenschranke. Ursprünge der Subjektivität von Mann und Frau, in: Tress, W./Sies, C. (Hg.), Subjektivität in der Psychoanalyse, Göttingen 1995, S. 193–212.

STENGER, H., Verwirklichung unter den Augen Gottes. Psyche und Gnade, Salzburg 1985.

TÖGEL, C., „. . . und gedenke die Wissenschaft auszubeuten". Sigmund Freuds Weg zur Psychoanalyse, Tübingen 1994.

TRAUTH, W., Zentrale psychische Organisations- und Regulationsprinzipien und das psychoanalytische Verständnis von Abwehr und Regulation. Psychoanalytische Grundlagenforschung, Sonderheft 1 der „Zeitschrift für psychoanalytische Psychotherapie" XIX, München 1997.

VATTIMO, G., Glauben – Philosophieren, Stuttgart 1997.

VICO, G., Die neue Wissenschaft von der gemeinschaftlichen Natur der Nationen. Auswahl, Übersetzung und Einleitung von Ferdinand Fellmann, Frankfurt/M. 1981.

VOGT, R., Psychoanalyse zwischen Mythos und Aufklärung oder das Rätsel der Sphinx, Frankfurt/M. und New York 1986.

WAHL, H., Christliche Ethik und Psychoanalyse, München 1980.

DERS., Der Weg vom Narzissmus zum Selbst. Einsichten der neueren Psychoanalyse zum Verständnis des Menschen, in: W. Greive, Narzissmus und Religion, Loccumer Protokolle, hg. von der evangelischen Akademie Loccum 1991, S. 10–33.

DERS., Glaube und symbolische Erfahrung. Eine praktisch-theologische Symboltheorie, Freiburg/Br.-Basel-Wien 1994.

DERS., Das Kreuz Jesu: Allerwelts-„Symbol" oder Symbol-Zeichen des christlichen Glaubens, in: Hödl, L. (Hg.), Ein sperriges

Zeichen. Praktisch-theologische Überlegungen zur Theologie des Kreuzes, München 1997, S. 69–90.

WELSCH, W., Unsere postmoderne Moderne, Berlin 1993.

DERS., Vernunft. Die zeitgenössische Vernunftkritik und das Konzept der transversalen Vernunft, Frankfurt/M. 1995.

WERBICK, J., Soteriologie, Düsseldorf 1990

WESTERMANN, C., Biblischer Kommentar. Altes Testament, 1. Teilband: Genesis 1–11, Neukirchen-Vluyn 1974.

WIEDENHOFER, S., Hauptformen gegenwärtiger Erbsündentheologie, in: Internationale katholische Zeitschrift, 20 (1991) S. 315–328.

DERS. (Hg.), Erbsünde – was ist das? Regensburg 1999.

WINKLER, K., Schuld und Schuldgefühl. Die Möglichkeit von Daseinsverfehlung, in: Gast, L./Körner, J. (Hg.), Psychoanalytische Anthropologie I. Über die verbogenen anthropologischen Entwürfe der Psychoanalyse, Tübingen 1997, S. 95–116.

WINNICOTT, D. W., Reifungsprozesse und fördernde Umwelt, Frankfurt/M. 1974.

DERS., Vom Spiel zur Kreativität, Stuttgart 1979.

WURMSER, L., Das Rätsel des Masochismus. Psychoanalytische Untersuchungen von Über-Ich-Konflikten und Masochismus. Berlin, Heidelberg, New York 1993.

ZAGERMANN, P., Eros und Thanatos. Psychoanalytische Untersuchungen zu einer Objektbeziehungstheorie der Triebe, Darmstadt 1988.

ZEPF, S., Narzissmus, Trieb und die Produktion von Subjektivität. Stationen auf der Suche nach dem verlorenen Paradies, Berlin, Heidelberg, New York 1985.

Personen- und Sachregister

Eigennamen sind *kursiv* gesetzt.

Abraham 50, 73
Aggression 66 f., 72, 79, 138, 155, 158, 179 f., 190, 204–206, 224
Androgynie 106
Antisemitismus 144, 221
Allmachtsfantasien 21, 50, 81, 141, 155, 158 f., 178, 195, 213 f.
Ambivalenz 27, 54, 78, 84, 177, 190, 199 f., 203, 205–207, 217, 225
Andere 52
Angst 84,131, 141, 179, 190, 211, 217, 220
  Sünden- 118, 178
Anselm von Canterbury 156
Anthropologie 46, 69–71, 85, 127, 164, 225
Apokalypse 142–145, 217
Aristoteles 186, 188
Auchter 55, 77 f.
Augustinus 21, 49, 124–127, 150, 171, 198, 207, 219

Bast 29
Baudler 76, 165
Baum der Erkenntnis 133–137
Bauriedl 109
Besorgnis 81
Bilderverbot 193
Bischof 17, 97, 165
Blanton 46
Böckle 60 f.
Böhme/Böhme 28
Böse 67–69, 120, 122, 128–132, 138, 141, 145, 160, 170 f., 178–183, 189 f., 195, 198 f., 208, 221
Boss 57

Braun, von 18, 221 f.
Buchholz 186

Chasseguet-Smirgel 111
Claret 128, 180, 195, 200–203, 207 f.
Condrau 57 f.

Depression 176, 216
Depressive Identifikation 176
Depressive Position 177, 197, 199, 203, 216 f.
Descartes 29, 40
Diergarten 47, 54 f.
Dietrich 182
Differenz 73, 115, 133–136, 152, 160
  Aufhebung der 144 f.
  Ich-Unbewusstes 89, 102–104, 193
  Mann-Frau 18, 133 f., 144, 160
  Mutter-Kind 32
Dilemma 24 f., 54, 59 f., 83, 121, 137, 161, 225, 227
Dostojewski 203
Dreiheit 112–114
Drewermann 41, 54 f., 130 f.

Emrich 172, 174
Erkenntnis 29
Erbsünde 35, 61, 63, 116, 123–132, 195
Erlösung 10, 18, 35, 76, 86, 116, 121 f., 139, 141, 145, 149 f., 160 f., 163, 204,
  von außen 19–21, 212 f., 219
  Gewissheit über 22, 60

Eucharistie 73, 76
Exodus 137–139
Exzentrische Lebensform 71

Fließ 98
Foucault 29, 42 f.
Freiheit 13, 60, 214, 224
Freud 16, 26 f., 30, 32, 38, 43–47,
    66 f., 77 f., 83–85, 126, 160,
    172, 202, 204, 227
    und Ödipus 93–99
Fürst 25, 185

Galilei 75
Ganzheit 49–51, 53, 136, 177,
    204, 225
Gast 42
Gebrochenheit 49, 132
Gewalt 68 f., 71, 74, 79, 131, 166,
    181, 195, 217
Gehlen 69–71
Giegerich 174, 192, 194
Girard 64, 71–75, 85, 128, 166 f.,
    174, 184
Glück 15–18, 39, 53, 64, 125,
    132, 169, 172, 215, 225
Glaube 170 f., 181, 195, 199, 204
    metaphysisch 22 f., 41, 48, 127,
        162, 183 f., 198, 203, 207,
        219
    und Vernunft 31, 200–204
    subjektiv 41, 49
    und Identität 49, 53, 208 f., 211,
        219
    und Neurose 48 f., 153, 156,
        207, 211 f., 220–223, 225
Goldenes Kalb 191–194
Görg 181 f., 200, 208 f.
Görres 55
Gottesbild 11, 120, 129, 132, 163,
    170, 178–209
    allmächtiges 21, 195 f.
    gespaltenes 191–204, 206 f.
Gotteskomplex 142, 203 f.
Gottesrede
    christliche 47, 54, 201–209
    paradoxe 129, 182–186,
        196–200

metaphorische 183–188,
    207–209
Grassi 185 f.
Greisch 72
Grenzbewußtsein 50, 53, 184
Grenzen 67, 109, 122, 142, 179,
    214
    der Vernunft 28
    und Psychotherapie 45 f.
Grenzüberschreitung 109, 135
Gronemeyer 226
Grözinger 75
Grunberger 144

Haag 129
Haas 72
Habermas 44
Haverkamp 185
Hegel 28, 34, 103
Heid 221
Heidegger 57, 184
Heilung 41, 46, 53, 226
Heim 31, 42
Held 24, 123, 140 f., 145–152, 165
    göttlicher 141 f.
Heldenmythos 146–152
Henseler 189, 195
Hessing 95–98
Hexenverfolgung 75
Hirsch 56, 62, 77, 220–222
Hölle 143–145
Holocaust 75, 144
Hubbertz 55

Ich 31, 88, 105, 149 f., 152, 156,
    168, 204, 219, 221
    -Stärke 222
Ich und Selbst 126, 167–174
Ideal 130, 148, 180, 200–204,
    217, 221
Identifizierung 156, 177
    mit Gott 49, 121, 125, 177,
        203 f., 219
Illusion 33, 39, 46, 139, 197
Individualität 51
Individuum 9, 24, 45, 47, 168
    bürgerliches 42 f.
Instinktsicherung 72

Inzest 97, 107 f., 112, 114, 148
Irenäus von Lyon 176
Irrationale 27, 29 f., 104, 202
Isaak 73

Jacoby 46
Jokaste 86, 90–93
Jahwist 87, 97, 133
Jaspers 87
Jenseits 22 f.
Jesus 117, 208–211
Jesu Kreuzestod 35, 49 f., 152,
   156, 177, 218
Johannes vom Kreuz 212
Jung 147, 150, 174, 196, 204

Kain und Abel 68
Kernberg 191
Kiergegaard 41
Klein 78, 81, 111, 177, 190, 216
Körper 29, 31, 33, 187
   weiblicher 42
Kochanek 13, 40, 212
Kohut 37, 41, 77, 168, 170, 226
Konflikt 38, 41, 47, 72, 78, 84; 97,
   119, 138 f., 169, 178, 200
Kreuz 149, 153 f., 163–165, 211
Krischke 75
Kugelgleichnis 65

Laios 86, 90–93
Leid warum? 119, 122, 215, 221
Leidensfähigkeit 141, 164, 209,
   212, 215–218, 223
   Gottes 205, 208 f.
Leidfreiheit 139, 156
Lesmeister 204
Liebe 154, 158, 180, 189, 198,
   207–209
Lorenzer 42
Luther 23, 50–52

Maria 149–151
Marquard 64
Masochismus 35, 152 , 154–160,
   176 f., 210
Mendel 175
Menschenbild 10, 39, 116, 129, 226

Mertens 106, 110
Metapher 185–188
Metaphysik 52, 125, 127
   der Objektivität 11, 20, 22,
      162, 183 f., 201 f., 204
Metapsychologie 44 f., 47, 53
Mette 49
Metz 117, 181, 205
Miller 110
Monotheismus 181, 188, 191 f.,
   200, 205, 209
Mose 192
Mutterimago 147, 177, 189 f.,
   197 f., 206
Mutterrolle 106, 167, 175
Mutter-Kind-Dyade 31 f., 77–83,
   168,189 f., 196, 202, 206 f., 216
Mythisch 31
Mythos 86 f., 99 f., 146–149

Narzissmus 40, 65, 142, 149,
   169–170, 178, 205
   primärer 79 f., 139, 144, 194 f.,
      208
Newton 75
Nietzsche 30 f., 153, 176, 184, 215
Nitzschke 30, 34
Noah 68
Ockham 186
Ödipus 17, 35, 86–115, 148, 221
   -mythos 86–93, 108, 148
   -komplex 93 f., 99–102, 110 f.,
      177
   als Position 111–115, 159
Ödipal 83, 99–102, 109, 146
Ödipales Dreieck 109
Odysseus 50
Offenbarung 47, 163, 184, 196
Offenbarungspositivismus 48 f., 163
Opfer 35, 71–77, 152, 165 f.,
   172 f., 176, 218, 221
   -position 112, 158, 213, 220
   -theorie 64, 71–77
   und Täter 60–64, 110, 124,
      158, 220
   psychisch 165, 167–169, 172–
      177, 211 f., 217 f., 221
Pappenheim 42

Paradies
    biblisch 87, 124, 128, 132–137
    psychologisch 80, 106, 131,
        137, 144, 178, 198, 205, 217
Paradox 27, 38, 74, 117, 121,
    183 f., 196, 203, 206 f.
Partialtriebe 100
Passet 97
Paulus 124, 131, 142
Paus 13, 104, 106
Perikles 89
Platon 17, 65, 186
Plessner 71
Pohlen/Bautz-Holzherr 26, 32, 99–
    102, 185, 187
Polarität 64, 80, 136, 198, 210, 215
Pfister 46
Psychoanalyse 46, 70, 77–85,
    202 f., 220
    Logos der 26 f., 77
    der Schuld 77–85
    und Theologie 34, 39 f., 41, 55
Psychotherapie 31, 37 f., 45, 63,
    118, 139, 157 f., 178, 206 f.,
    211–214, 223–227
Postmoderne 19, 53

Rache 213 f.
Raguse 143–145, 184
Rahner 47, 55, 61, 205
Reik 48
Reuter 21
Ricoeur 128
Richter 203, 217
Ritter 203
Salomo 167
Safranski 70
Satinover 146, 149
Schadewaldt 87, 111
Schamgefühl 61 f., 79, 133, 141,
    178 f., 220
Scharfenberg 55
Schiwy 182, 195
Schleiermacher 41
Schopenhauer 29 f.
Schöpfung
    Mangel der 19, 21, 67–69, 120,

        123, 129, 141, 162, 178,
        198, 208–211, 215, 220
Schuld 55–59, 62–67, 86, 141,
    154, 160, 174, 210
    als Blindheit 111–115
    Entstehung von 66 f., 77–85
    existentielle 36, 57–67, 118 f.,
        175 f., 219
    und Gewissen 35, 83, 117
    kollektive 124
    vergessene 37
    verleugnete 76, 222 f.
    –vermeidung 211 f., 219–223
    als Tat 39, 59, 62
    notwendige 115, 121
    vergebene 223 f.
Schuldbegriff 34, 36, 56 f., 64–67,
    120
Schuldbewältigung 71, 76,
    217–219, 221, 223 f.
Schuldbewußtsein 56 f., 221
Schuldgefühl 38 f., 56, 73, 78, 81–
    83, 97, 179, 204, 220, 222 f.
    religiöses 18, 121, 213, 221, 225
Schwäche 177
    konstitutionelle 15, 70, 129, 216
Schwager 69, 128 f.
Seelsorge 226
Seidler 110–112, 134–136
Selbst 37, 79, 149, 155, 168–174,
    212, 226
Selbstbild 79, 107, 147 f., 189 f.,
    195, 216, 221
Selbstaufopferung 11
Selbsterkenntnis 113
Selbstmörder 51
Sexualität 96–101, 107–110,
    126 f., 151, 154, 220
Siegesmetapher 142, 145, 200
Sies 105
Sinai 191 f., 194, 199
Sophokles 87
Spaltung 20, 30, 181, 197, 216
    Leib/Seele 124, 126
    der Wirklichkeit 140, 143–145,
        155, 173, 219, 225
    im Gottesbild 189–194, 206 f.
Spätantike 19, 117

Sphinx 17, 88, 91 f., 99, 101–105, 112 f.
Steinkamp 55
Stenger 210
Subjekt 38, 43, 62, 113, 164, 203
  u. Objekt 40, 47
  schuldfähiges 112–115, 158
Subjektivität 40–54, 70, 137
Sulloway 44
Sühne 152, 167, 176
Sünde 50, 57, 66, 117, 141, 195, 211 f.
  und Krankheit 130
Sündenabsolutismus 118 f., 120
Sündenbock 72 f., 85, 166, 176, 180, 218, 221
Sündenfall 35, 63, 128, 134–137, 139, 141
  als Erlösung 137, 152, 160
Sündenverständnis 123–127
Symbole 157, 163 f., 210, 219

Teiresias 92, 112 f.
Teufel 180 f., 189, 195, 200–203, 208
Tillich 55
Theodiezeefrage 178–182, 221
Thomas von Aquin 198, 207
Tod 32 f., 67, 72, 122, 136, 139, 186, 204, 209, 223
  Jesu 49 f., 75, 121, 139, 150, 152, 156 f., 167, 169, 174 f., 213, 219–221, 226
  psychisch 146–149, 174–177
Tögel 94
Tragik 28, 36 f., 221
Trauer 177, 197, 199, 203, 214–218, 226
Trauerarbeit 63, 123, 162, 214 f.
Trauma 107–110
Trauth 66 f., 78, 80, 196
Triebe 26, 32, 44–47, 62, 66 f., 82, 84, 106, 126, 141, 168, 218
  „mythische Wesen" 47
  Hemmbarkeit 69 f.
  und Trauma 107–110
Trieblehre 33, 44, 96–102

Über-Ich 84, 156, 168 f., 179
Umkehr 210 f., 221
Unbewusste 54, 60–62, 70, 89, 96, 150 f., 160, 199, 202 f., 224
Unglück 64
  „gemeines" 9, 38, 227
  normales 15, 20, 70, 134, 162, 213, 225
Unsterblichkeitsphantasma 136, 141
Uroboros-Schlange 88
Urszene 112

Vattimo 20, 183 f., 203
Vegetarier 65
Verantwortung 62 f.
Verführung 106
Vernunft
  das andere der 22, 28, 34, 99, 102, 202
  theologische 23, 25, 201–204
  transversale 25
  und Trieb 31–33
Versöhnung 120, 123, 132, 139 f., 161, 210, 218 f., 224
Vico 187
Vogt 99, 105

Wahl 45, 163 f., 186
Wandlung, innere 148 f., 152, 216, 218
Watzlawick 65
Welsch 26, 53
Werbick 140, 176
Westermann 136
Wiedenhofer 124
Wiedergutmachung 76
Willige 92
Winkler 223
Winnicott 57, 78, 81–83, 180
Wurmser 154 f., 158 f.

Zagermann 107
Zenger 124
Zepf 42
Zwangsneurose 48, 58, 85